하룻밤에 읽는 조선사

하룻밤에 읽는 조선사

표학렬 지음

RHK
알에이치코리아

조선은 친근한 나라다. 드라마나 영화로 쉽게 접할 수 있고, 서점에서도 관련 책들을 많이 만나볼 수 있다. 하지만 조선의 역사를 잘 알기는 쉽지 않다. 조선의 국교라는 유교가 사상인지 종교인지 이데올로기인지 규정하기도 어렵고, 농업 사회가 상공업 사회로 전환되는 양상을 파악하기도 어렵다. 심지어 조선 후기의 경제사는 우리나라뿐만 아니라 다른 나라 학계에서도 논쟁이 되고 있다. 사상사, 생활사, 경제사, 법제사, 여성사, 전쟁사 등 특정 분야만이라도 들여다보려 하면 삶의 다양함만큼이나 복잡하고 방대한 기록을 마주하게 된다. 그래서 연구의 묘미는 있지만 문득 헤어나지 못할 만큼 깊은 늪 속에서 허우적대는 자신을 발견하곤 한다. 마치 장님이 코끼리 다리를 더듬는 것처럼 조선 왕조 500년의 전체 흐름을 놓쳐버리는 것이다.

그러면 방대한 조선사를 어떻게 한 권의 책에 담아내야 그 흐름을 놓치지 않고 살필 수 있을까? 고민 끝에 이 책에서는 왕조사를 기본 골격으로 하고, 거기에 사회·경제·문화의 살을 적절히 붙이기로 했다.

* * *

오늘날 정치뿐 아니라 사회 대부분의 분야를 이야기하면서 종종 '노무현 정부 시절', '이명박 정부 시절'이란 표현을 쓴다. 미국에 대해서도 '클린턴 대통

4

령 시절', '부시 대통령 시절' 같은 표현을 쓴다. 국가의 지도자에 따라 주요 정책에 변화가 나타나기 때문이다. 사실 노무현 정부와 이명박 정부, 클린턴 정부와 부시 정부는 집권당도 다르고 정치·외교·경제 모두 색깔이 다른 정책을 추진했었다. 심지어 같은 정당이 집권해도 김영삼 정부와 박근혜 정부는 차이가 있다.

민주주의가 발전하고 권력이 분산된 오늘날도 그럴진대, 하물며 왕조 시대에는 왕이 누구냐에 따라 정책의 향방이 많이 달라지지 않았을까? 왕은 권력의 강약과는 상관없이 당대 정치의 지도자로서 나라의 중심이었다. 왕권이 강하면 강한 대로 약하면 약한 대로 정치는 그에 따라 요동칠 수밖에 없었다. 따라서 누가 어떻게 왕이 되었고 어떠한 스타일로 통치를 했는지는 그 시대를 이해하는 데 매우 중요하다.

우리는 한동안 왕조사를 터부시하는 경향이 있었다. 시대의 전체적 흐름을 이해하는 데 적절하지 않다는 이유 때문이었다. 이는 역사를 사회경제적 흐름으로 파악하는 경향 속에 나타난 모습이다. 하지만 오늘날처럼 선거를 통해 권력이 교체되는 민주주의 시대에는 정치에 대한 관심이 어느 시대보다 높이 요구된다. 뉴스에서는 정치권 내부의 이야기를 속속들이 공개하고 도마 위에 올리고 있다. 인사 청문회 때마다 고위 정치인들의 사생활부터 이념적 성향까지 모든 것이 낱낱이 국민 앞에 생중계된다. 우리는 이 엄청난 정보를 어떻게 소화하고 이해해야 할까? 이것이야말로 우리가 정치사를 제대로 공부해야 하는 이유가 아닐까? 우리 역사에서 권력이 어떻게 움직였는지를 알아야 현대 정치의 본질을 파악하고 슬기롭게 참정권을 행사할 수 있기 때문이다.

이제 왕조의 정치사는 왕을 둘러싼 암투나 궁중 비사가 아니라 권력의 속성과 본질을 이해하는 분야다. 그래서 이 책은 조선 시대 권력 교체기의 특징과 각각의 정치적 상황에 대해 살펴보는 것을 중심으로 삼았다. 저자의 실력 부족과 사료의 방대함 때문에 간과한 부분이 있다면 너그러이 양해를 구한다.

국가라는 거대한 공동체를 이끌어가려면 그에 해당하는 이념이 있어야 한다. 대한민국이 자본주의와 민주주의의 이념에 따라 운영되는 것처럼, 조선은 유교정치의 이념을 채택한 나라였다. 유교는 동아시아 전근대사회에서 가장 발전된 정치 이념이었다. 그래서 조선은 500년 동안이나 나라를 유지하고 발전할 수 있었다. 하지만 500년 동안 항상 이념에 충실하지는 못했다. 대한민국이 독재정치를 경험한 것처럼 조선도 비유교적 정치의 시대를 여러 차례 겪었다. 이는 당시의 필요에 따른 것이었지만 대개 큰 후유증을 남겼다. 또 근대로 넘어가면서 유교는 근본적으로 부정을 당하는 신세가 되었다.

오늘날에는 유교를 혁신하려는 여러 시도가 있다. 1990년대에는 유교 자본주의 이론이 유행했고 지금도 일부 유학자들이 과감한 재해석과 혁신을 시도하고 있다. 동아시아의 안정과 번영을 이끌었던 이념을 부활시키려는 시도가 어떤 결과를 가져올지는 아무도 모른다. 단지 조선사를 깊이 바라보면 몇 가지 원칙이 보이는 것 같다. 지도자일수록 많이 공부하고 수행해야 한다는 것, 평화야말로 인류의 가장 보편적인 행복을 보장한다는 것, 민중과 함께하려는 노력이 병행되어야 한다는 것 등이다.

어느 시대나 정치의 기본 속성은 지지층 확보에 있고, 특히 유교는 민본정치를 내세우기 때문에 민중들의 지지를 중시한다. 민중들의 지지를 받으려면 영화 〈웰컴 투 동막골〉에서 촌장이 한 말처럼 "자꾸 무얼 멕여야 한다." 즉 경제적으로 안정시키는 것이 급선무다. 예나 지금이나 경제가 권력에 대한 민심의 척도인 것이다. 그러므로 당대 정치를 이해하려면 경제적으로 어떤 변동이 있었는지 살펴보는 것도 필수적이다.

세계사적으로 조선 시대는 중세 농업사회가 근대 상공업사회로 넘어가는 시기였다. 근대로 갈수록 경제가 정치·사회·문화의 변화를 선도했다. 조선의 유교는 바로 이러한 흐름 속에서 점차 자신의 역할을 잃어 갔고, 유교의 무능력이 결국 조선 정치의 무능력으로 이어지고 말았다. 그러므로 조선 후기의 경제적 변화가 조선의 유교정치에 어떤 영향을 끼쳤는지 알아보고, 그로 인해 우리 민족이 어떠한 재앙에 맞닥뜨렸는지도 살펴볼 것이다. 그것은 오늘날 우리가 보수와 혁신 사이에서 어떻게 대응해야 하는지에 대한 시사점을 던져줄 것이라고 믿는다.

* * *

역사는 과거와 현재의 대화이다. 현재가 없는 과거는 역사로서의 가치를 잃는다. 하지만 지나치게 현재가 중시되면 왜곡이 일어난다. 그래서 과거와 현재 사이에 중용을 잃지 않는 것이 매우 중요하다. 이 책은 최대한 중용의 관점에서 쓰고자 했다. 그러니 혹 싱거울지도 모르지만 간은 독자들의 몫으로 돌린다. 현재와 과거에 대한 고민이야말로 이 책을 읽는 최고의 레시피일 것이다. 이러한 역사적 흐름을 충분히 이야기할 수 있도록 자리를 마련해주신 알에이치코리아와 최일규 편집자께 감사드린다. 그리고 필자의 영원한 애독자인 아내와 아들 형기에게도 고마움을 표한다.

2015년 5월
표학렬

제2장 사림의 시대

제3장 붕당의 시대

마치며

일제에 의해 즉위한 정통성 없는 왕, 순종 그는 왜 저항하지 못했나 • 325

제1장

건국의 시대

김 씨의 하루

한양 생활

닭 우는 소리에 아침 일찍 눈이 떠졌다. 창으로 희미하게 새벽 여명이 밝아온 다. 김 씨는 벌떡 일어나 급히 세수를 하고 부모에게 아침 문안을 하고는 간단 히 아침식사를 한 뒤 서안에 책을 펴고 글을 읽기 시작했다. 아직 과거에 급제 하지 못한 김 씨에게 공부는 무엇보다 중요한 일이다. 하지만 과거 급제는 쉬 운 일이 아니었다. 조선 시대 평균 급제 연령은 40대 초반, 보통 예닐곱 살에 공부를 시작하니 최소한 30~40년을 공부해야 한다. 그러니 이제 20대인 김 씨에게는 요원한 일이었다.

과거에 급제하려면 경서와 전적을 모두 외워야 하는데, 수백 권의 책을 암기 하려면 30여 년을 공부에만 매달려도 쉬운 일은 아니다. 거기에 신언서판, 즉 용모가 준수하고 말을 잘하고 글씨를 잘 써야 하니, 관료가 될 즈음이면 능히 책을 쓸 수 있을 정도였다. 오랑캐의 땅에 맨몸으로 가도 성현의 말씀을 전하 고 책으로 엮어주는 것이 결코 어려운 일이 아니었다.

김 씨가 한창 아침 공부에 매진할 무렵, 집안일을 마무리한 김 씨의 아내는 어 머니의 뜻에 따라 시누이의 혼삿날을 잡기 위해 동대문 점집을 찾아 길을 나 섰다. 그녀는 허리까지 내려오는 무명저고리에 주름 잡힌 긴 치마를 입었다. 두 가닥으로 길게 꼬아 양쪽으로 틀어 올린 머리에 맵시 있는 모자를 쓰고 여 종 하나를 데리고 조심조심 길을 걷는다.

새로운 나라가 일어서면서 새로 도읍이 된 후 한양은 10만 명 이상이 사는 대도시로 탈바꿈했다. 경복궁 서편에는 관료들이 살았고, 남산 밑에는 급제하지 못한 가난한 선비들이 살았으며, 동대문 밖에는 점쟁이 등이, 왕십리에는 하급 군인들이, 남대문 밖에는 장사치들이 모여 살았다. 점쟁이들은 남산이나 성균관 근처에도 있지만 가난한 양반에게는 동대문 점쟁이들이 편했다.

김 씨 여동생의 결혼은 집안의 경사로서 많은 준비가 필요했다. 결혼하면 남자가 들어와 살기로 했기 때문에 그들이 살 곳을 마련하는 것이 가장 중요했다. 권문세가들이 사는 고급 주택은 면포 500필에서 1,000필 정도는 주어야 산다. 지난번 공주님이 시집갈 집은 600필에 샀다고 한다. 여동생 남편을 위해서는 별채를 마련해야 하는데 비용이 얼마나 들지는 신령님도 모른다.

개천(청계천)을 지나는데 냄새가 코를 찌른다. 서울 사람들이 생활용수로 쓰도록 건설된 개천은 빨래터이기도 하지만 하수를 한강으로 흘려보내는 역할도 해서 악취가 난다. 얼마 전 관리들이 개천이 오염되면 냄새도 나고 위생에도 안 좋다며 개천에 오수를 흘려보내지 말자고 주장했다. 하지만 개천이 아니면 똥오줌에 개숫물은 어디에 버리란 말인가? 도성 거리가 온통 똥판이 될 것이다. 다행히 성군인 왕께서 내버려두라 하셨다는 소문이다.

동대문 점쟁이는 몸신으로 최영 장군을 받든다. 최영 장군은 태조께서 죽인 사람이지만 왜적으로부터 나라를 구한 장군이라 영험하다며 받드는 무당이 점점 늘어나고 있다. 민간신앙은 눈감아주는 관례 덕에 도성 근처에 이렇게 버젓이 점집을 차려놓았다. 점쟁이는 혼삿날로 다음 달 열이레를 잡아주었다.

며느리가 점집에 간 사이 김 씨의 어머니는 시전에 나가 혼수를 구했다. 이런 저런 물품을 고르던 어머니 눈에 문득 은귀고리가 띄었다. 방울 모양 장식을 가는 은고리가 잡고 있는데 무게는 두 돈이 채 되지 않을 만큼 가볍다. 귀고리는 신분과 권세를 상징한다. 왕의 아드님은 진주를 박은 커다란 귀고리를 달고, 고관들도 아름다운 장식이 달린 금귀고리를 달았다. 평범한 양반이라면 은귀고리가 제격이고, 평민들은 옥귀고리나 뼈귀고리를 단다. 하지만 위로 임금님부터 아래로 상것들까지 모두 귀를 뚫고 주렁주렁 매다는 것은 남녀노소 구분이 없다. 명나라가 조공품으로 금은을 요구해서 금은 사용을 엄격히 규제했지만* 귀고리만큼은 예외로 할 정도이니 조선 사람들의 귀고리 사랑은 유별난 듯하다.

시전은 나라에서 연 것으로 육의전이 대표적인데, 없는 것이 없지만 독점이라 가격이 비싼 것이 흠이어서 가난한 사람들은 사대문 근처 난전에서 물건을 구한다. 하지만 단속도 심하고 품질도 들쭉날쭉해서 도성 사람들이라면 중요한 제수용품이나 혼수품 같은 것은 여기서 구한다. 사실 처음 한양으로 수도를 옮길 때 장사치들 때문에 애를 먹었다. 개경의 시전 상인들이 이주를 반대했기 때문이다. 조상 때부터 몇백 년 살아온 정든 고향을 떠나는 탓도 있겠지만 무엇보다 개경 귀족을 버리고 낯선 땅에서 새로 상권을 형성하는 것이 어려운 일인 탓이었다. 어떤 장사치들은 고려에 대한 의리 때문에 옮기지 않았다고도 하는데, 장사치는 의리보다 이윤이니 믿을 만한 말은 아닐 것이다. 아무튼 이 때문에 처음 한양은 가게가 없어 필요한 물품을 구하지 못하는 황량한 도시였다. 오죽하면 왕자의 난을 계기로 다시 개경으로 수도를 옮겼겠는가? 아무튼 수도를 옮기는 일은 상인들 때문에라도 두 번 다시 할 짓이 못 된다.

저녁이 되어 다시 온 가족이 모였다. 사랑에서 아버지와 김 씨가 상을 받고, 안채에서 어머니, 아내, 여동생이 상을 받았다. 풍요롭지는 않지만 양반가로 손색없는 살림살이였다. 그의 집은 300평(991제곱미터) 정도 되는 땅에 안채와 사랑채로 지어졌다. 조선이 개국하고 한성을 건설할 때 집터를 신분에 따라 지정해주어 정1품은 1,000여 평(3,305제곱미터), 6품 관리는 300여 평(991제곱미터)을 주었다. 조부가 6품 관료로서 받은 땅에 지은 집은 어느덧 감나무가 자

---

* "금·은은 본국에서 생산되는 것이 아니므로, … 금후로는, … 사대부 자손들의 귀고리 등을 제외하고는 일절 사용을 금한다."《세종실록》 1년 1월 6일)

라 그늘을 드리우고 있다.

　품질이 조악한 청자 그릇에 밥과 반찬이 담겨 있고 집에서 담근 청주도 매일 끊이지 않고 한 병씩 올라왔다. 아침과 저녁이 주식인데 점심은 간단한 면류를 먹는 수준이라 4~5시 즈음 먹는 저녁이 가장 풍요롭다. 닭찜을 비롯한 음식들은 간장과 소금으로 간을 맞추었는데 맛은 대부분 심심했다. 소금물에 절이고 산초로 매운맛을 더한 김치가 잘 익어 시원한 풍미를 더해주었다.

　식사 후 잠시 머리도 식힐 겸 바람을 쐬며 하늘을 바라본다. 어느새 해가 져서 달과 별이 뜬다. 천체의 운행은 곧 인간의 운행이고 음양오행의 이치이니 학문을 하는 자는 마땅히 그 원리와 이치를 깨달아야 한다. 요동부녀의 허망한 소리와 사특한 자의 감언으로부터 백성을 교화해 바른 길로 이끌어 위로 임금과 아버지를 공경하고 아래로 백성과 자식을 보살피며 분수에 맞게 맡은 일에 열성을 다하는 사람들의 세상을 만드는 것이 도학자의 소임인 것이다. 별자리를 보며 역법을 계산해보니 조만간 소만(小滿), 목화밭 김매기할 때다.

　방에 들어가 초롱불을 밝히고 글을 읽는데 어느덧 종루에서 밤 10시를 알리는 종이 28번 친다. 이 종이 치면 도성 문이 닫히고 거리에는 통행금지가 실시되어 아무도 집 밖에 나서지 못한다. 한성의 하루가 저물고 깊은 밤, 이제는 잘 시간이다. 김 씨는 날짜를 짚어보고 안채와 연결된 종끈을 두 번 흔든다. 오늘이 길일이니 합방하자는 의미다. 그는 옷깃을 여미고 조심스레 안채로 건너간다.

신흥 무인 세력의 등장과
조선의 건국

혼란한 고려 사회에서 이름을 알린 장군 이성계가
위화도회군을 통해 권력을 장악하고 조선을 건국하였다.

태조 이성계는 지금의 함경도 지방에 해당하는 동북면의 토호세력 이자춘의
아들로 태어났다. 이자춘 집안은 고려 무신정변의 주역이었던 이의방의 후손
으로, 이의방이 암살당한 뒤 전주에 정착하여 살다가 이자춘의 증조부인 이
안사가 동북면으로 이주했다. 이안사가 몽골군에 투항한 후 원나라 관직을 지
내며 지역 토호로 군림했고, 이후 대대로 그 지위를 세습하였다. 그런데 이자
춘 대에 이르러 공민왕이 쌍성총관부를 수복할 때 큰 공을 세우며 다시 고려
에 귀부하였다.

　이자춘이 죽고 아버지 지위를 물려받았을 때 이성계의 나이는 스물일곱 살
이었다. 젊은 이성계는 고려 조정이 보기에 시골뜨기에 지나지 않았다. 그래서
사람들이 "동북면에 사람이 없구나"라고 말했다. 하지만 이성계는 바로 두각을
나타냈다. 1361년 10월 홍건적이 10만 대군으로 침입해 수도 개경이 함락되고
공민왕이 안동까지 달아나는 절체절명의 순간, 이성계의 동북면 군대가 이 지
역으로 들어온 홍건적을 격파하였다. 전열을 정비한 고려군이 반격을 가해 마

▼ 고려의 멸망과 조선의 건국 과정

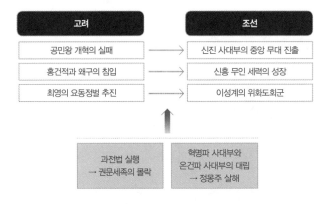

침내 개경을 회복할 때도 이성계의 군대가 선봉에 서서 입성하였다.

홍건적과의 전쟁을 계기로 고려에는 유능한 장군들이 정치적으로 부상하기 시작했다. 이성계보다 19년 연상인 최영 등 대단한 장군들 속에서 청년 장군 이성계도 무시하지 못할 존재로 성장하고 있었다. 그는 젊었어도 동북면에 지지기반을 갖고 있었고 충성스러운 부하 장교들(그중에는 이지란 같은 여진족 출신도 있었다)을 토대로 강력한 군대를 운영하고 있었다.

이성계의 이름은 고려의 혼란과 함께 드높아졌다. 1362년에는 원나라 장수 나하추의 군대를 격파하였고 1364년에는 공민왕 대신 덕흥군을 왕으로 추대하려는 반란군을 격파하였다. 그의 화려한 전적은 1380년 왜구를 격파한 황산대첩까지 20여 년간 이어졌다. 그는 공신에 책봉되고 고위 관직에 오르면서 유력한 권력자가 되었다. 하지만 이때까지도 그는 단지 유능한 장군이자 순진한 정치인일 뿐이었다.

1383년 정도전과의 만남이 그의 운명을 바꿨다. 공민왕 사후 개혁이 좌절되고 권문세족의 횡포가 기승을 부리는 속에서 개혁을 열망하던 신진 사대부 세력, 그중에서도 정도전은 이성계를 주목했다. 그 이유는 이성계에게 충성스러운 사병세력이 있었고 덕망 또한 높았기 때문이다. 고려에 희망을 잃은 정도

▲ 조선 태조 어진(국보 제317호).

전은 새로운 왕조를 개창할 역성혁명을 꿈꾸었는데 이를 위한 조건을 이성계가 갖추고 있었다.

1383년 정도전이 이성계를 찾았다. 이성계는 그를 반갑게 맞이한 뒤 자신의 군대를 보여주었다. 정도전이 감탄하며 말하였다.

"훌륭합니다. 이 군대로 무슨 일인들 성공하지 못하겠습니까?"

이후 이성계 주위로 역성혁명을 꿈꾸는 사람들이 모여들었다. 이성계는 점차 혁명의 중심으로 자리 잡아갔다.

한편 고려는 결정적 순간을 향해 나아가고 있었다. 당시 고려 조정은 최영과 이인임 등이 권력을 장악하고 권문세족의 횡포와 우왕의 무능을 수습하였다. 최영의 과감한 정책으로 민생은 비록 미봉책이나마 지탱하는 수준이었다.

그러나 외부적 요인이 문제였다. 권문세족의 친원적 성향에 불만을 품은 명나라 홍무제가 고려에 가혹한 공물을 요구하였다. 원과 관계를 끊고 명에만 사대를 하라는 요구였다. 하지만 고려는 원 간섭 시절을 제외하고는 중국에 사대를 해본 적이 없는 나라였다. 명의 굴욕적 요구는 명에 대한 반감이 강한 권문세족 등 보수파에게 좋은 핑계거리였다. 마침내 1388년 명이 철령위 설치를 통보해오자 요동정벌군을 파견하였다.

정벌군 총사령관은 이성계였다. 하지만 이성계가 압록강 위화도에서 돌연 회군하여 쿠데타를 일으키고 정권을 장악하였다. 마침내 혁명이 일어난 것이다. 이성계와 혁명파 사대부는 최영을 죽이고 우왕을 폐한 뒤 창왕을 세우고 전권을 장악했다. 이어 과전법을 실시해 권문세족의 경제적 기반을 뒤흔든 다음 역성혁명에 반대하는 정몽주 등 일부 사대부 세력마저 없애고 1392년 7월 마침내 조선을 건국하였다.

◎ 역 사 메 모 ┊┈┈

조선은 건국 직후부터 고려사를 편찬하려 했다. 고려가 자체적으로 편찬한 왕조실록을 바탕으로 조선 정부 차원에서 고려사를 정리하려 한 것이다. 그 첫 결실은 1395년에 정도전 등이 펴낸 총 37권 분량의 《고려국사》다. 이후 여러 차례의 개찬 작업을 거쳐 1451년에 139권 분량의 《고려사》가 완성되었다. 하지만 우왕, 창왕 등을 신우, 신창으로 기술하는 등 조선 건국 정당화를 위한 역사왜곡으로 비판받았다. 고려왕조실록은 현재 전해지지 않는다.

정도전과
혁명파 사대부들

**조선의 왕위에 오른 것은 이성계였지만
실질적인 건국은 정도전을 비롯한 사대부가 주도하였다.**

왕은 이성계가 되었지만 역성혁명을 주도하고 조선을 건국한 것은 혁명파 사대부들이었다. 따라서 실질적인 조선 건국의 주도자는 혁명파 사대부의 지도자인 정도전이라 할 수 있다. 정도전은 재상 중심 정치를 지향하였는데, 이는 왕권을 배제하고 유능한 신하들이 주도하는 정치였다. 태조 이성계가 재상 정치를 적극 지지하였으므로 결국 태조 시기 정치를 이끌어간 사람도 정도전인 셈이다.

정도전은 1342년 경상도 봉화의 향리인 호장 정운경의 아들로 태어났다. 호장은 고려를 건국한 지방 호족들에게 부여한 지위로, 지방 분권 사회인 고려에서는 지방 영주에 해당한다고 볼 수 있다. 호장세력은 중앙정부에 대해 독립성과 비판정신이 강했다. 이들은 고려 중기부터 과거를 거쳐 중앙 관료로 진출해 이른바 신진 사대부라는 새로운 비판 그룹을 형성했다. 신진 사대부들은 공민왕의 반원·반권문세족 개혁 때 중앙 권력세력으로 약진하였는데, 이때 정도전도 함께했다.

정도전은 신진 사대부 세력의 주류를 형성한 이색 문하였다. 고려 말 대표적 성리학자인 이색은 정몽주, 정도전, 이숭인 등 대단한 제자들을 배출했다. 이들은 공민왕을 도와 친원파 권문세족을 몰아내는 데 큰 공을 세웠다. 하지만 공민왕이 죽고 우왕이 즉위하자 권력은 다시 친원파 권문세족에게 넘어갔다. 신진 사대부들은 친명 반원과 귀족 특권 폐지 등을 주장하며 대항하다가 숱한 고초를 겪었다. 정도전도 1375년 원나라 사신 접대와 관련해 정부를 비판하다 6년간 유배형에 처해졌다.

드라마 〈정도전〉에서도 다루었듯이 유배 시절 정도전은 백성들의 고초를 직접 보고 겪으며 가슴속에 서서히 역성혁명의 꿈을 키웠다. 인간의 완벽한 경지인 군자가 왕이 되어 백성을 교화하는 왕도정치를 지향하는 유학자로서, 군자가 아닌 소인배 왕이 다스리는 패도정치는 타도해야 한다고 믿었다. 유배 이후 서울과 김포 등지를 전전하며 가난하게 살던 그는 1383년 함흥의 이성계 막사에 찾아가 이성계와 운명적으로 만났다. 그는 이성계와 헤어지며 시 한 수를 남겼다.

아득한 세월에 한 그루 소나무
인간 세상이란 잠깐 사이에 묵는 자취인 것을

짧은 인생에 집착하지 말고 아득한 세월에 길이 남을 일을 하자는 것이다. 그는 혁명을 위해 목숨을 버릴 각오를 다졌다.

위화도회군으로 권력을 잡은 혁명파 사대부가 가장 먼저 착수한 것은 전제 개혁이었다. 고려는 관료에게 수조권으로 지급하는 사전과 정부에 세금을 내는 공전이 있었는데, 고려 후기 들어 정치가 문란해지면서 사전이 확대되었다. 그뿐만 아니라 사전이 공전과 겹치거나 사전끼리 겹치기도 했다. 이리되면 농민은 세금을 두 번, 세 번 중복해서 내야 한다. 이 때문에 몰락한 농민들이 살기 위해 귀족의 노비로 들어가는 등 민생이 파탄나기에 이르렀다. 이를 해결하기 위

▼ 정도전과 왕자들의 대립

정도전		방원, 방간 등
재상 중심 정치	⬅➡	왕권 중심 정치
정부군 중심	⬅➡	사병 중심
유교적 이상정치	⬅➡	현실적 정치 안정
요동정벌	⬅➡	요동정벌 반대
사병제 폐지	⬅➡	사병제 유지

해 사전을 혁파하고 재조정했으며 세율을 낮추는 과전법을 시행하였다. 이로써 사전을 확대해 권력을 누리던 기득권 세력을 타도하고 민심을 장악하였다.

조선을 건국한 이후에는 유교적 법치주의와 재상을 중심으로 한 신하들이 주도하는 신권정치를 정착시키려고 노력했다. 이를 위해 《조선경국전》이라는 법전을 편찬하고, 고려 시대 정치기구를 혁파하고 새로운 기구들을 설치하였다. 자주 국방을 위해 진법을 만들고 군사 훈련을 강화하였으며, 군사적 요충지의 성을 수리하거나 개축하였다. 고려왕조의 부활 시도를 막기 위해 고려 왕족을 유배 보내거나 처형하였고, 수도를 한양으로 옮겨 기득권 세력과도 철저히 단절하였다. 유교적 이상 국가를 만들기 위한 불교 억압 정책을 실시하고, 승려 자격증제인 도첩제를 강화하여 사실상 승려가 되는 길을 막으면서 많은 승려를 환속시켜 양인으로 만들었다.

하지만 정도전의 재상 중심 정치를 위험하게 바라보는 세력이 많았다. 이 중 왕족들, 특히 왕자들이 그러했다. 고려 초기의 예에서 보듯, 왕건에게 충성하는 자들이 왕건이 죽으면서 야심을 드러낸 일이 있었다. 제도와 사상이 정비되기 전이라 왕과 신하는 사적 의리 관계로 묶여 있기 마련인데, 그 관계가 왕의 아들에게까지 이어지지는 않기 때문이다. 태조는 정도전을 믿었지만 태조의 아들들은 정도전을 믿지 못했다.

더군다나 정도전은 《조선경국전》에까지 역성혁명의 의의를 밝혔다. 언제든 신하가 왕을 폐위할 수 있다는 생각은 이씨 왕조에게 매우 불안한 것이었다. 실제로 조선 건국 초기에 '정씨가 나라를 건설할 것'이라는 참설(讖說)이 꽤 많았다. 대표적인 것이 태조가 계룡산에 도읍을 정하려 할 때 '이곳은 정씨의 도읍이다'라는 꿈을 꾸었다는 이야기가 있다. 한양 천도 등과 관련해 유난히 정씨 도읍 이야기나 정씨로 인한 재앙 이야기가 많았다. 이는 정도전에 대한 유언비어였을 것이다.

재상 정치에 대한 경계심은 세자 자리가 아들들 중 가장 나이 어린 막내 방석에게 넘어가면서 더욱 심해졌을 것이다. 나이 많고 건국에 공이 큰 아들들을 후계자에서 배제한 것은 그 의도가 뻔한 것이었다. 이들의 갈등은 명과의 외교관계에서 더욱 충돌하였다. 명나라 홍무제는 명을 반석에 올리기 위해 안으로는 왕권 위협세력을 숙청하고 밖으로는 주변국들에 조공을 강요하며 침략을 일삼았다. 홍무제는 조선에 대해 의심의 눈길을 거두지 않았는데, 특히 정도전에게 그러했다. 몇 차례나 정도전을 명으로 불러들였을 뿐 아니라 사신으로 온 정도전의 측근들을 억류하거나 처형하기도 했다. 반면 이방원이나 그 지지세력은 후대했다. 정도전보다 더 친명적인 이방원 세력을 노골적으로 후원하여 조선을 분열시키고 조공관계를 확고히 하고자 한 것이다.

정도전은 이에 요동정벌 계획으로 맞섰지만 이는 현실적인 계획으로 보기 어려웠다. 요즘 일부 역사가들은 당시 요동정벌 계획을 높이 평가하기도 하지만, 추진 상황을 보면 앞뒤가 맞지 않는 것이 많았다. 특히 한양 도성 공사 같은 대규모 토목공사와 정벌 계획을 병행한 것은 정벌 의지를 의심케 한다. 오히려 정벌을 핑계로 왕자들의 사병을 혁파함으로써 갈등을 증폭시켰다. 마침내 왕자들이 정도전에 맞서 반란을 일으켰고, 정도전의 꿈은 수포로 돌아가고 말았다.

국가의 기틀이 될
서울의 건설

국토의 중심, 넓은 땅, 세금 운송의 편리함 등
모든 조건을 갖춘 한양에 새로운 서울이 건설되었다.

정도전에게 많은 것을 맡겼지만, 수도를 옮기는 일만큼은 태조가 직접 챙겼다. 600년 도읍지 서울의 역사는 오롯이 태조의 의지에서 비롯되었다고 할 수 있다. 태조가 수도를 옮기기로 한 이유는 아주 간단하다. "역성혁명을 하고 수도를 옮기지 않은 경우는 없다." 즉 기득권과 철저히 단절하기 위한 것이었다.

수도의 입지 조건은 많다. 나라의 중심일수록 좋고 산이 아늑하게 둘러싸서 차가운 북풍을 막아주면서 방어하기도 좋아야 한다. 큰 하천이 있어 지방에서 올라오는 세금 운송, 즉 조운이 편리해야 한다. 또 평평하고 넓은 땅이 있어 궁궐과 관공서 등을 만들기 수월해야 한다. 이를 위해 태조는 직접 계룡산, 무악, 한양 등 수많은 수도 후보지를 직접 답사하고 평가했다. 이 과정에서 방해 세력도 있었다. 답사를 떠나는데 왕비가 아프다며 만류하기도 했고, 신하들이 도라산 등 도저히 도읍 후보지로 볼 수 없는 곳을 추천하기도 했다. 태조는 크게 화를 내며 소리쳤다.

"대대로 벼슬한 사람들과 세력 있는 사람들은 모두 싫어하여 방해한다. 재

후보지	현재 위치	특징
계룡산	충청남도 계룡시 신도안면 일대	• 한반도 중심이 아님 • 서해안에서 멀어 조운이 어려움
무악산	서울시 마포구, 서대문구 일대	• 궁궐 등 도성을 건설하기에 좁음
한양	서울시 종로구 일대	• 터가 넓고 교통이 편리

상들도 개경에서 오래 살았으니 어찌 마음에 들겠는가? 훗날 어린 세자가 옮길 수 있겠는가?"

우여곡절 끝에 한양이 최종 후보지로 결정되었다. 한양 건설의 실무를 담당한 사람은 역시 정도전이었다. 그는 주례에 입각한 유교적 이상 사회 건설의 의지를 담아 한양 건설 계획을 만들었다. 수도 건설의 기본 배치는 궁의 동편에 종묘를 두고 서편에 사직을 두는 것이었다. 고려의 수도 개경은 종묘(태묘)가 도성 밖에 있고 궁성도 산등성이를 따라 경사지게 만들었다. 정도전은 이것이 주례에 어긋난다며 평평한 곳에 궁궐을 만들고 종묘도 성안으로 들였다. 궁과 대문의 이름도 유교 이념에 충실한 인의예지신(仁義禮智信)을 따랐다.

천도 계획이 수립되고 둘레 18킬로미터에 최대 높이 12미터의 성곽 건설 계획이 마련되었다. 도성을 건설하는 데는 농민을 대규모로 동원해야 했다. 신하들은 백성들의 어려움을 이유로 공사를 만류하였다. 실제로 도성 공사에는 최대 11만 명까지 동원되었고 많은 이들이 공사 중 얼어죽거나 사고로 죽었다. 하지만 태조는 결코 공사를 중단하지 않았다. 마침내 1398년 3월 도성 공사가 마무리되었다.

겨우 한양 공사가 완성되었는데 하필 왕자의 난이 일어났다. 왕자의 난 이후 민심이 흉흉해져 한양에서는 안정적으로 정치하기가 어려웠다. 그래서 수도를 다시 개경으로 옮겼다가 태종의 성지가 안성된 뒤 한양으로 옮길 수 있었다. 태종은 한양으로 돌아와서 창덕궁을 건설하고 개천(오늘날 청계천)을 정비하였다. 이 중 특히 주목되는 것이 개천이다. 청계천은 한양 서민들의 생활 하천으로 중요한 역할을 했다. 즉 정치적 도시뿐만 아니라 생활공간으로서도 배려하기 시작한 것이다. 이를 잘 보여주는 것이 세종대 집현전에서 벌어진 논쟁이었다. 생활오수가 개천으로 흘러들어 물이 오염되고 악취가 나자 세종은 오수를 버리지 못하도록 했다. 하지만 하수 처리 문제가 불거지는 바람에 이를 철회하고 말았다. 개천은 생활과 관련된 모든 물의 기능을 포괄하고 있었다.

수도를 옮기려면 정치인뿐 아니라 상인들도 같이 옮겨와야 하는데, 이들이 이주를 거부하였다. 상인들이 옮겨오지 않아 상권이 형성되지 않으면 생필품 유통이 단절되어 도시가 죽어버린다. 그래서 개성의 시장을 강제로 폐쇄하고 억지로 한양으로 옮겼다. 하지만 태종대까지 계속 문제가 일어났고 세종대에 이르러서야 한양 상권이 자리를 잡았다.

이로써 한양은 정치, 경제, 사회, 문화의 중심지가 되었고, 우리는 오늘날까지 인구 1,000만이 생활하는 중심 도시를 얻게 되었다. 이는 태조의 새로운 국가 개창 의지에서 비롯한 것으로, 한양 천도가 단순한 수도 이전이 아닌 원대한 비전을 시행할 중심 기능 도시로 입안되었기 때문에 가능했던 일이다. 그것은 근대 조선을 향한 비전이었다.

◎ **역 사 메 모** ┊--

"무학(無學)은 안변 설봉산 아래 토굴에서 살았다. 태조가 잠룡시에 찾아가서 묻기를, '꿈에 허물어진 집안으로 들어가서 서까래를 세 개 지고 나왔으니, 이것이 무슨 징조요?' 하니, 무학이 축하하며 말하기를, '몸에 세 서까래를 진 것은 바로 왕(王)자 형상입니다' 하였다. 또 묻기를, '꿈에 꽃이 떨어지고 거울이 떨어졌으니, 이것은 무슨 징조요?' 하니, 곧 대답하기를, '꽃이 날리면 마침내 열매가 생기고, 거울이 떨어질 때에 어찌 소리가 없으리오' 하였다. 태조가 크게 기뻐하여 그 땅에다 절을 창건하고 그 절을 석왕(釋王)이라고 이름 지었다."((연려실기술))

태조는 정도전을 중심으로 유교 국가를 건설하려 하면서도 불교 역시 소홀히 하지 않았다. 왕실 사찰로 회암사를 크게 짓고 무학에게 한양 천도 등 국가 대사를 자주 자문하였다. 이는 왕이라도 패도는 갈아야 한다는 역성혁명론자들로부터 왕권을 안정화하려는 의도였을 것이다. 불교는 삼국시대부터 왕을 부처 또는 부처의 법을 설파하는 전륜성왕 같은 존재로 높여 권력을 뒷받침했다. 가장 강력한 왕권 이데올로기인 불교를 왕이 외면할 수는 없었던 것이다.

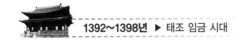
강력한 왕권을 꿈꾼
이방원의 야심

태조의 다섯째 아들 방원은 형제들과 정도전을 죽이고
또 한 번의 쿠데타를 일으킨다.

정도전을 중심으로 한 재상 중심 정치는 유교적 이상정치를 위한 것인데도 반대세력이 상당했다. 그 중심에는 태조의 다섯째 아들 정안군 이방원이 있었다. 이방원은 왕자들 중 유일하게 문무를 겸비해 태조의 총애를 받았다. 그는 어릴 때부터 이성계를 도와 역성혁명에 참가했고, 특히 정몽주를 죽여 조선 건국에 큰 공을 세웠다.

이방원은 강력한 왕권을 지향하였다. 그가 보기에 왕은 뒷전에 물러나 있고 학자들이 토론하여 결정하는 정치는 태평성대에나 가능한 일이었다. 난마처럼 얽힌 정국을 풀고 신생 국가를 반석에 올리려면 카리스마적 지도자가 필요했다.

이방원의 생각은 당시 세계사적 분위기와 궤를 같이한다. 15세기 세계는 중세에서 근대로 넘어가기 위해 왕권을 강화하고 있었다. 프랑스는 백년전쟁 끝에 샤를 7세가 잔다르크의 도움으로 왕권을 확립하였다. 영국은 장미전쟁 끝에 튜더 왕조를 개창하였다. 스페인은 레콩키스타(국토회복운동) 끝에 무슬림을 몰아내고 절대왕정을 개창하였다. 이슬람의 오스만제국, 아프리카의 짐바브

	몰락	권력 획득	반발, 불만
왕실	태조, 방번, 방석	방원(태종), 방과(정종)	방간
신하	정도전	하륜, 이숙번	박포

웨와 말리왕국, 남미의 잉카제국도 모두 이 시기에 건설되어 강력한 왕권을 누렸다. 이 흐름에 따르지 못한 나라들은 이후 쇠퇴했는데, 국가 형성에 실패한 이탈리아의 몰락을 안타까워하던 마키아벨리가 《군주론》을 쓴 때가 바로 16세기였다. 그런 의미에서 이방원의 왕권 강화는 '시대정신'이었던 셈이다.

왕자의 난을 풀어가려면 위화도회군을 다시 보아야 한다. 위화도회군은 온통 의문투성이다. 먼저 사건의 발단부터 논란이 많다. 사건은 명이 철령위 설치를 통보하면서 시작되었다. 그런데 철령위의 위치에 대해 두 가지 의견이 있다. 하나는 함경도 원산이라는 설이고, 또 하나는 요동이라는 설이다. 전자의 설을 따를 경우 원산의 문제로 왜 요동을 정벌하려고 했느냐는 의문이 생기고, 후자의 경우 중국 땅의 문제(요동은 고려 땅이 아니다)에 왜 고려가 발끈하고 나섰느냐는 의문이 생긴다.

결국 핵심은 철령위가 아니라 요동임을 알 수 있다. 명을 건국한 홍무제는 요동을 장악해 여진과 조선 등 중국 동북 지방에 대한 지배권을 확고히 한 뒤 중국 중심 조공 질서를 확립하려 했다. 이에 응하지 않으면 전쟁을 일으켰는데, 대표적으로 몽골과 베트남 정벌을 들 수 있다. 결국 철령위는 핑계일 뿐이고 본래 의도는 고려의 사대를 바란 것이었기 때문에 고려가 반발한 것이다.

요동은 당시 공백 상태였다. 명의 지배권은 확고하지 못했고 여진족은 흩어져 있었다. 따라서 새로 건국한 조선은 명이 압박해 들어올수록 요동이라는 전략적 요충지가 절실히 필요했다. 그러려면 명의 지배가 확고해지기 전에 요동을 선점하는 것이 대단히 중요했다. 그래서 위화도회군을 단행한 태조 이성계와 정도전이 다시 요동정벌을 주장한 것이다.

하지만 고려 말 최영의 요동정벌에 이성계가 반발하고 위화도회군을 단행했듯, 이방원과 그 지지세력은 요동정벌에 반대했다. 요동정벌은 무모한 전쟁을 벌여 신생 국가 조선을 파멸로 몰고 갈 위험이 클뿐더러, 당시 왕자들이 거느리던 사병을 혁파하려는 정치적 음모도 들어 있었다. 실제로 왕자의 난이 일어난 직접적 원인은 이방원 등의 사병을 정부군에 흡수하라는 명령이 있었기 때문이다.

결국 1398년 8월 26일 요동 출병을 앞두고 이방원의 군대가 일어났다. 그것은 제2의 위화도회군이었다. 이방원은 심복인 안산수령 이숙번이 정릉 경호를 위해 군대를 이끌고 올라오자 이를 이용해 쿠데타를 일으키기로 했고, 태조가 병들어 누워 있는 날을 적기로 판단했다. 마침 정도전이 남은의 첩 집에서 동지들과 술을 마신다는 첩보도 들어왔다. 이방원은 사병 수십 명을 무장시켜 정도전의 거처를 급습하는 한편 이숙번에게 지방군을 거느리고 올라오도록 했다. 조선왕조실록에는 당시 이방원의 세력이 미약했다고 적었지만 "광화문부터 남산까지 정예 기병으로 꽉 찼다"는 기록을 보면 실제로는 상당한 군대를 동원했음을 알 수 있다.*

이날의 거사로 정도전과 그 세력은 남김없이 주살되었다. 그리고 재상 정치, 이상적 유교정치의 꿈도 함께 날아갔다. 태조는 왕위에서 물러났고, 이방원의 양보 속에 차남 방과가 새로운 왕, 즉 정종으로 즉위하였다.

---

* "기병(騎兵)은 겨우 10명뿐이고 보졸(步卒)은 겨우 9명뿐이었다. … 여러 군(君)의 종자(從者)들과 각 사람의 노복이 10여 명인데 모두 막대기를 쥐었으되, 홀로 소근만이 칼을 쥐었다. … 방석 등이 변고가 일어났다는 말을 듣고 군사를 거느리고 나와서 싸우고자 하여, 군사 예빈소경(禮賓少卿) 봉인량(奉元良)을 시켜 궁의 남문에 올라가서 군사의 많고 적은 것을 엿보게 했는데, 광화문으로부터 남산에 이르기까지 정예 기병이 꽉 찼으므로 방석 등이 두려워서 감히 나오지 못하였으니, 그때 사람들이 신(神)의 도움이라고 하였다."《태조실록》7년 8월 26일)

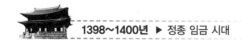
동생에게 떠밀린
비운의 왕 정종

동생 방원이 권력을 장악한 상황에서 왕위에 오른 정종은
술과 운동에 몰두한 허수아비 왕이었다.

정종은 태조의 둘째아들로 이름은 방과다. 우직한 무인으로서 아버지를 도와 왜구를 소탕하는 등 전장을 누볐지만 정치적인 혹은 학문적인 능력은 별로 없었다. 또 장남 방우가 건재했기에 그런 능력을 갖출 이유도 없었다. 방우가 조선 개국에 반대하다 술병으로 죽은 후에도 일찌감치 후계 구도에서 벗어나 술과 운동으로 소일하였다. 그래서 1차 왕자의 난이 일어났을 때 성벽을 뛰어 넘어 부하 집에 숨어 있었다. 신의왕후 한씨 소생 아들 네 명 중 그만 홀로 달 아난 것이다.

  그럼에도 왕에 오른 것은 순전히 동생 이방원 때문이었다. 왕자의 난 당시 이방원은 정도전과 신덕왕후 강씨 소생의 반란 음모를 명분으로 내세웠기 때문에 다섯째 아들이 왕위에 오를 수 없어서 그를 대타로 내세운 것이다. 왕자의 난이 일어난 날 방원 앞에 끌려온 방과는 세자를 맡아달라는 방원의 제안을 한사코 거부하였다. 하지만 살기등등한 동생의 강권에 결국 애매하게 대답할 수밖에 없었다.

"그렇다면 내가 마땅히 처리함이 있겠다(然則我當有以處之)."

하지만 세자가 된 다음 날부터 좌불안석이었다. 태조는 방번과 방석을 살려줄 것이라 믿고 방원에게 협조했지만 방석은 유배를 떠나기 위해 성문을 나오자마자 참살당했고 방번도 양화나루에서 참살되었다. 그 외에도 정도전파는 모두 죽임을 당했다. 한 달 뒤 태조의 양위로 정종이 왕위에 올랐다. 만약 그가 정치적 행동을 한다면 무슨 일이 일어날지 몰랐다. 하지만 그는 정치에 뜻을 접고 운동과 술로 소일했다. 정종이 좋아한 운동은 말을 탄 채 막대기로 공을 쳐서 상대방 문에 넣는 '격구'라는 기록이 있다. 이는 고려 시대 대표적인 귀족 스포츠였다.

왕은 경연에 나가 학문을 연마하고 하루 종일 근면하게 정사를 돌보아야 하지만 정종은 그러지 않았다. 신하와 군대를 모두 방원이 장악한 상황에서 뚜렷이 할 일도 없었을 것이다. 그는 젊을 때부터 중풍기가 있었는데 이를 핑계로 경연에 불참하고, 상왕을 위로한다며 태조와 술을 마시고, 건강을 위한다며 격구를 했다. 왕의 무능함은 방원파에게 좋은 명분이었고, 왕위를 내놓아야 하는 정종에게도 좋은 핑계거리였다.

하지만 정종 재위 기간에 석연치 않은 부분이 하나 있다. 바로 정안군 이방원을 후계자인 세제로 세우지 않은 것이다. 정종의 비인 정안왕후 김씨는 자식을 낳지 못했고 왕비가 되었을 때 이미 마흔네 살이었다. 세제를 세우지 않을 이유가 없었다. 또한 상황도 명백한데 무엇 때문에 망설인 것일까? 결과적으로 이것이 또 하나의 비극을 불러왔다. 정종 3년인 1400년에 2차 왕자의 난이 일어난 것이다. 방원의 형 방간이 후계자 자리를 노리고 일으킨 이 반란으로 정종은 부랴부랴 정안군을 세제로 책봉했고, 얼마 후 왕위를 양위하고서 상왕이 되었다.

태종은 즉위한 뒤 태상왕 태조와 목숨을 건 권력투쟁을 시작했다. 상왕이 된 정종은 아버지와 동생 사이에 끼어 이러지도 저러지도 못했고, 태상왕이 태종에게 패하고 돌아왔을 때 그저 위로만 할 뿐이었다. 비운의 왕 정종의 역할은 결국 욕심 많은 동생에게 상처 입은 아버지를 위로하며 자식으로서 효도를 다하는 것뿐이었다.

또다시 발생한
형제간의 권력투쟁

1차 왕자의 난 때 소외된 방원의 형 방간이
2차 왕자의 난을 일으켰다.

태조 이성계에게는 왕비가 두 명 있었다. 신의왕후 한씨는 동북면 토착세력 시절의 부인으로 왕이 되기 전에 죽었고 가문도 대단한 편이 아니었다. 그 소생으로는 방우, 방과, 방의, 방간, 방원, 방연 여섯 아들과 공주가 둘 있었다. 한편 권문세족 출신인 신덕왕후 강씨는 역성혁명에 큰 공을 세웠고 정치에도 깊숙이 개입하였다. 방번, 방석 두 아들과 경순공주를 낳은 신덕왕후는 일찍이 태조가 처음 세자를 세울 때 일부 신하들이 방원을 추천하자 울며불며 강짜를 부려 방석이 세자가 되도록 했다는 일화가 있을 정도로 정치적 영향력이 컸다. 하지만 신덕왕후가 죽은 후 1차 왕자의 난이 일어나 아들들이 모두 죽고 딸마저 출가했으니 비극적 결말의 원인을 제공한 셈이었다. 훗날 태종은 그녀의 능을 옮기고 석재를 청계천 축조에 사용하는 등 철저히 보복하였다.

1차 왕자의 난 이후 방원이 모든 권력을 장악한 터라 비록 정종이 세제 책봉을 미루고 있다 해도 별 문제는 없을 것이라고 생각했다. 주요 군 지휘관을 방원 측근들이 장악한데다 마침 명나라에서도 홍무제가 죽고 조카 건문제와

▼ 태조 이성계의 아들들

삼촌 연왕(훗날 영락제) 사이에 권력투쟁이 일어나 대외적으로도 문제가 없었다. 그런데 엉뚱한 데서 일이 터지고 말았다. 같은 신의왕후 자식들 사이에서 분쟁이 일어났는데, 방간이 2차 왕자의 난을 일으킨 것이다.

이성계의 4남 희안군 방간은 방원의 바로 위 형으로 방원보다 두세 살 많았을 것이다. 개국 당시 20대 중반이었지만 큰 공을 세우지 못하고 동생 방원이 중요한 역할을 하는 것을 지켜만 보았다. 하지만 신의왕후 소생들 중 방원을 제외하면 정치적 야심이 가장 컸던 방간은 정도전의 재상 정치와 사병 혁파에 불만이 커서 1차 왕자의 난 때 큰 공을 세웠다. 이를 계기로 야심이 구체화되었다.

여기에 불을 지른 것은 1차 왕자의 난 때 논공행상에서 소외된 이들이었다. 대표자가 박포라는 장수인데, 그가 방간에게 방원이 형을 제거하려 한다며 불을 질렀다. 마침내 방간은 사병을 동원하여 방원 제거 계획을 세운 다음 나라 제사 때 쓸 짐승을 잡기 위해 사냥을 나간다는 구실로 군대를 일으켰다.

방간의 반란은 엄청난 충격을 주었다. 이성계는 "네가 정안과 아비가 다르냐, 어미가 다르냐? 저 소 같은 위인(彼如牛人)이 어찌 이에 이르렀는가?" 하며

36

소리를 질렀고, 정종은 "네가 난언(亂言)을 혹하여 듣고 동기(同氣)를 해치고자 꾀하니, 미치고 패악하기가 심하다. 네가 군사를 버리고 단기(單騎)로 대궐에 나오면, 내가 장차 보전하겠다"라며 방간을 달래 사지에서 구하려 노력했다. 이방원조차 눈물을 흘리며 굳이 거절하기를, "골육을 서로 해치는 것은 불의가 심한 것이다. 내가 무슨 얼굴로 응전하겠는가?" 하였다.(《정종실록》 2년 1월 28일)

방간의 반란은 처음부터 승부가 뻔했다. 그때 서류상으로 정부군은 20만 명이 넘었고 방간의 군대는 몇백 명에 지나지 않았다. 방원은 지휘관들에게 방간을 절대 죽이지 말라고 명할 정도로 여유가 있었다. 마침내 방간은 항복하면서 박포의 꾐에 넘어갔다고 진술했다. 목숨을 구한 그는 유배를 떠났고, 이후 방원의 배려로 1421년까지 천수를 누렸다.

이 사건 이후 정종은 즉각 방원을 세제로 삼았다. 방간을 살리기 위해서도, 방원의 부하들 눈치가 보여서도, 어리석은 일이 더 일어나지 않도록 하기 위해서도 필요한 조처였다. 방원이 세제가 되자 그 부하들의 이방원 왕 만들기는 점점 더 노골적이 되었다. 정안왕후가 '방원의 눈'을 이야기한 것도 이때였다. 태상왕이 심기가 불편해져 개경을 떠나 무작정 길을 나서자 정종은 마침내 왕위를 방원에게 넘겨주었다. 태상왕은 이 소식을 듣고 "그렇게 하라고 할수도 없고 하지 말라고 할 수도 없다"라며 혀를 찼다. 이렇게 태종의 시대가 열렸다.

◉ **역 사 메 모** ┊--

1차 왕자의 난의 원인이었던 정도전과 신덕왕후 강씨에 대한 태종의 증오는 대단했다. 신덕왕후를 후궁으로 강등하고 능을 이전하면서 석물을 파괴하였다. 일부 석물은 청계천 일대에 조성한 돌다리 등에 썼는데, 석물을 거꾸로 세웠다. 지금도 청계천에서 일부 흔적을 볼 수 있다.

정도전에 대해서도 마찬가지였다. 특히 그가 첩의 자식이었던 것을 못마땅하게 생각했다. 신덕왕후의 자식들을 후궁 소생으로 격하시킨 일도 있듯, 태종은 이후 첩의 자식들, 즉 서얼은 과거에 응시할 수 없도록 하였다. 과거 국사 교과서에서는 문무 양반 체제가 확립되면서 양반의 수가 늘어나 기득권의 분산을 막기 위해 서얼의 출사를 막았다고 기술했는데, 거시적 통기는 이것이 맞겠지만 개인적 원한도 작용했다. 서얼 출사 금지는 역사에도 없고 다른 나라에도 없는 법이라 조선 시대 신분제의 모순을 격화하는 중요한 원인이 되었다.

왕위에 오른 태종과 이에 반대한 사람들

**방원은 결국 왕위에 오르는 데 성공했지만
이를 반대한 이들은 태조를 등에 업고 반란을 일으켰다.**

비록 이방원이 왕위에 올라 태종이 되었지만 위로 상왕이 두 명이나 있었고 무엇보다 태조 이성계는 태종을 인정하지 않았다. 조선을 건국한 후에도 고려에 충성을 다하는 이색을 상석에 앉히고 극진히 대접할 정도로 순리를 따르고 정도전 등의 유학자들을 아꼈던 태조는 1차 왕자의 난 때부터 태종을 용납하지 않았다. 1차 왕자의 난 이후 개경으로 천도하자 태조는 궁궐이 아닌 민가에 들어가 살며 사람들 볼 면목이 없다고 탄식하였다. 그런가 하면 왕자의 난 때 공을 세운 조온, 이무, 조영무 등을 헐뜯기도 했다.

태조의 지지 여부는 왕위 계승에 정통성을 인정받느냐는 문제였고, 정통성은 유교정치의 핵심 요소였다. 태종은 태조의 환심을 사고자 조온 등을 유배 보내는 등 적극 노력하였다. 왕위에 오른 뒤 다시 한양으로 천도한 것도 그 일환이었다. 하지만 유교정치라는 목적은 같을지언정 가려고 하는 길, 즉 방법이 서로 달랐다. 태종은 마냥 태조의 뜻에 따를 수는 없었다. 태조는 태종과 부딪칠 때마다 개경을 떠나 한양이나 회암사 등을 전전하다 마침내 1402년 동북

이 지도 안의 텍스트:

1402년 11월 초
함경도 안변
반란 발생→관군 격파

1402년 11월 말
평안도 안주
반란군이 관군에게 패배

1402년 12월
반란군이 안변으로 후퇴했으나
관군에게 진압당함

안주 · 덕천 · 안변

개성 ·

한양

면 함흥으로 들어가 버렸다.

이때 동북면에서 조사의의 난이 일어났다. 태조가 이 반란에 동조했다는 것은 여러 경로로 추측이 가능하다. 동북면의 용병세력과 일부 여진족이 반란에 가담했는데, 평소 이성계 가문의 영향력이 아니면 어려웠을 것이다. 또 반란군의 진로와 태조의 이동 경로가 일정 부분 겹치는데다 태조를 모시던 정용수와 신효창 등이 반란에 가담한 것을 보아도 그렇다. 야사에는 이런 측면이 더욱 부각되는데 대표적인 것이 함흥차사 이야기다.

차사는 왕이 보내는 특사를 말한다. 태조의 반란 참여를 두려워한 태종이 태조더러 개경으로 돌아오라고 설득하는 차사를 보냈지만 가는 족족 모두 죽임을 당했다. 이에 돌아오지 않는 사람을 빗대 '함흥차사'라는 말이 생겼다. 그런데 이 중 박순이란 차사가 있었다. 그는 새끼 말을 나루터에 묶어두고 어미 말만 데리고 태조를 찾아갔다. 어미 말이 슬피 울자 태조가 연유를 물었고, 박순은 새끼를 그리는 어미의 맘이라 대답했다. 태조는 그 뜻을 이해하고 박순을 돌려보냈다. 하지만 부하들은 박순을 죽일 것을 간청했고, 태조는 나루를 건너지 않았으면 죽이라고 했다. 그런데 하필이면 병이 나서 지체하던 박순은 나루 앞에서 죽임을 당했다. 왜 태조의 측근들은 차사들을 죽이려 했을까? 반란 정보가 새어나가는 것을 막기 위한 것이 아니었을까?

조사의의 난은 초기에는 우세했지만 결국 정부군의 효과적인 반격으로 실패하고 말았다. 조사의는 신덕왕후 쪽 사람이어서 반란 실패는 곧 방번, 방석 잔여세력의 완전한 소멸과 태조의 기반인 동북면 지역 세력의 소멸을 아울러 의미하는 것이었다. 태조는 완패했고, 태종의 승리를 인정할 수밖에 없었다. 야사에 따르면 태조가 개경으로 돌아올 때 마중 나온 태종을 죽이려 했지만, 태종은 미리 대비하였다고 한다. 천막을 치면서 기둥을 많이 세우고 태조가 화살을 쏘자 기둥 뒤에 숨어서 피했다. 또 신하들에게 술을 권하게 할 뿐 직접 태조에게 술을 따르지 않았다. 그러자 태조는 껄껄 웃으며 품속의 철퇴를 버린 뒤 "옜다. 가져라. 하늘의 뜻은 어쩔 수 없구나"라며 옥새를 내주었다고 한다.

◉ 역 사 메 모

왕위의 정통성을 비로소 인정받은 태종은 태조와 정종 두 상왕을 더욱 극진히 대했다.
"임금이 태상왕께서 술과 고기를 드리는 것을 싫어할까 두려워하여, 먼저 소찬(素饌)을 드리고 다음에 육선(肉膳)을 드리니, 태상왕이 허락하였다. 임금이 기뻐하여 여러 가지 풍악을 들여와서 연주케 하였다. 매우 즐거워서 태상왕과 주상이 모두 취하여 일어나서 춤을 추었다."(《태종실록》 3년 8월 7일)
태종은 두 상왕과 술을 마시다 취흥이 도도하면 춤을 추었는데, 심지어 곱사등이춤을 추며 태조를 기쁘게 한 적도 있다. 아버지를 사랑하지만 정치적으로 함께할 수 없었던 비극적인 부자지간의 마지막 장면을 실록은 담담하게 기록하고 있다.

왕권 강화와
통치기구의 정비

**태종은 왕권 강화를 위해 많은 이들을 숙청했고
통치제도를 정비해나갔다.**

정도전과 태조는 유교적 이상정치를 실현하려 노력했지만 6년이라는 짧은 집
권 기간에 그 뜻을 이루지는 못했다. 이로써 그 목표는 태종의 몫이 되었다. 태
종은 학문이 높아 젊을 때부터 신진 사대부들과 깊이 교유하고 그들을 포섭하
는 데 큰 역할을 한 만큼 정치를 신하들에게 전적으로 맡길 사람이 아니었다.

태종의 정치체계 개혁은 크게 두 가지 방향으로 잡을 수 있다. 하나는 왕권
의 위협세력을 제거하는 것이고, 또 하나는 유교정치를 실현할 통치기구를 정
비하는 것이었다.

태종이 왕권 위협세력을 숙청한 것은 공포정치 수준이었다. 왕권의 가장 큰
위협세력은 외척 민씨 집안이었다. 태종의 왕비인 원경왕후는 여흥 민씨 출신
으로 왕자의 난에 결정적인 공을 세웠다. 원경왕후는 1차 왕자의 난 당시 쿠
데타군을 위해 몰래 무기를 숨겨놓았고, 처남인 민무구·민무질 형제는 사병
들을 지휘하여 큰 공을 세웠다. 그래서 태종 즉위 후 자신들이 1등 공신이라
며 공공연히 떠벌리고 다녔다. 이에 태종은 1406년 민씨 형제가 어린 세자를

끼고 정권을 장악하려 한다는 협유집권(挾幼執權)의 혐의를 씌워 유배를 보낸 뒤 자결하라고 명령했다. 두 형제가 죽은 후 그 동생 민무회·민무휼이 억울함을 호소하자 역시 죄를 씌워 1415년 모두 사사하였다. 이러한 잔인한 숙청은 사병을 혁파해 정부가 군사권을 장악하고 반란 가능성을 차단하는 데 큰 도움이 되었다.

태종은 집권 말기에도 무시무시한 정치를 계속했다. 세종이 즉위하자 세종의 장인인 심온이 새로운 권력으로 떠올랐다. 심온은 상왕으로 있는 태종을 의식해 몸가짐을 조심했지만 사람들은 새로운 권력에 아부하느라 정신없었다. 심온이 명나라 사은사로 가게 되자 수백 명이 몰려들어 환송했다. 태종은 심온이 불온한 마음을 품었다며 사사하고 그 아내를 하녀로 삼았다. 세종과 왕비 소헌왕후는 이 사건을 일생의 한으로 삼았지만 외척이 발호해서는 안 된다는 교훈만은 잊지 않았다. 이후 조선에서는 외척이 되면 멸문을 당할지도 모른다고 해서 왕비 간택을 극구 꺼리는 풍조가 생겼을 정도다. 훗날 사도세자의 빈 혜경궁 홍씨가 지은 《한중록》에도 빈으로 간택될 당시 홍씨 아버지가 걱정하는 모습이 묘사되어 있다.

외척만이 아니었다. 1, 2차 왕자의 난과 조사의 난 등 굵직한 사건마다 정부군을 이끌고 맹활약을 한 최고 공신 이숙번도 마찬가지였다. 태종의 총신으로 사랑을 가장 많이 받았지만 그가 왕의 총애를 믿고 방자하게 군다며 양사가 탄핵하자 귀양을 보내고 한양으로 들이지 말라고 엄명했다. 이숙번은 비록 목숨은 부지했지만 이 때문에 영원히 유배생활을 해야만 했다.

정치제도 개혁과 관련해서 가장 먼저 손을 댄 것은 고려 시대부터 재상들의 회의기구였던 도당(도평의사사)의 혁파였다. 무려 40~50명에 달하는 재상급 고위관료들의 합의기구인 도당은 왕자의 난이 일어나기 전부터 비판을 받고 있었다. 태종은 도당을 없애고 그 대신 의정부를 두었다. 또 고려 시대 국가기밀과 왕명 출납을 관장하던 중추원을 삼군부로 바꾸고 군사만을 담당하도록 했다. 왕명 출납은 승정원을 설치하여 전담하도록 했다.

도당을 폐지하니 문하부 등 기존 기구들의 위상이 애매해졌다. 이에 불필요한 기구들을 혁파하고 그 권한을 육조에 이관하여 행정 실무부서인 육조를 실질적인 집행기구화하였다. 육조가 의정부에 주요 업무를 보고하면 의정부가 왕과 의논하여 결정한 뒤 육조에게 집행하도록 하되, 사소한 일은 육조가 직접 처리하도록 했다. 하지만 이 과정에서 의정부의 권한이 점차 비대해지자 1414년 태종은 육조 직계제를 시행하여 육조가 의정부를 거치지 않고 직접 왕에게 보고하고 결재받도록 하였다. 육조 직계는 태조와 세조대에 왕권을 강화하고 신권을 견제하는 데 중요한 역할을 하였다.

지방 행정구역은 8도로 일원화하였다. 이로써 고려 시대 복잡한 지방 통치 체제가 정리되었다. 향리의 권한을 약화시켜 호족들이 지방 행정에 간여할 여지를 없애버렸다. 이에 호족은 몰락하고 이방, 형방 등 실무에 종사하는 말단 공무원들이 향리직을 수행하였다. 모든 군현에 수령을 파견해 고려 시대 일부에만 파견하던 문제를 해결하였고, 수령들은 안찰사(관찰사)를 파견하여 감시하도록 했다. 2품의 고관인 안찰사는 임기 중 가족을 데리고 부임하지 못하게 하여 비리를 철저히 차단하고 직무에 충실하도록 했다.

태종은 측근이라도 왕권에 위협이 될 만하면 가혹하게 숙청했지만 신하들의 지혜를 모아 각종 제도를 정비함으로써 조선의 실질적 건국 왕이 되었다. 태종이라는 묘호는 이전 시대에는 없었던, 우리 역사에서 유일한 호칭인데, 이는 그의 역할이 조선왕조 500년에 얼마나 중요하였는지를 잘 말해주는 것이다.

언론기관의 설립과 유교정치

**태종의 뜻에 따라 사헌부와 사간원의 양사 체제가 확립되었고
백성을 교화하는 유교정치의 기틀이 갖춰졌다.**

보수는 부패로 망하고 진보는 분열로 망한다는 말처럼, 고려 말 개혁세력도 여러 갈래로 분열되었다. 정몽주 등 고려 충성파, 정도전 등 원리적 유교정치 파, 이방원 등 현실적 유교정치파 등이 그것이다. 하지만 고려의 귀족적·분권 적 정치를 극복하고 유교적·중앙집권적 정치를 이룬다는 목표만큼은 한 번도 흔들린 적이 없었다. 정몽주와 정도전 등이 권력투쟁 과정에서 희생당했음에 도 이후 500년간 조선의 유교통치이념이 흔들리지 않았던 것은 이 때문이다. 즉 개혁세력의 목표와 원칙이 뚜렷하다면 아무리 분열이 심해도 역사는 흔들 리지 않고 계속되는 법이다.

유교정치의 핵심은 백성의 교화다. 애민정치라고 많이 표현하지만, 그저 백 성을 사랑하고 돌보는 것이 아니라 그들을 유교적으로 교화하여 어진 왕과 선 한 백성이 어우러져 이상사회를 만드는 것이 궁극적 목표였다. 단지 교화의 주 체와 객체, 즉 교화를 하는 군자와 성인들(왕과 사대부)과, 교화를 받는 백성들 의 관계는 엄격해야만 했다. 이익에 눈이 어두워 옳지 않은 것을 옳다고 우기는 자들을 허용한다면 교화는 되지 않는다. 따라서 신분제를 넘어서는 유교정치는 실학이 등장하는 17세기까지는 존재할 수 없었다.

이것이 절묘하게 어우러진 것이 신문고제도였다. 1402년 의금부 당직청 앞에 달아놓은 신문고에 대해 태종은 다음과 같이 교시하였다.

> 이목(耳目)이 샅샅이 미치지 못하여 옹폐(壅蔽, 임금의 총명을 가림)의 환(患)에 이르지 않을까 두려워하여 이제 옛법을 상고하여 신문고(申聞鼓)를 설치한다. 온갖 정치의 득실과 민생의 휴척(休戚, 평안과 근심)을 아뢰고자 하는 자는 … 즉시 와서 북을 치라.《태종실록》 2년 1월 26일)

신문고는 중국 고사에 나오는 제도로, 민의를 반영하는 제도였다. 아직도 고려의 기득권 세력이 백성을 억압하고 있어 이를 시정하기 위해 만든 제도였다. 하지만 잘못된 정보나 거짓을 말할 때는 오히려 처벌을 받았고, 특히 낮은 신분이 높은 신분을 모함할 경우 엄중 처벌하였다. 그래서 평민이나 천민은 이 제도를 꺼려했다. 하지만 유학자들 사이에서는 특권과 기득권에 대한 도전 장치로 활용되어 50년 이상 지속되었다. 이 제도가 훈구대신들의 특권 정치가 강화되는 세조 때 폐지되었다는 사실이 그 의미를 웅변한다.

학문과 덕성을 겸비한 관료들이 나라 정치에 적극 참여하여 권력을 견제하고 정책을 비판하는 제도는 언론 기구로 발전하였다. 사헌부와 사간원 양사(兩司)가 그것인데, 성종대에 만들어진 홍문관과 함께 조선을 대표하는 언론 기구로 발전하였다. 사헌부는 고려 시대 관리감찰 기구 어사대를 공민왕 때 개편하며 붙인 이름으로, 조선 건국과 함께 더욱 발전하였다. 조선왕조실록에서 사헌부를 검색하면 태조 때 72건이던 것이 태종 때 840건, 세종 때 1,502건으로 늘어나 이때부터 본격적으로 활동했음을 알 수 있다. 사간원은 태종이 만들었다. 정부 정책을 비판하는 전문 언론 기구로서, 고려 시대 문하부 소속 낭사들이 행하던 역할을 분리·독립시킨 것이다.

▼ 사헌부와 사간원

사헌부	• 관리를 감찰하는 기구
	• 고려 시대의 어사대를 공민왕 때 개편하여 이어짐
사간원	• 정부의 정책을 비판하는 전문 언론 기구
	• 태종이 직접 설립
	• 고려 시대 문하부의 업무를 분리·독립

태종은 양사의 비판에 몹시 시달렸다. 이 때문에 조선왕조실록에는 태종이 다양하게 언관들을 공격하는 장면이 나온다. 하루는 언관들이 비판하기를, 벼락이 쳐 사람이 죽는 것은 천벌인데 최근 벼락을 맞아 죽는 사람이 늘어나니 왕이 실덕한 탓이라 하였다. 그러자 태종은 역사 속에서 천벌받아 마땅한 이들은 왜 벼락을 맞지 않았느냐고 반박했다. 그런가 하면 또 자신은 열심히 수양하는데 왜 천재지변이 일어나는지 모르겠다며 은근히 신하들 탓으로 돌리기도 했다. 이런 수많은 사례는 마치 태종이 언론에 짜증을 내고 공격한 것처럼 보이지만, 사실 태종이 언론을 강화했기에 가능한 일이었다.

태종의 유교정치는 유학자들의 활동을 보장하여 정책을 활발히 만들어내고 이를 통해 백성을 교화하고자 하는 것이었다. 당연히 백성들에 대한 정책도 다양했다. 대표적으로 노비변정 사업을 들 수 있다. 초기 신문고의 목적이기도 한 노비변정은 고려 후기 권문세족의 횡포로 노비로 전락한 이들을 양민으로 풀어주는 제도였다. 엄청난 반발에 직면했지만 강력한 왕권을 동원해 이를 방어했다. 신문고와 사병혁파도 크게 도움이 되었다. 이때 크게 늘어난 양민은 세종의 정책에 중요한 물적 토대가 되었다. 세종대 경제성장에도 큰 영향을 끼쳤는데 이는 뒤에서 서술한다.

태종의 유교정치에는 역시 유능한 학자들의 도움이 컸다. 이 중 대표적 인물은 하륜이었다. 그는 정도전, 조준 등과 함께 역성혁명을 주도했지만 건국 이후 정도전 반대편에 섰다. 정도전에 비해 유연해서 한양 천도 때는 풍수지리설을 수용했고, 요동정벌도 반대했다. 태종이 즉위한 후 추진한 주요 정책의 설계자였으며 명과의 외교관계를 풀고 저화의 유통 등 경제문제를 푸는 데도 앞장섰다. 《동국사략》, 《태조실록》 등 역사편찬도 주도한 만능 인재로, 태조에게 정도전이 있었다면 태종에게는 하륜이 있었다고 할 수 있다.

◎ 역 사 메 모 ┊ ....

태종은 1413년 호패제를 처음 시행하였다. 오늘날 주민등록증의 시조격인 이 제도는 자신의 이름, 주소, 직업 등을 적은 패를 차고 다니도록 한 제도이다. 고위 양반은 상아나 뿔로 만든 호패를 차고 다녔지만 낮은 신분의 사람들은 나무로 된 패를 차고 다녔다. 정부는 모든 사람이 차고 다니는 이 호패를 통하여 백성들에 대한 통제와 감시를 용이하게 할 수 있었다.

국방력 강화로 만든
평화의 시대

**국방력을 키우기 위해 지속적인 무기 개량과 군사 훈련에 힘썼고
쓰시마 정벌을 통해 왜구의 파멸을 이끌었다.**

국방의 강화는 건국 초부터 절실한 문제였다. 명나라와의 갈등으로 요동정벌
이 코앞까지 닥쳐왔었고 남쪽의 왜구도 큰 골칫거리여서 1393년부터 1407년
까지 61회나 왜구의 침입을 받았다. 사실 북쪽보다 남쪽이 더 심각한 상황이
어서 태종은 명과의 관계를 강화하는 한편 왜구를 방비하기 위해 무기 제작
과 증강에 박차를 가하였다.

조선이 가장 심혈을 기울여 개량한 무기는 화포였다. 이미 고려 말 최무선
의 진포대첩에서 화포의 위력을 실감한데다, 전통적으로 우리 민족은 근접해
싸우는 백병전보다 원거리 화력전을 선호했기에 화포가 잘 맞았다. 최무선이
개발한 화포는 대포라기보다 작은 총통으로 불화살을 멀리 쏘아 보내는 수준
이었다. 태종은 이를 개량하여 큰 포환이나 대장군전을 쏠 수 있도록 하였다.
이렇게 만들어진 것이 지자총통으로, 105밀리미터 구경에 길이 90센티미터의
대포였다. 처음에는 사정거리가 짧아 실용성에 의문이 많았지만 개량을 거듭
하여 세종대에는 사정거리를 900보 이상으로 늘렸다.

▶ 지자총통(보물 제862호). 현재 전해지는 지자총통은
세종 때 다시 개량되어 1557년에 제작된 것이다.

전함의 개량에도 많은 노력을 기울였다. 배 위에서 화포를 쏘기 위해 포의
반동으로 갑판이 부서지지 않도록 견고하게 만들었다.* 또한 왜구는 백병전에
능했기 때문에 그들이 배에 오르지 못하도록 해야만 했다. 그래서 검선이라는
것을 만들었다. 고려 시대 과선(戈船)을 발전시킨 것으로, 칼을 뱃전에 꽂아서
오르지 못하도록 한 것이다. 거북선도 제작했는데, 처음에는 갑판에 뚜껑을 덮
고 송곳 등을 꽂아 적이 오르지 못하도록 했다. 그리고 빠르고 날렵한 왜구의
배에 비해 느리고 둔한 우리의 전함을 개량하여 맹선을 만들었다. 이런 모든
무기와 전함의 개량은 태종이 죽은 뒤에도 꾸준히 이어져 임진왜란 때 판옥선
과 다양한 화포를 이용한 화력전과 함포전을 가능하게 만들었다.

전쟁에 대비한 군사훈련과 무기의 양적 확충도 꾸준히 하였다. 박초의 상소
를 보면 전함을 대·중·소로 나누어 함대 훈련을 꾸준히 하였음을 알 수 있
다. 태종 15년에는 화통 1만여 문이 모자라다며 주철 2만여 근을 녹여 더 많
이 만들자는 의논이 있었다. 이러한 평소 대비가 바탕이 되었기에 세종 때 쓰
시마를 정벌하고 4군6진을 개척할 수 있었다.

쓰시마 정벌은 태종이 상왕으로서 직접 주관하였다. 1418년 태종은 세종에
게 양위했지만 군사 업무만은 자신이 계속 주관해서 병조참판 강상인이 자신

• 세종 7년에 배 위에서 화약이 젖지 않게 하는 방법을 논의하였다는 기록이 있다. 이는 함포
사격 훈련을 했음을 의미한다.

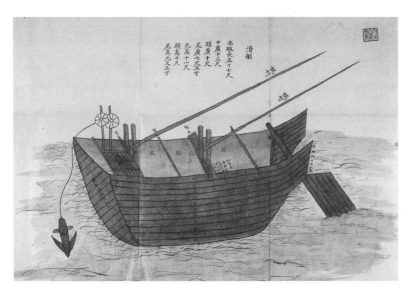

本板長五十六尺
中廣十三尺
頭廣十尺
尾廣七尺五寸
尾高十二尺
頭高十尺
尾高九尺五寸

漕船

▲ 《각선도본》에 실린 맹선의 모습.

에게 제대로 보고하지 않는다고 죄를 물어 처형할 정도였다. 따라서 쓰시마 정
벌은 태종 국방정책의 마지막 작품이라 할 수 있다.

쓰시마 정벌은 왜구의 근거지를 소탕함으로써 화근을 뿌리 뽑자는 의도였
다. 또 명나라가 왜구를 토벌할 의사를 내비치자, 명이 일본 원정을 명목으로
부담을 뒤집어씌울 것이 두려워 서두른 측면도 있었다. 명은 영락제가 즉위한
뒤에도 환관과 공녀를 요구하는 등 조선을 계속 괴롭혔기 때문에 자칫 고려
시대 여몽연합군 때처럼 엄청난 부담을 질 개연성이 높았다.

마침 쓰시마의 왜구 주력부대가 요동반도로 원정을 나가 섬이 비었다는 소
식이 전해졌다. 태종은 명에 왜구의 요동 공격 소식을 전한 뒤, 쓰시마를 공격
하여 근거지를 파괴하고 명에 패하고 돌아오는 왜구 주력부대를 남해에서 요
격, 전멸시킨다는 계획을 세웠다.

1419년 6월 19일 이종무와 8명의 지휘관의 지휘 아래 전선 227척, 수군 1만
7,285명의 대병력이 쓰시마를 공격했다. 두지포에 상륙한 조선 수군은 저항하

는 소수의 왜구를 격멸하고 잡혀간 조선 사람들과 명나라 사람들을 구출하는 한편 근거지를 파괴하기 위해 가옥 2,000여 채에 불을 질렀다. 이어 훈내곶에 상륙하여 목책을 쳐서 바다로의 통행을 막았다. 이로써 조선 수군을 피해 산속으로 도주한 섬사람들은 완전히 고립되었다. 이어 니로라는 곳을 공격했는데, 이곳에서는 매복한 왜구의 공격을 받아 180여 명이 전사하고 말았다. 기세가 꺾인 조선 수군은 마침 쓰시마 도주가 항복을 구걸하자 출정 10여 일 만인 7월 3일 돌아왔다. 중국 측 기록에 따르면, 요동에서는 1,500여 병사의 목이 날아갔을 정도로 왜구가 전멸에 가까운 타격을 받고 달아났다.

쓰시마 정벌과 왜구의 파멸로 이후 남쪽의 근심은 크게 줄어들었다. 태종의 국방력 강화와 쓰시마 정벌은 세종의 사대교린 정책의 밑거름이 되었으며, 임진왜란까지 200여 년간 이어진 유례없는 평화 시대의 밑거름이 되었다.

큰형을 제치고
왕위에 오른 세종

학문에 힘쓰지 않은 태종의 첫째 아들 양녕을 대신해
이상적 유교 군주의 가능성을 보여준 셋째 아들 충녕이 왕위에 등극한다.

세자를 교육하고 관리하는 기구는 태조 때부터 있었는데 이를 시강원이라 한다. 시강원은 세자 한 사람을 위한 학교로, 영의정이나 좌의정이 교장을 맡고 당대 최고의 학자* 수십 명이 이르면 서너 살부터 스파르타식으로 교육했다. 유교정치는 유교에 능통한 어진 군주를 요구하므로 당연히 미래의 군주 역시 공부를 엄청나게 해야 한다. 인조의 아들 소현세자의 교육을 기록한 《동궁일기》를 보면 아침 수업은 오전 7시에 시작하고 저녁 수업은 저녁 7시에야 끝났다. 야간 보충수업도 있어 밤 9시까지 수업이 연장되고는 했다. 한 달에 두 번씩 치러지는 시험에 종종 왕도 참관했는데, 영조는 채점자가 사도세자의 시험 점수를 실력보다 높이 평가하자 교사를 엄하게 벌하기도 했다. 그래서 교사들은 엄격하게 채점하고 세자라 해도 공부를 못하면 혹독하게 야단쳤다. 방학도 없어서 아프거나 국가 행사가 있을 때만 결강했다.

---

* 예를 들어 인종의 스승은 처음에는 조광조, 이후에는 이황이었다.

양녕대군(1394~1462)	효령대군(1396~1486)	충녕대군(1397~1450)
•1404년 세자 책봉 •자유분방한 삶 •계유정난 지지 •방탕한 삶으로 1418년에 폐위	•평범한 둘째 아들 •불교에 심취 •왕실 불교 전승 •불교 관련 탄핵	•어릴 때부터 공부에 매진 •양녕대군 폐위 후 세자 책봉 •1418년 세종 즉위 •이상적 유교정치 실천 •성군으로 추앙받음

학문적으로 자부심이 강했던 태종도 마찬가지여서 세자 양녕에 대한 교육은 엄했고 기대도 높았다. 문제는 양녕이 그렇지 못했다는 데 있다. 일부 야사에서는 양녕이 충녕에게 세자 자리를 물려주기 위해 일부러 미친 척했다지만, 그의 일생을 살펴보면 공부를 좋아하지 않았음이 분명하다. 특히 여자를 좋아했는데, 이는 황음무도(荒淫無道)를 금하는 유교정치이념과 어긋나는 것이었다. 양녕은 충녕이 즉위한 후에도 여자 문제로 물의를 일으켰다. 세종 21년에도 청주 기생 영가와 관련한 일로 탄핵 상소가 올라올 정도였다. 유교정치이념 아래 학문과 덕망이 높은 군주를 요구하는 나라에서 세자가 놀기에 바쁘고 여자 꽁무니만 쫓아다닌다면 이는 전형적인 패도에 해당했다.

태종은 목적을 이루기 위해 피를 보는 것을 망설이는 사람이 아니었다. 그는 점차 학업에 전념하는 충녕에 주목했다. 충녕은 양녕과 정반대였다. 둘째 효령도 양녕보다는 공부를 잘했지만 유교뿐만 아니라 불교 등 다방면에 관심이 많은데다 두뇌회전이 느리고 술도 못 먹었다. 하지만 충녕은 어릴 때부터 공부에 전념했고 무엇보다 유교정치에 투철했다. 충녕은 형 양녕의 황음무도를 못마땅하게 여겨 종종 아버지에게 이르곤 했다. 양녕이 폐세자되기 직전 어리라는 여자 문제로 끌려갈 때 충녕과 마주쳤는데, 양녕이 "네가 일렀지?"라고 윽박지르자 충녕이 시선을 피했다는 이야기도 있다. 사상이 투철한 충녕은 형을 용납하지 않았던 모양이다.

세자 자리를 원했건 원하지 않았건 충녕은 야심이 있었다. 그렇지 않았다면 종친의 정치 참여가 금지된 나라에서 그토록 공부에 전념할 이유가 있었겠는가? 어찌나 열심히 공부했는지 충녕이 병이 나자 태종이 책을 치워버렸는데 병풍 사이에 끼인《구소수간》만은 보지 못하고 그냥 가버렸다. 그러자 충녕은 이 책을 1,000번도 넘게 읽었다고 한다. 세종은 평소 책 한 권을 100번씩 읽었다고 말했고, 죽을 때까지 책을 읽어서 안질로 고생하고 엉덩이가 헐어서 옷에 피가 묻어나올 정도였다는 이야기도 있다. 그의 독서는 분야도 넓어서 정치·경제·역사·문화 등 모든 분야를 망라했다. 훗날 최만리가 한글 창제를 반대할 때 "네가 음운학을 아느냐?"라며 면박을 줄 정도로 누구보다 박식하고 심오한 학문의 경지에 이르렀다.

충녕은 어릴 때부터 가장 이상적인 유교 군주의 상이었다. 태종이 세자를 바꿀 결심을 한 것은 충녕이라는 확실한 대안이 있었기 때문이다. 사실 세자를 바꾸는 것은 대단한 모험일 뿐 아니라 약간의 황음은 태종도 예외가 아니었다. 양녕은 어리라는 여자와의 일로 태종이 진노하자 태종의 여자 문제를 들며 정면으로 도전했다.* 하지만 당시 조선은 초기의 불안정을 수습하고 유교 정치를 꽃피울 유능한 지도자를 원했다. 나는 못해도 너는 해야 한다는 분위기였다. 마침내 양녕이 폐세자가 되고 충녕이 세자가 되었다. 이어 태종이 상왕으로 물러나고 충녕이 왕위에 오르니 역사상 위대한 성군 세종의 시대가 마침내 시작되었다.

---

* "전하의 시녀는 다 궁중에 들이는데 어찌 다 중하게 생각해 이를 받아들입니까? 가이를 내보내고자 하시나 … 지금에 이르도록 신(臣)의 여러 첩(妾)을 내보내어 곡성(哭聲)이 사방에 이르고 원망이 나라 안에 가득 차니, 어찌 스스로에게서 반성하여 구하지 않으십니까? 한나라 고조가 산둥(山東)에 거할 때에 재물을 탐내고 색을 좋아하였으나 마침내 천하를 평정하였습니다." 《태종실록》 1418년 5월 30일 양녕의 수서(手書))

충녕과 태종의 속마음

조선왕조실록에는 충녕대군의 양녕 견제와 태종의 충녕에 대한 마음을 읽을 수 있는 기록이 몇 가지 있다. 대표적인 것 세 가지를 들어보자.

이날 세자가 성(盛)한 복장을 하고 모시는 자를 돌아보며, "신채(身彩)가 어떠한가?" 하니, 충녕대군이, "먼저 마음을 바로잡은 뒤 용모를 닦으시기 바랍니다" 하매, 모시는 자가 탄복하였다.《태종실록》 16년 1월 9일)

세자가 흥덕사에 가서 신의왕후 기신(忌晨)에 소향(燒香)하고 나서 바둑 두는 자 2, 3인을 불러서 바둑을 두었다. 충녕대군이, "세자의 지존으로서 아래로 간사한 소인배와 놀음놀이를 하는 것도 이미 불가한데, 더구나 기신에 있어서이겠습니까?" 하니 세자가, "너는 관음전에 가서 잠이나 자라" 하였는데, 대개 꺼려한 까닭이었다. 대군이 항상 세자의 근신하지 못하는 것을 간하기를, "조물주가 이빨을 주고, 뿔을 없애고, 날개를 붙이고, 두 발을 주는 다름이 있고 성인군자와 야인(野人)의 분수를 밝히었으니, 각각 당연한 법칙이 있지 않음이 없어서 어지럽힐 수 없는 것입니다. 어찌 미세(微細)한 사람과 더불어 잗단(잘고 인색한) 오락을 즐길 수 있습니까?" 하니, 세자가 매우 좋아하지 않았다.《태종실록》 16년 9월 19일)

충녕대군이 의령부원군 남재(南在)에게 연향하였다. 대군이 남재를 그 집에서 연향하는데, 남재가 여러 사람이 있는 자리에서 대군에게 이르기를, "옛날 주상께서 잠저(潛邸)에 계실 때 내가 학문을 권하니, 주상께서 말하기를, '왕자는 참여할 데가 없으니 학문은 하여 무엇하겠느냐?' 하기에, 내가 말하기를, '군왕의 아들이 누가 임금이 되지 못하겠습니까?' 하였는데, 지금 대군이 학문을 좋아하는 것이 이와 같으니 내 마음이 기쁩니다" 하니, 뒤에 임금이 듣고 크게 웃으며 말하기를, "과감하다! 그 늙은이가" 하였다.《태종실록》 15년 12월 30일)

유교 기틀 아래 꽃을 피운 세종의 시대

**어진 군주 세종은 유교적 틀 아래에서 현명한 관료들과
기라성 같은 인재들을 널리 등용했다.**

세종 시대의 핵심은 유교정치의 실현이었다. 20여 년에 걸친 태종의 노력으로 기본 틀은 잡힌 상태였다. 기초를 닦고 자재를 모아놓았으니 이제 집을 지으면 되었다. 어떤 모습의 건물을 지을지는 세종의 손에 달려 있었다.

세종은 어진 군주가 확고히 중심을 잡고 현명한 관료들이 백성을 교화하는 통치를 구상했다. 그래서 육조 직계를 폐하고 의정부 서사제를 시행했다. 의정부 서사제는 육조가 주요 업무를 의정부에 보고하면 재상과 왕이 의논하여 결정하고 이를 육조가 집행하는 제도다. 이 제도가 성공하려면 유능하고 충성스러운 재상이 필요했다. 결국 세종 시대를 빛낸 사람들의 중심에는 어진 재상들이 있는 것인데, 이들이 바로 황희와 맹사성이다.

황희는 고려에 충성을 바친 '두문 72현' 출신이다. 두문 72현이란 조선 건국 후 고려에 의리를 지키기 위해 두문동에 들어가 은신한 사람들이다.* 하지만

---

* '두문불출'이라는 고사에는 여러 유래가 있는데 이 이야기도 그중 하나다.

▼ 세종의 인재들

정치인	군인	과학자	학자	왕실	전문가
황희	최윤덕	장영실	정인지	왕세자(문종)	이예(외교)
맹사성	김종서	이천	최만리	수양대군	박연(음악)
허조			성삼문	정의공주	
			신숙주		

태조의 간곡한 부탁에 결국 뜻을 접고 출사해 태종 때 병조판서, 이조판서까지 올랐다. 양녕을 지지하며 세자 교체에 반대하다 유배를 당해 한동안 세종과는 껄끄러운 관계였다. 하지만 그의 능력을 알아본 세종이 상왕 태종이 죽자마자 다시 등용하였고, 무려 19년 동안이나 영의정을 맡겼다. 그는 대국적인 시각에 강직하고 유능했다. 종종 비리에 연루되어 세종을 곤혹스럽게 하고 소신을 고집하다 충돌하기도 했지만 세종의 의도를 가장 잘 파악하고 보필했다.

맹사성은 최영 장군의 손녀사위로서 고려가 멸망하자 관직을 사퇴하였지만 태조가 적극 등용하였다. 학자적 스타일로 예학과 문화에 밝았다. 1427년부터 우의정과 좌의정을 지냈는데 겸손하고 사치하지 않아 집에 비가 새는가 하면 소를 타고 다니기도 하고 남루한 옷차림으로 고향에 갔다가 수령이 못 알아보고 실례를 범하기도 했다.

유능한 재상 밑에는 빛나는 별 같은 인재들이 포진했다. 예학에 밝은 허조, 유능한 장수 김종서, 천재 과학자 장영실, 조선의 베토벤 박연 등…. 하지만 세종은 인사권을 확고히 장악하고 관료들에 대한 상벌을 명확히 함으로써 아무도 왕권을 넘보지 못하도록 했다. 아무리 재상이 유능해도 그들과 왕 사이의 선은 명확하게 그은 것이다.

유교정치를 실현하기 위해서는 그만큼 유학에 능통한 관료들이 필요했다. 하지만 세종을 만족시킬 만한 사람은 많지 않았다. 그래서 만든 것이 집현전이다. 집현전이라는 이름의 기구는 이전부터 있었지만 유명무실했다. 그러니 세종이 만들었다고 해도 틀린 말은 아니다. 세종은 유능한 인재들을 모아 공부에 전념하도록 하고 경연에 나와 왕과 토론하도록 하는 등 직접 챙겼다. 신숙주가 책을 읽다 잠이 들자 어의를 덮어주었다는 일화는 그간의 정성에 비하면 새발의 피였다. 심지어 공부에 전념하도록 사가독서제를 통해 휴가를 내고 조용한 곳에서 공부하도록 하고, 집현전 학사들의 관직 취임을 막기까지 했다. 정인지 등 야심만만한 학사들은 불만이 많았지만 세종대 두뇌집단으로서 손색없는 역량을 갖출 수 있었다.

세종의 유교적 역량과 학자 관료들의 역량이 모이니 거칠 것이 없었다. 모든 분야에서 조선은 유교적 국가를 실현해갔다. 이를 잘 보여주는 것이 이른바 사림파의 형성이다. 고려가 멸망한 이후 길재와 그 제자들은 은둔하여 학문을 연마할 뿐 조선에 참여하지 않았다. 그런데 세종대에 이르러 이들이 출사하기 시작했다. 대표적 인물이 김숙자다. 그는 세종 1년 과거에 급제한 뒤 경학에 가장 밝은 학자로 인정받아 세자(훗날 문종)의 스승이 되기도 했다. 그의 아들이 김종직이고, 김종직과 그의 제자들이 본격적으로 사림파를 형성하였다.

물론 유교정치의 실현이 마냥 긍정적인 것만은 아니었다. 백성을 교화하려면 유학자 사대부와 평민 사이의 상하관계가 엄격해야 했다. 그래서 백성이 수령을 고발하는 것을 금하고 종부법을 통해 노비가 양인이 되는 길을 막았다. 유교를 생활문화에까지 실현하기 위해 전통적인 제도를 수정했는데, 대표적인 것이 장가가서 처갓집에 사는 것을 금하고 시집가서 시댁에 사는 친영제도를 장려한 것이다. 이를 위해 세종은 공주를 시집보냈고, 장가보낸 관료를 파직하기도 했다.

세종은 조선을 유교로 개조했고, 우리 민족이 정치에서 일상생활까지 유교의 그늘 아래로 들어가도록 만들었다. 그러니 이후 모든 조선 국왕의 사표가 되는 것은 당연한 일이었다.

조선 최고의 발명품
한글

세종은 집현전 학사들의 반대에도 한글을 창제해
백성을 널리 교화했다.

이제는 널리 알려진 사실이지만, 한글은 집현전 학사들이 만든 것이 아니다. 한글은 세종의 작품이다. 만약 집현전 학사들이 만들었다면 집현전의 실질적 책임자인 부제학 최만리가 "넓게 여러 사람의 의논을 채택하지도 않고 … 급하게 널리 반포하려 하시니"(《세종실록》 26년 2월 20일) 라고 항의했을 리가 없다. 드라마 〈뿌리 깊은 나무〉에서처럼 비밀리에 만든 것은 아니지만,* 최소한 집현전의 사업은 아니었다. 그렇기에 일의 진행 상황을 모르고 있다가 완성된 뒤 비로소 항의한 것이다.

집현전 학사들은 단지 몇몇이 세종에게서 연구 용역을 약간 받아 수행하고, 창제 이후《훈민정음 해례본》* 등 해설서를 쓰는 데 동원되었을 뿐이다. 심지

• 세종이 말하기를 "전번에 김문(金汶)이 아뢰기를 '언문을 제작함에 불가할 것은 없습니다' 하였는데, 지금은 도리어 불가하다 하고…"(《세종실록》, 26년 2월 20일)라고 말한 것으로 보아 의견을 묻기는 했을 것이다.

한글 찬성
자주적 민족문화 유교 경전의 번역이 필요 백성 교화에 유리 정책 협조를 이끌어내기 쉬움 오랑캐에게서 벗어날 기회

한글 반대
반(反)중국 정책 한자로 쓰인 유교 경전 이해에 불필요 백성의 저항의식 고조 및 통제 어려움 양반의 기득권 위협 오랑캐의 문화

어 신숙주가 요동에 가서 음운학자 황찬을 만나 문자에 대해 논의한 사건처럼 한글 창제와 관련 없는 사건이 와전된 경우도 있다. 신숙주가 황찬을 만난 것은 한글 창제 이후다.

집현전은 한글 창제에 반대했다. 유교정치의 이념을 가장 적극적으로 실현하고자 하는 집단이, 경전의 글자인 한자를 버리는 정책에 찬성할 리 없었다. 최만리의 상소에는 "진실로 관리된 자가 언문을 배워 통달한다면, 27자의 언문으로도 족히 세상에 입신(立身)할 수 있다고 할 것이오니, 무엇 때문에 고심노사(苦心勞思)하여 성리(性理)의 학문을 궁리하려 하겠습니까?" 하여 유학의 수준이 떨어질 것을 염려하였다.

한글에 대한 반대는, 오늘날로 치면 영어 교육 반대 정도의 의미 있는 정책이었다. 이는 말 그대로 '풍속을 변하여 바꾸는 큰 일'이었다. 그래서 현실적인 측면에서도 반대가 격렬했다. 최만리는 상소에서 크게 다섯 가지 이유를 들어 반대하였다. 그중 먼저 나오는 것이 중국과의 관계, 둘째가 유교적 세계관의 문

• 한글 창제의 원리에 대해서는 여러 가지 억측이 있었다. 문지방 모양을 보고 만들었다거나, 한자나 파스파 문자를 모방했다거나 하는 것들이다. 이는 일제강점기 일부 학자들의 추측에서 나온 것들이 많다. 하지만 1940년 《훈민정음 해례본》이 발견되면서 천지인의 원리로 모음을 만들고 발음기관의 모양을 따서 자음을 만들었다는 것이 밝혀졌다. 세종이 최만리에게 한 말, "네가 운서를 아느냐? 사성칠음에 자모가 몇이나 있느냐?"에서 그동안 축적된 동양의 음운학이 한글 창제에 응용된 것을 알 수 있다. 그러니 앞의 이야기들은 일제강점기에 교육받은 사람들이 잘못 배운 것을 교정하지 않은 데서 나온 것임을 알 수 있다.

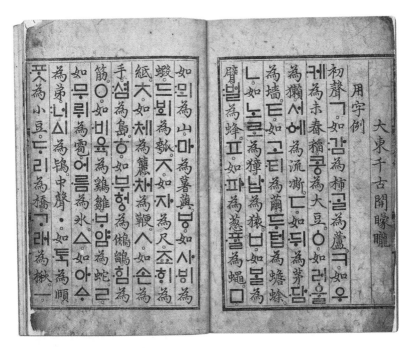

▲ 《훈민정음 해례본》(국보 제70호).

제, 셋째가 신분질서의 문제였다. 첫째로 과연 중국이 좋아하겠는가? 둘째로 자기 문자를 가진 민족은 몽골, 여진 등 모두 오랑캐인데 우리가 오랑캐의 풍속을 따를 것인가, 셋째로 천한 것들이 문자를 알고 법을 알면 양반에게 도전하지 않겠는가 하는 것이었다.

현대인은 무조건 세종이 옳았다고 주장하지만, 사실 지금까지도 우리는 한자로부터 자유롭지 못하다. 한글 전용화를 우리의 전통문화를 말살하려는 것이라며 오히려 한자 교육을 강화해야 한다고 주장하는 이들이 많다. 언어를 바꾸면 기존의 언어로 지식을 축적한 이들은 큰 어려움을 겪게 되고, 당연히 기득권을 위협받는다. 더군다나 이전의 모든 서적을 번역해야 하는 문제가 생긴다. 물론 번역 과정에서의 오류도 큰 문제다. 한글과 한자를 병용하는 오늘날에도 그런 문제가 심각한데 하물며 한자만 쓰던 시절 이런 문제제기는 당연한 것이었다. 결국 오늘날 많은 이들이 세종의 한글을 두둔하는 것은 중국에 사대하다 나라가 망했던 데 대한 분노 때문이지 진지하게 고민한 결과가 아니다. 진정 고민했다면 한자 교육 강화 운운할 리가 없다.

그렇다면 세종은 왜 한글을 만들었을까? 그것은 바로 교화 때문이다. 최만리의 상소에 반박하며 세종은 이렇게 말했다.

"정창손은 말하기를, '삼강행실을 반포한 후에 충신·효자·열녀의 무리가 나옴을 볼 수 없는 것은, 사람이 행하고 행하지 않는 것이 사람의 자질 여하에 있기 때문입니다' 하였으니, 이따위 말이 어찌 선비의 이치를 아는 말이겠느냐. 내가 만일 언문으로 삼강행실을 번역하여 민간에 반포하면 어리석은 남녀가 모두 쉽게 깨달아서 충신·효자·열녀가 반드시 무리로 나올 것이다."

세종은 백성을 교화하려면 그들의 문자로 책을 만들어 읽히고 가르쳐야 한다고 생각했다. 그러면 이상적인 유교사회가 만들어질 것이라고 생각했다. 하지만 노련한 관료들은 백성들의 변화는 불가능하며, 따라서 사대부 양반과 평민의 관계는 영원히 지속될 수밖에 없다고 생각했다. 그들이 보기에 한글은 평민을 더욱 이기적이고 탐욕적으로 만들 흉물이었다.

중국에 대해서도 마찬가지였다. 세종은 조선이 중국보다 더 훌륭한 유교국가가 될 수 있다고 생각했다. 이런 생각은 국초 사대부들도 마찬가지였다. 정도전 등이 명나라에 도전할 생각을 하고 홍무제를 폭군으로 생각한 것은 이런 인식을 배경으로 했다. 하지만 나라가 안정되고 명과의 관계가 무난해질수록 원만한 관계를 가지려 할 뿐 넘어서려는 의식은 점차 사라져갔다. 한편으로는 중국의 제도를 비판하면서도 한편으로는 중국을 자극하는 것을 극도로 꺼리는 옹졸한 모습을 보인 것이다. 이것이 한글에 대한 인식 차이로 나타났다.

세종이 한글을 창제한 것은 위대한 업적이다. 하지만 최만리의 상소와 이에 대한 세종의 반박을 살펴보면, 오늘날까지 우리에게 주는 시사점이 많음을 알 수 있다. 언어를 바꾸는 일과 나라의 꿈과 이상을 어떻게 현실화할 것이냐 하는 문제가 하나임을 알 수 있다.

백성을 위한
농업과 과학의 발전

《농사직설》의 편찬 등으로 새로운 농법이 널리 보급되었고
측우기 등을 통해 조선의 과학적인 기틀을 다졌다.

고대에서 현대까지 모든 통치의 기본은 백성의 먹는 문제 해결, 즉 경제였다. 독재자 박정희 대통령이 민주화된 현재까지도 논쟁의 중심에 서 있는 이유도 그의 통치 기간에 경제가 크게 성장했기 때문이다. 그만큼 나라 경제와 백성의 살림살이는 모든 것에 우선한다. 조선도 마찬가지로 백성의 생활 안정을 교화의 일차 조건으로 보았다. 그래서 태종은 한양의 육의전 등 시장을 완성하고 전국의 농사를 장려하여 물질적 풍요를 추구하였다. 군인을 동원하여 김제의 벽골제와 태안의 눌제를 수축한 뒤 양반들이 차지하지 못하도록 하고 군인과 평민에게 골고루 나누어주었다. 태종은 죽기 직전까지 가뭄을 걱정하였는데 그가 죽은 후 비가 내리자 사람들이 '태종우'라고 한 것은 이런 마음에서였다.

세종은 일찍이 "백성은 나라의 근본인데 백성은 먹는 것을 하늘로 삼는다"라고 말했다. 사실 세종 치세 전반기에는 민란도 많이 일어났고 노석도 많았다. 가뭄이 들면 백성 열 명 중 한 명은 굶어죽는다고 할 정도로 생산력이 떨

▲ 측우기(보물 제561호). 현재 남아있는 유일한 측우기로, 1837년에 만들어졌다.

어졌고 자연재해에도 무력했다. 세종은 《농사직설》 등 우리 풍토에 맞는 새로운 농서를 발간하여 이앙법 등 새 농법을 보급하는 한편 천문과 기술을 발전시켜 농업을 합리적으로 관리하려 했다. 그 대표적 업적이 측우기를 발명한 것이다.

농사에 가장 중요한 것은 강수량이다. 그런데 세종 이전에는 강수량을 비가 온 후 땅에 스며든 물기의 깊이로 쟀다. 하지만 토양의 종류 등에 따라 유동적이고 비가 자주 올 때는 땅이 이미 젖어 있어서 측량하기가 어려웠다. 따라서 강수량의 일정한 분포나 패턴을 알 수 없었다.

세종은 측우기를 만들어 과학적으로 강수량을 측량하려 했다. 측우기는 청동제 용기로 만들었는데 빗물을 받은 뒤 그 안에 고인 빗물을 주척으로 쟀다. 주척은 1척 20센티미터, 1촌 2센티미터, 1분 2밀리미터였다. 측우기는 얼핏 보기에 단순한 그릇 같지만 사실 만들기가 여간 어렵지 않았다. 그릇 높이가 낮으면 물이 튀어나가거나 땅에 튄 물이 들어오고, 주둥이가 좁으면 강풍과 함께 비가 올 경우 빗물을 담기 어렵다. 적당한 높이와 주둥이 크기를 수많은 실험을 통해 맞춰내야 한다. 그래서 최종 결론이 지름 14센티미터에 높이 30센티미터였다. 오늘날 전 세계의 우량계도 13~20센티미터 사이의 용기를 쓴다.

세종은 규격화된 측우기를 전국 군현에 배포하였다. 사실 측우기가 중요한 것이 아니라 측우망이 중요한 것이다. 전국 300여 개 군현에서 측우기로 강수량을 잰 뒤 상부에 보고하여 정부가 집계하였다. 당시 기록을 보면 "夜雨水深三分(밤에 비가 6밀리미터 왔다)"처럼 표기되어 있어, 이를 데이터화하면 언제 어느 지방에 비가 많이 오고 안 오는지를 파악하고 예측할 수 있다. 이로써 지역

▲ 앙부일구(보물 제845호). 세종 때 장영실 등이 발명했고, 현재 전해지는 것은 17세기 말과 18세기 초에 제작된 것이다.

별로 가뭄과 홍수에 미리 대비하는 것이 가능해졌다.*

기후 관측은 곧 천문학의 발달과 연결된다. 태양 주위를 한 바퀴 공전하면 1년인 것처럼 절기와 천문이 일치하기 때문이다. 이에 천문 관측기구를 만들고 이를 토대로 정교한 물시계와 해시계도 만들었다. 또 발달된 천문학 지식에 아라비아 역법을 받아들여 《칠정산》이라는 역법서를 완성하였다. 7월이면 장마가 오고 8월에는 땡볕이 내리쬐는 한여름이듯 정교한 달력은 기후에 좌우되는 농사에 큰 영향을 미쳤다. 세종은 과학과 농사를 결합해 백성들의 물질적 풍요를 일으키려 하였다. 특히 여기서 중요한 것은 과학 발달을 위해 세종이 장영실 등 천한 출신을 등용하는 것도 마다하지 않았다는 점이다. 세종이 과학을 얼마나 중시했는지 잘 보여주는 사례다.

농업 생산력을 증대하기 위해서는 노동력을 확보해야 한다. 인구가 곧 생산력인 시절이었다. 그래서 《향약집성방》 등 우리 풍토에 맞는 의학서를 개발하려고 노력하였다. 또 노비들에게까지 출산휴가를 주는 등 산모를 보호하고 출

• 임진왜란 때 측우망이 소실되었다. 이 때문에 한동안 강수에 대한 보고가 "동이로 퍼붓듯 쏟아졌다"는 식으로 추상화되었다. 영조가 이를 재건하여 그로부터 지금까지 250년 이상 강수와 기상 데이터가 축적되고 있다.

산을 장려하였다. 이를 통해 세종대 인구 증가가 두드러졌으며 세종 후기부터는 민란이 많이 줄어들었다.

세종의 치세가 오늘날까지 찬양받는 이유는 바로 백성이 잘사는 시대를 만들었기 때문이다. 그 비결은 바로 과학과 복지와 통치철학이 절묘하게 결합한 것이었다. 실용주의는 이를 토대로 이루어지는 것이다.

◎ 역 사 메 모

고려 시대부터 정부는 상업을 통제하고 재산 파악을 쉽게 하기 위해 동전 유통을 장려하였다. 하지만 동전을 사용하기에는 상업 규모가 작았고, 사회 지배층이 재산 규모를 노출하기 꺼려해 동전은 널리 사용되지 못했다. 15세기에 들어 생산력이 발달하며 경제 규모가 확대되자 세종은 조선통보를 주조하여 보급하였다. 하지만 역시 널리 보급되지 못했고, 20년 정도 후에 폐지되었다. 이후 18세기 숙종 때 상평통보가 등장하면서 비로소 동전이 전국적으로 유통되기 시작되었다.

여진 토벌과
4군6진의 강화

**북쪽 영토를 침범하던 여진을 몰아내고 4군6진을 설치해
오늘날까지 이어지는 북쪽 국경을 확립했다.**

국방을 강화하려면 합리적인 군역제도가 필요하다. 조선에서는 열여섯 살부
터 예순 살까지의 성인 남자는 군역을 지는데, 모두 군대를 가는 것이 아니라
한 명이 정군이라 하여 군인으로 나가면 두 명이 보인이라 하여 정군으로 나
간 사람의 생활비를 댔다. 그런데 정군이 부자이고 보인이 가난하면 여간 골치
아픈 게 아니었다. 그래서 세종은 경제 형편이 비슷한 사람끼리 정군과 보인을
짝지어 폐단을 줄였다.

그럼에도 군역은 고통이었다. 양반과 노비, 그리고 그 식솔들은 대개 군역을
면제받았다. 군역은 오롯이 평민 남자의 몫인데, 그중에서도 줄 없고 비루한
자들이 수군에 복무했다. 모여 살다 보면 전염병에 취약하고, 낯선 국경 지역
에서는 풍토병에 걸릴 확률이 높았다. 정군으로 뽑혀 가서 죽어 돌아오기 십
상이니, 통치체제가 웬만큼 안정되지 않으면 군대를 대규모로 일으키는 것이
어려웠다.

세종은 안정된 국력과 민생을 바탕으로 과감한 국방정책을 취했다. 이미 태

▼ 15세기의 동아시아 정세

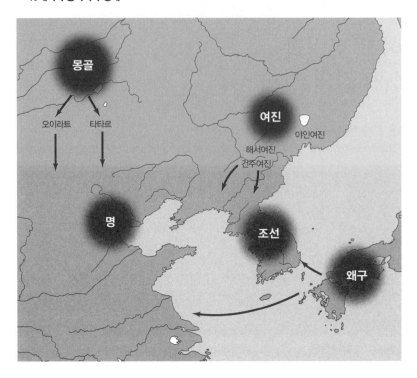

종이 상왕으로 있을 때 쓰시마를 정벌한 바 있는 세종은 북으로는 여진을 몰아내고 국경을 확정하기로 결심했다. 조선 역사상 보기 드문 공세적 국방정책은 앞에서 본 여러 정책의 결과물이다.

그렇다면 왜 세종은 공세적 정책을 취했을까? 당시 압록강·두만강 유역은 여진족의 터전이었다. 압록강에는 건주여진, 두만강 유역에는 야인여진, 송화강 하류 지역에는 해서여진이 자리를 잡고 유목생활을 했다. 비록 몇백 년 전 금나라를 건국하고 국가를 운영한 경험이 있다 해도 당시 여진은 부족별로 흩어진 순수한 유목민족이었다. 유목민족은 초지(草地)를 찾아 이동생활을 했으므로 국경 개념이 없어서 거리낌 없이 조선으로 넘어왔고, 이를 저지하는 군인이나 농민들을 공격하였다. 압록강과 두만강 유역의 조선 백성은 충돌을 피해 남하했는데, 이는 국경의 후퇴나 다름없었다. 세종은 여진을 멀리 몰아내고 이곳에 백성을 이주시켜 확고히 우리 영토로 삼기로 결심했다. 그래서 먼저 최윤덕과 김종서를 보내 여진을 몰아내고, 이어 남쪽에서 많은 백성을 이주시켜 우리 영토로 확고히 하였다.

먼저 쓰시마 정벌에 참여한 최윤덕에게 1만 5,000명 규모의 군대를 주어 압록강 중류 파저강 유역의 여진을 몰아내도록 했다. 세종은 처음에 3,000명의 군사를 주었는데, 현지를 답사하고 돌아온 최윤덕이 대군이 아니면 불가하다 해서 다섯 배의 대군을 파견한 것이다. 그동안 개발한 화포 등의 신무기와 대군을 일곱 부대로 나누어 여진 근거지들을 한꺼번에 공격하는 대공세로 10여 일 만에 여진을 축출했다. 그리고 이 지역에 4군을 설치하였다. 두만강 유역은 비록 대규모 전투는 없었지만 김종서 장군의 부대가 중소 규모의 치열한 전투를 거듭한 끝에 여진을 멀리 쫓아내고 6진을 설치하였다.

여진은 몰아내도 다시 침략해왔기 때문에 4군6진을 우리 영토로 확정하려면 사민정책, 즉 백성들을 이주시켜 살게 하는 것이 더 중요했다. 세종은 4군에 5,000여 호, 6진에 6,640호의 백성들을 이주시켰다. 이 중 남부 지방에서 온 사람들만 4,000호가 넘었다. 평안도·함경도 사투리에 전라도·경상도 사투리 억양이 있다는 말이 나올 정도로 대규모 인구 이동이 이루어진 것이다. 그런데 이렇게 이주한 사람들은 여진의 침략에 그대로 노출되었다. 산업과 군역이 알찰 때는 군대가 보호해주니 상관없었지만, 나라가 조금만 힘들어져도 무방비 상태에 놓이게 되었다.

그래서 세종은 이들이 안전하게 정착할 수 있도록 여러 보호 장치를 만들었다.《농사직설》을 통해 선진 농업 기술을 가장 먼저 제공하고, 토착민을 지역 관리로 뽑는 토관제도를 확대 시행하여 관직 진출에도 혜택을 주었다. 또 스스로 무장할 수 있도록 무기도 개발했는데, 대표적인 것이 휴대용 화약 무기인 세총통이다.

군기감에서 만든 세총통(細銃筒)으로 시험하니 지니기와 쏘기에 모두 편리하였다. … 위급할 즈음에는 어린이와 여자라도 가지고 쏠 수 있다.(《세종실록》19년 6월 27일)

여자와 어린이를 강조한 것은 여진이 침략했을 때 모두 나서서 싸워야 할지도 모르는 상황이 되었기 때문이다. 이러한 세종의 의지와 배려가 있었기에 북쪽 국경이 확정되었으며, 이것이 오늘날까지 이어지게 된 것이다.

이루지 못한
어진 군주의 꿈

세종의 큰아들 문종은 제2의 세종이 되고자 했지만
건강 탓에 꿈을 펼쳐보지도 못한 채 승하했다.

문종은 세종이 재림한 것과 같았다. 그는 어릴 때부터 세종의 지극한 보살핌 속에 유교적 군주로 키워졌고 스스로도 그러려고 노력했다. 만약 일찍 죽지 않고 장수했다면 조선의 역사는 크게 달라졌을 것이다. 세종은 왕자들에게 많은 일을 맡겨, 수양대군은 금속활자 주조에 참여했고, 정의공주는 한글 창제에 참여하였다. 그중에도 세자에게 가장 많은 일을 맡겼다.

문종은 세종을 대신하여 대리청정을 한 1445년부터 5년간 비록 행정적이고 실무적인 측면에 국한하여 정무를 돌보았지만 그래도 한글 창제 등 중요한 일에 직간접적으로 참여하였다. 그리고 즉위하여 1452년 죽을 때까지 30대의 한창 나이에 정사를 직접 돌보았다. 세종 말년의 업적 중 상당 부분이 문종과 함께한 것이니 그의 능력을 알 수 있다. 아쉬운 것은 1449년부터 종종 병이 위중하여 심지어 같이 중병 중이던 세종이 다시 정무를 볼 때도 있었다. 결국 세종이 죽고 친정을 시작한 지 얼마 되지 않아 몸져누워 2년 만에 죽고 말았다.

호랑이는 자식도 호랑이라는 옛말이 있듯, 문종은 세자 시절부터 탁월한

▼ 세종의 왕자와 공주들

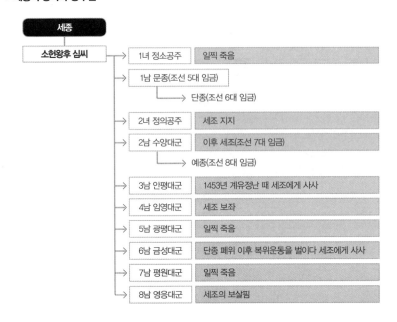

능력을 보였다. 이는 세종의 엄격한 제왕 수업 덕택이다. 세종은 자신의 치세를 이어가기 위해 문종을 어린 시절부터 각별히 가르치고 보살폈다. 그래서 문종은 도학 군주로서의 자질을 일찍부터 보여 사람들의 감탄을 자아냈다. 또 측우기, 한글, 화포 개발 등에도 일찍부터 간여하여 심지어 "세종과 문종이 한글을 만들었다"라는 기록이 있을 정도로 세종의 오른팔 역할을 든든히 하였다.

그런 의미에서 문종은 세종의 계승자이며, 그의 통치는 세종 통치의 연장으로 볼 수 있다. 문제는 통치 기간이 너무 짧아 뜻을 다 펴지 못한 것이다. 사실 어린 단종이 즉위했을 때 주위는 온통 세종의 신하와 시스템밖에 없었다. 새로운 지도자가 등장하면 그에 따라 새로운 정치 그룹이 등장해야 한다. 태조의 정도전과 태종의 하륜과 세종의 황희가 전혀 다른 색깔을 가진 것처럼 말이다. 하지만 황보인과 김종서는 세종의 사람이지 문종의 사람이 아니었고 단종의 사람도 아니었다. 이는 왕권의 취약함으로 나타났다. 계유정난의 비극은 여기서 잉태했다.

만약 문종이 오래 살았다면 누가 그의 정치세력이 되었을까? 단정하기 어렵지만 크게 두 세력으로 볼 수 있을 것 같다. 하나는 훗날 사육신이 되는 성삼문 등 집현전 학사들이다. 문종이 세종의 정치를 계승하여 유교정치이념에 충실하려 했다면 당연히 두뇌집단에 해당하는 집현전 학사들을 중시했을 것이다. 임용한은《조선 국왕 이야기》에서 성삼문과 하위지를 특히 주목하였다.

또 한편으로는 형제들일 개연성이 높다. 앞에서 보았듯 세종은 그의 통치에 왕자와 공주들을 동원하였다. 단종 시대 수양대군과 안평대군이 대립하고 단종 복위운동을 금성대군이 주도하는 등 왕자들의 정치 개입이 심했던 이유도 이 때문이다. 세조 역시 구성군 준 등 종친을 측근으로 등용하여 신하 그룹을 견제한 바 있다. 문종도 세종 시대 신하 그룹을 견제하려면 수양이나 안평 같은 유능하고 한 성질 하는 형제들의 도움이 필요했을 것이다. 거칠고 야심만만했던 수양도 문종 앞에서는 꼼짝 못했다 하니, 문종이 살아 있었다면 비극도 없이 평화롭게 국정이 운영되고 사소한 권력투쟁 수준의 역사를 우리는 만났을지도 모른다.

하지만 문종은 2년 만에 죽었고, 세상에는 세종이 남긴 유산인 노회한 신하와 야심만만한 왕자들, 그리고 어리고 외로운 왕만 남아 있었다. 그리고 역사는 최악의 비극을 향해 달려갔다.

과학을 바탕으로 한 신무기 개발

과학에 큰 관심을 보인 문종은 신기전과 화차 등
새로운 무기를 만들어 국방을 한층 강화했다.

문종은 과학에 큰 관심을 보였다. 세자 시절 흙비가 내렸는데, 이것이 하늘의
경고가 아니라 자연현상임을 밝히기 위해 금속용기에 비를 받아 송홧가루가
섞인 비임을 알아냈을 정도였다. 그의 과학적·합리적인 사고는 짧은 치세 기간
에도 특히 무기 개발에 큰 업적을 남겼다.

《문종실록》에 두드러지게 나타나는 기사 중 하나가 신기전과 화차다. 신기
전은 세종대에 개발되었지만 이를 개량해서 실전에 배치한 이는 문종이다. 그
리고 신기전을 토대로 만든 다연장 발사대가 화차인데, 이때 화차가 기본 모델
형이었다. 이후 성종대, 선조대에 개량을 거듭하여 임진왜란 때 무서운 병기로
발전하였다. 2,800명에 불과한 조선군이 3만에 이른 일본군을 무찌른 행주대
첩에서 노도와 같이 몰려드는 일본군에게 가장 큰 타격을 입힌 것이 화차 40
대에서 쏟아진 신기전의 화살비였다. 권율이 "오늘 승리의 가장 큰 공은 화차
에 돌려야 한다"라고 했을 정도였다.

화약의 추진력으로 날리는 화살을 주화라고 하는데, 이는 고려 말 최무선

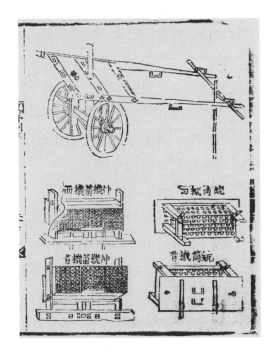

▶《국조오례서례》에 수록된 화차의 모습. 위의 수레에 왼쪽 아래의 신기전기나 오른쪽 아래의 총통기를 결합해 사용하였다.

이 개발했다. 주화는 진포대첩에서 왜구의 배를 모조리 불태우며 위력을 과시했다. 이후 조선 태종과 세종대에 주화를 개량하여 마침내 1448년 신기전을 만들었다. 신기전은 소신기전, 중신기전, 대신기전, 산화신기전 네 종류가 있는데 소신기전은 길이 1미터, 대신기전은 길이가 무려 558센티미터에 달한다. 조선 시대 로켓 병기라는 말이 결코 과장된 것이 아니다.

신기전은 발화통을 장착한 주화를 말한다. 화약의 추진력으로 최고 1킬로미터까지 날아가 목표 지점에 도달하면 발화통이 폭발하여 적을 살상한다. 신기전의 크기가 다른 것은 사정거리 때문으로, 소신기전은 100~150미터, 중신기전은 그 두 배 정도다. 대신기전은 그 크기만큼이나 사정거리도 길어 1킬로미터가 넘는데, 그 이유는 압록강 너머의 여진족을 타격하기 위해서였다. 산화신기전은 대신기전과 같지만 작은 발화통을 여러 개 장착함으로써 목표지점에서 사방으로 흩어지며 폭발하여 살상력을 높인 것이다.

처음 최무선이 주화를 만든 것은 왜구의 배에 불을 지르기 위해서였다. 하지만 육지에서 기병으로 돌격하는 여진족을 상대할 때는 불화살을 멀리 쏘는 것으로는 효과가 없었다. 그보다는 한꺼번에 넓은 지역을 집중 타격할 필요가 있었다. 그래서 예부터 집중사격을 선호했고 이를 위해 발전시킨 것이 기계식 발사 장치인 노(쇠뇌)였다. 신기전도 마찬가지여서 한꺼번에 쏘는 것이 중요했고 그에 해당하는 기계가 필요했다. 이를 위해 개발한 것이 화차다.

화차는 최무선의 아들 최해산이 처음 개발했다고 한다. 하지만 최해산의 화차에 대한 기록이 별로 없는 것으로 보아 실전에서는 많이 불편했던 모양이다. 이를 해결한 것이 문종의 화차다. 문종의 화차는 신기전기와 총통기 화차 두 종류가 있어 중신기전 100발 혹은 소총통 50문을 통해 작은 화살 200발을 한꺼번에 쏠 수 있었다. 화차는 수레바퀴 위에 차체를 얹어 바퀴를 축으로 자유롭게 상하로 움직일 수 있도록 해서 발사 각도를 조절하게 했다. 차체 좌우에 방패를 달아 적의 공격으로부터 사수를 보호하고 가파른 길이라도 2명이 끌고 2명이 당기면 올라갈 수 있도록 경량화하여 특히 고지에서도 쉽게 사용할 수 있었다. 산성 전투에서 위력을 발휘한 것도 이 때문이다.

문종이 세종을 계승하여 더욱 발전시킨 신무기는 오랫동안 조선의 평화를 지키는 수호신 역할을 했다. 세조, 성종, 중종 때 왜구와 여진의 침입에 신기전과 화차는 큰 위력을 발휘했고, 임진왜란 때는 화력을 좀 더 강화해서 일본군과의 대규모 정규전에서도 큰 활약을 펼쳤다. 신기전과 화차는 문종의 세종 시대 계승을 보여주는 대표적 업적이자 미래 조선 군사력을 위한 중요한 토대가 되었다.

◉ 역 사 메 모

비록 궁궐 내부에서는 불교를 믿었다 해도 공식적으로 조선은 숭유억불 정책이었기에 불교에 대한 탄압은 태종 때부터 꾸준히 추진되었다. 승려가 되지 못하도록 하고(도첩제), 종파와 사원을 제한하기도 했다(교선양종36사 통폐합). 결국 1451년에는 승려들의 도성 출입이 금지되기에 이르렀다. 이러한 탄압은 명종 때 잠깐 완화되었지만, 임진왜란 때 승병의 활약까지 지속되었다.

어린 왕 단종과
야욕의 수양대군

문종의 급작스러운 승하로 열한 살 단종이 즉위했고
수양대군은 왕위 찬탈을 위한 준비에 나선다.

문종이 서른여덟의 아까운 나이에 죽자 어린 세자 단종이 열한 살에 즉위하
였다. 초등학교 5학년 정도의 아이에게 통치철학이나 비전을 기대하는 것은
물리적으로 불가능한 일이다. 왕조사회는 왕의 죽음이라는 예상할 수 없는 사
건으로 정권이 교체되고, 왕의 아들이 왕위를 자동 계승하여 지도자로서의
자질이나 능력을 검증할 수 없기 때문에 항상 불안정성을 안고 갈 수밖에 없
다. 선거를 통해 정기적으로 정권을 교체하는 현대 민주주의제도가 우월한 이
유가 바로 여기에 있다. 아무튼 조선은 예상할 수 없는 정권 교체라는 시련에
처음 맞닥뜨렸다.

　문종은 유교적 상속제도에 입각하여 장남 상속에 매달렸다. 장남의 역할이
명확하고 적서 차별을 엄격히 하는 유교적 가부장제는 유교통치이념을 실현하
고자 하는 조선에서 당연한 일이었다. 더군다나 선왕 세종이 공주를 시집보내
는 친영제도를 고집했을 정도로 유독 유교적 가부장제에 집착했다. 세종을 계
승한 문종이 이를 어길 리 없었다.

▼ 계유정난의 대립구도

왕 →	단종	세조	← 왕
종친 →	안평대군	양녕대군	← 종친
측근 →	김종서	한명회	← 측근
원로 →	황보인	정인지	← 원로
학자 →	성삼문	신숙주	← 학자
	신권 강화 (의정부 서사)	왕권 강화 (육조 직계)	

하지만 야심만만한 문종의 형제들, 특히 둘째 수양대군이 보기에 무조건 장자 상속을 고집하는 것은 비합리적이었다. 원칙은 지키되 융통성이 있어야 하는 것이 정치 아닌가? 기록에는 셋째 안평대군도 야심이 있었다고 한다. 수양, 안평 모두 어릴 때부터 세종 밑에서 이런저런 일을 맡아 정치에 간여했다. 수양은 각종 편찬사업에 참여하고 안평은 6진 개척에도 참여했다. 모두 한 나라의 국왕으로 손색이 없는 능력을 갖추었다.

하지만 문종은 형제상속 대신 황보인, 김종서에게 단종을 부탁하였다. 이를 고명대신이라 한다. 두 사람 모두 6진 개척에 공을 세운 문무를 겸한 군사통이었다. 문종은 군사권을 장악할 수 있는 두 신하만이 야심만만한 동생들로부터 아들을 지켜줄 것이라고 믿었을 것이다. 실제로 이 때문에 수양은 군부의 지지를 받지 못해 사병을 양성해야만 했다.

문종이 죽고 단종이 즉위하자 수양과 안평은 사람들을 끌어모았다. 이때 수양 밑으로 들어간 사람이 바로 '수양의 장자방'* 한명회였다. 한명회는 수양의 야심과 수양을 도울 세력을 꿰뚫고 있었다. 야사에 따르면 한명회는 수양

• 한 고조 유방을 도와 한나라를 건국한 장량을 말한다. 자방은 자이다. 장량은 한 고조의 토사구팽에도 살아남아 이후 큰일을 도모하는 모사의 대명사가 되었다.

이 처음 만난 자리에서 자신을 시험하려 하자 실망했다며 뛰쳐나왔다. 수양이 잠시 후 그를 찾았는데 한명회는 수양 집 행랑에 누워 있었다. 그러고는 수양에게 찾을 줄 알고 여기 있었노라며 빙그레 웃었다고 한다. 이토록 모든 것을 꿰뚫고 있었기에 한명회는 "세상이 내 손안에 있소이다"라고 큰 소리를 친 것이다.

한명회가 주목한 사안은 첫째, 문신 위주 정치에 따른 무인 천대였다. 그래서 미관말직을 전전하는 무사 그룹이나 무과 급제를 노리는 한량들을 끌어모았다. 홍윤성, 홍달손, 양정 등 계유정난에서 행동대 역할을 바로 이들이 했다. 둘째, 의정부 서사제로 대표되는 재상 중심 정치에서 소외된 고위 관료들로서, 정치적 야심이 강하고 실무 능력이 뛰어나며 강력한 왕권과 효율적이고 실용적인 정치를 선호하는 이들이었다. 바로 정인지, 신숙주 등 세종 치하에서 큰 공을 세웠지만 재상들로부터 소외된 이들이다.

수양과 안평 주변으로 사람들이 모여들자 고명대신들은 분경 금지를 시행하였다. 종친이나 권력자들 집에 잡인이 출입하지 못하도록 하는 제도로 수양이 사람들을 만나지 못하게 하는 제도였다. 또 황표정사라 해서 신임 관리 후보자 명단에 대신들이 누런 점을 찍은 사람을 선발하도록 하는 제도도 시행하였다. 이것도 종친의 인사권 개입을 차단하려 한 것이다.

수양이 사람을 모으는 것을 막으려는 고명대신과 자신만이 조선을 이끌 수 있다는 확신에 찬 수양대군의 갈등은 마침내 쿠데타로 이어졌다. 1453년 계유정난을 일으킨 수양은 고명대신들을 살해하고 권력을 장악하였다. 그리고 1455년 단종을 상왕으로 몰아내고 새로운 왕, 즉 세조로 즉위하였다. 왕위 계승의 불안정성과 유교통치이념의 유연성에 대한 견해 차이가 합리적으로 해결되지 못하고 최악의 결과로 나타난 것이다.

사육신과
생육신

수양대군이 단종을 몰아내고 임금 자리에 오르자
일부 신하들은 죽어서, 살아서 유교 질서에 충성했다.

상왕으로서 단종은 왕자의 난 이후의 정종보다 훨씬 위험에 처해 있었다. 정종의 경우 태종이 정종을 보호하려는 의지가 확고했고, 억지로 왕이 되었기에 정통성도 없었다. 다시 말해 태종을 위협하지 못했다. 하지만 단종은 정통성 있는 왕이 쫓겨났기에 처음부터 세조의 약점이었고 비정상을 정상으로 되돌리기 위한 정의파들 때문에 매우 위협적이었다. 단종이 복위운동에 직접 가담했건 안 했건 그 존재만으로도 세조의 왕권은 안정될 수 없었다.

그래서 단종은 상왕이 되자마자 죽음으로 내몰렸다. 세조가 즉위하던 날, 성삼문은 옥새를 부여안고 통곡을 했고 박팽년은 경회루 연못에 몸을 던져 죽으려 했다. 즉위식이 열리는 궁궐 안에서 공공연하게 벌어진 반대 행동에 심각함을 느끼지 못했다면 바보이리라. 야사에서는 박팽년이 충청감사 시절 장계를 올리며 자신을 칭할 때 신(臣)이라 쓰지 않고 거(巨)라 썼다고 한다. 세조의 신하가 아니라는 의미다. 훗날 성승이 "서생들과는 큰일을 논의할 수 없다"며 한탄했지만, 사실 상왕 복위운동은 그만큼 공공연히 일어나고 있었다.

그 대표적 사건이 사육신의 거사다. 사육신으로 꼽히는 집현전 학사 성삼문, 박팽년, 하위지, 이개, 유성원과 무인 유응부 외에도 성삼문의 아버지 성승과 일부 집현전 학사들이 참여했다. 이들은 세조를 비롯해 한명회, 홍윤성 등을 제거하는 것을 목표로 거사를 서둘렀다. 마침 열리는 명나라 사신 환송연에서 칼을 차고 왕의 뒤를 지키는 운검을 이용하여 세조를 죽이기로 결심하였다.

1456년 6월 1일, 창덕궁에서 연회가 열렸다. 그날 아침 성삼문은 몹시 당황했을 것이다. 세자가 불참하는 매우 이례적인 일이 일어났기 때문이다. 거기다 성승 등이 운검으로 연회장에 들어가려 하자 한명회가 제지하고 나섰다. 당시 한명회는 우승지로 지금의 청와대 경제수석 정도 되는 고위 비서관이었다. 이는 거사가 탄로 났을 가능성을 암시하는 것이었다. 성승이 한명회를 베고 거사를 치르려 했지만 성삼문이 말리자 거사를 연기했다. 우연의 일치일 가능성에 기대한 것이다. 성승은 분노를 터뜨렸지만 할 수 없었다.

그날 저녁 거사에 참여한 집현전 학사 김질이 배신하여 고발했다. 세조는 즉각 사육신과 그 동조자들을 잡아들여 가혹하게 국문하였다. 야사에서는 성삼문 등이 세조에게 '전하'라 하지 않고 '나리'라고 하며 당당하게 의견을 피력하였다고 한다. 실제로 세조가 사돈인 박팽년이라도 구해보려 했지만 끝내 타협을 거부하였다. 결국 사건 연루자는 모두 삼족을 멸하는 극형을 당했다.

이후 단종은 바람 앞의 등불 신세가 되었다. 양녕대군이 이끄는 종친과 정인지가 이끄는 관료들이 상왕의 폐위와 사사를 줄기차게 주장하였다. 세조는 망설였지만 선택의 여지가 없었다. 당시는 유교정치의 전성기였고, 그의 왕위 찬탈은 용납되지 않는 패도였다. 단종을 노산군으로 강등하여 영월로 유배한 뒤, 금성대군을 둘러싼 복위사건이 터지자 마침내 죽이고 말았다. 정사에서는 단종이 자살했다지만 야사에서는 종이 목 졸라 죽었다고 한다. 열네 살, 스스로 목을 졸랐건 종이 졸랐건 강요된 죽음이니 타살이었다.

단종이 죽은 후 많은 신하가 세조에게 충성을 거부하였다. 이 중 관직에 나아가지 않고 학문에 정진하며 세상을 떠돈 이들을 생육신이라고 한다. 생육신은 김시습, 남효온, 원호, 이맹전, 조려, 성담수를 말하며, 남효온 대신 권절을 넣기도 한다. 모두 학문적으로 후세에 큰 영향을 끼친 대학자로서 능히 영의정을 지낼 만한 인물들이었지만 끝내 출사하지 않고 은둔하였다.

이후 사육신과 생육신은 사림들에 의해 충성과 의리를 지킨 대표적 인물로 숭앙받았다. 그리고 이들이 편찬한 《육신전》 등 각종 서적이 실록보다 더 가치 있는 기록으로 오늘날까지 평가받고 있다.

정사는 사육신의 의거를 다음과 같이 폄하하였다.

> 성삼문은 성격이 출세에 조급하여 … 오래도록 제학(提學)과 참의(參議)에 머물러 있다고 생각하였다. 그 아비 성승은 일찍이 의주목사로 있을 때 사람을 죽이고 관직이 떨어져 … 박팽년은 사위 이전(李瑋)의 연고로 항상 화가 미칠까 두려워하였다. 하위지는 일찍이 (세조에게) 견책을 받았으므로 원한을 품었고, 이개와 유성원은 품질(品秩)이 낮은 것에 불평 불만하여….《세조실록》 2년 6월 8일)

의로운 행동을 개인적 불만이나 우울증 등으로 폄하하는 것은 예나 지금이나 여전하다. 하지만 사육신과 생육신의 의로운 행동은 오늘날까지 높이 여겨진다. 아무리 기록을 왜곡하고 덮으려 해도 시대의 흐름과 당시의 가치관을 토대로 하면 거짓의 장막을 걷을 수 있기 때문이다.

❂ 역 사 메 모

생육신 중 한 사람인 김시습은 생후 8개월에 글을 깨닫고 세 살 때 글을 지었으며 다섯 살 때 세종의 칭찬을 받았다는 전설적 천재다. 스물한 살의 젊은 나이에 왕위 찬탈을 비판하며 출사를 거부하고 방랑 생활을 시작했음에도 생육신의 으뜸으로 추앙받는 것은 그런 천재적 능력 때문일 것이다.

그는 유불선에 두루 통달하였고 최초의 한문소설인 《금오신화》를 지었다. 불가에 귀의하여 승려가 되었다고도 한다. 그가 남긴 시문과 평생 지킨 정의감은 실록에도 여러 차례 언급되었고, 마침내 정조가 이조판서에 추증하였다. 또 그의 학문과 행실을 기려 선조는 율곡 이이에게 《김시습전》을 지어 올리도록 하였다. 이이는 김시습을 애석하게 여겼으며, 그의 학문과 절의에 대해서 다음과 같이 찬양하였다. "절의를 세우고 윤기(倫紀)를 붙들어서 그의 뜻은 일월과 그 빛을 다투게 되고, 그의 풍성(風聲)을 듣는 이는 나약한 사람도 용동하게 되니, 백세의 스승이라 한다 하여도 지나친 말이 아닐 것이다."(《김시습전》)

성공한 쿠데타
계유정난

**세조는 왕위 찬탈이라는 약점을 극복하기 위해
강력한 왕권 확립과 민생 안정에 심혈을 기울였다.**

1453년 10월 10일 수양대군이 한명회 등의 모사와 홍윤성 등의 불만 무인세력을 모아 계유정난을 일으켰다. 당시 실록의 기록을 보면, 대군의 부인 윤씨가 수양에게 갑옷을 입혀주고 격려했다던가, 수양이 거사를 말하자 일부는 말리고 일부는 달아났다고 할 정도로 확신 없는 거사였다. 하지만 고명대신의 지도자 김종서를 기습적으로 제거하는 데 성공하면서 일이 의외로 쉽게 풀려갔다.

계유정난을 주도한 이는 한명회였다. 당시 그는 미관말직에 있었다. 그럼에도 살생부를 만들어 대신들의 삶과 죽음을 좌우하는 역할을 맡았다. 그의 명령에 영의정 황보인 등 당대 최고 권력자들의 목이 날아갔다. 과거에 급제하여 능력을 평가받은 사람들보다 개인적 친분으로 등용한 가신들이 정난을 주도함으로써 건국 60년 동안 구축된 인적 시스템이 무너지고 말았다.

소설이든 사론이든 실록을 기반으로 하게 마련인데, 계유정난과 세조의 왕위 계승에 대해서는 야사를 인용하는 경우가 유난히 많다. 이는 실록의 기록

▼ 세조의 주요 업적

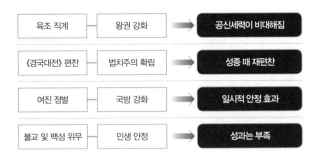

육조 직계	왕권 강화	공신세력이 비대해짐
《경국대전》 편찬	법치주의 확립	성종 때 재편찬
여진 정벌	국방 강화	일시적 안정 효과
불교 및 백성 위무	민생 안정	성과는 부족

을 신뢰하지 않기 때문이다. 이토록 실록이 외면당하는 것도 예외적이다. 그만큼 후세의 역사적 평가는 박하기 그지없다. 세조의 왕위 찬탈에 긍정적 태도를 보인 것은 1980년대 방영된 한명회를 주인공으로 한 드라마 몇 편뿐이었다.

세조의 의도 자체가 나빴던 것은 아닐지도 모른다. 세조가 꿈꾼 정치는 문무를 겸비한 강력한 군주의 카리스마적 통치였다. 즉위 초 축하 연회에서 병조판서 이계전이 술이 과하다고 간하자 홍달손을 시켜 머리채를 잡고 내동댕이쳤다. 그런가 하면 13년의 짧은 재위 기간에 평안, 충청, 강원 세 지역을 순행하였는데, 이는 조선 500년 역사상 이례적인 일이었다. 이는 왕권을 지방에도 과시하고 사냥 등을 통해 군사적 위엄을 보여 자기 힘을 과시하려는 의도였다.

이를 기반으로 신숙주로 대표되는 세종 시대의 유능한 관료들을 등용하여 외교관계를 정리하고 《경국대전》 편찬 등 중요한 국가 정비 사업을 추진하였다. 백성들을 위하여 어사를 파견하는 등 탐관오리를 경계했고, 지방을 순행하며 백성의 목소리를 듣고 민생을 살릴 정책도 여러 차례 시행하였다. 그는 "어디선가 누군가에 무슨 일이 생기면 틀림없이 나타나는" 슈퍼맨 같은 왕이 되려고 했다.

세조라는 묘호도 주목된다. '조'는 건국이나 그에 준하는 업적을 이룬 왕에게 바치는 것인데, 태조 이후 세조가 최초로 '조'를 받았다. 더군다나 국가 체제를 정비했다는 '세'도 받았다. 결국 세조는 태조와 세종에 비견하는 왕이라는 뜻이니, 세조의 포부가 얼마나 웅대했는지 잘 알 수 있다. 그는 그러한 포부를 개인의 위엄과 힘을 바탕으로 이루려고 했다.

하지만 건국 직후의 불안정한 시기도 아닌데 정변을 일으켜 정통성 있는 왕을 몰아내는 것은 용납될 수 없는 일이었다. 또 태종과 세종 이후 유교정치가 정착되면서 학문이 높은 군주의 덕치가 강조되었으나 세조는 학문이나 인품이 높은 편은 아니었다. 야사에서 세종이 활달하게 뛰어놀기를 좋아하는 수양에게 일부러 통 큰 바지를 입혔다는 이야기가 있을 정도로 무인적 기질이 강했다. 이는 시대가 요구하는 군주상이 아니었다.

그가 카리스마적 왕권을 휘두를 수 있었던 것은 오직 공신들의 지지가 있었기에 가능했다. 그래서 그는 공신에게 의존했다. 미관말직을 전전하던 여러 사람을 정난공신 1등, 2등에 책봉하여 공신전을 비롯한 많은 토지와 노비를 하사하였다. 또 공신은 살인을 저질러도 처벌받지 않도록 면책특권을 주더니, 얼마 후에는 공신의 가족과 첩에게까지도 면책특권을 주었다. 엄청난 수의, 도덕성과 능력을 검증받지 못한 사람들이 법 위에 군림하게 되었다. 그래서 세조가 노력할 때 공신들은 권력을 이용해 백성의 토지를 빼앗고 살인을 저질렀다. 심지어 공신 홍윤성이 삼촌을 살해하는 패륜을 저질렀을 때도 세조는 죄를 추궁하지 못했다. 그러니 토지를 빼앗긴 백성의 호소에 귀를 막는 것은 당연한 일이었다.

결과적으로 세조는 공신들 뒤치다꺼리를 한 셈이었다. 공신들에게 상처입고 아파하는 백성을 위로하는 역할을 하는 불쌍한 캐릭터였을지도 모른다. 피부병으로 고통받던 세조가 상원사에 행차했을 때 문수보살이 치료해줬다는 이야기나 법주사에 행차할 때 소나무가 세조를 위해 가지를 쳐들어 정이품송이 되었다는 이야기에는 모두 그러한 노력과 고통에 대한 안쓰러움이 배어 있다.

결국 의도와 상관없이 역사적 흐름에 동떨어진 군주가 비정상적인 방법으로 집권함으로써 좋은 흐름을 망쳐버렸다. 세조도 이런 비극적 결말을 알았을까? 조선 왕 가운데 유난히 불교에 심취해서 불사를 많이 일으켰다.

◎ **역 사 메 모**

세조는 정난의 저주 때문인지 종기가 나서 옷을 피고름으로 적실 정도로 심하게 고통스러워했다. 이에 온천에도 가고 불공도 드리고 하였다. 세조가 상원사에 행차하여 예불을 드리러 불당에 들어가려는데 고양이가 발뒤꿈치를 물고 잡아끌었다. 세조가 들어가길 멈추자 고양이는 불단 아래로 들어가 숨었다. 괴이하게 여긴 세조가 불단 아래를 수색하게 하니 단종의 복수를 하기 위해 자객이 숨어 있었다. 이에 세조는 고양이상을 세우고 고마움을 새겼다.

그날 저녁, 세조가 인근 냇가로 가서 목욕을 하는데 마침 동자가 지나갔다. 동자를 불러 등을 밀어달라고 청했는데 시원하기 이를 데 없었다. 세조는 동자에게 고마움을 표하며 말하였다.

"남에게 왕의 등을 씻겨주었다 말하지 말거라."

그러자 동자가 빙긋 웃으며 말하기를

"전하께서도 문수보살이 등을 씻겨주었다 하지 마시오"

하고는 홀연히 사라졌다. 이후 종기가 씻은 듯이 나았다. 세조는 목조 문수동자상을 만들게 하여 상원사에 봉하였는데, 이것이 국보 제221호 상원사 목조 문수동자좌상이다.

세조를 임금으로 만든 한명회

**권력이 있는 곳에 늘 있었던 야심가이자
당대 최고의 정략가.**

세조 치세에는 유난히 공신이 많았다. 계유정난에 공을 세운 43명을 정난공신에 봉했고, 즉위에 공을 세웠다 해서 45명을 좌익공신에 봉했다. 집권 말기에는 이시애의 난을 평정하는 데 공을 세웠다고 해서 46명을 적개공신에 봉했다. 재위 13년 동안 세 번이나 공신을 책봉했다는 것은 결국 공신전과 노비를 통해 측근의 충성을 담보할 수밖에 없는 취약한 왕권을 보여주는 것이다.

바로 이렇게 만들어진 강력한 정치·경제 지배세력을 훈구라고 한다. 훈구의 가장 대표적 인물은 누가 뭐라 해도 한명회. 개국 3등 공신 한상경이 작은할아버지여서 한명회는 공신 집안의 분위기를 잘 알았다. 하지만 그는 부모를 일찍 여의고 산천을 방랑하면서 야심은 크지만 학문은 얕은 사람이 되었다. 출세하고 싶지만 과거에 급제할 능력은 없어 기회를 엿보다가 수양대군의 모사로 들어가 계유정난을 주도하면서 권력을 잡았다.

1453년 서른여덟 살에 뒤늦게 입사했지만 계유정난 덕에 초고속 승진을 하여 처음 8품 군기시 녹사로 시작해 곧 4품 사복시 소윤이 되었다. 1454년에는 정3품 승정원 동부승지, 1455년에는 우승지, 1456년에는 성삼문 거사 당시 운검을 폐한 공으로 좌승지로 승진했다. 1457년에는 정2품 이조판서가 되었고, 이후 병조판서 등 장관급 벼슬을 맡다가 1462년 우의정, 1463년 좌의정, 1466년 영의정에 올랐다. 입사한 지 4년 만에 장관을 달고 거의 해마다 승진을 거듭하여 13년 만에 최고위 자리에 오른 것이다.

그는 과거에 급제하기 어려운 실력이었지만 정략에 능해 왕의 총애를 받았다. 그의 시호가 충성(忠誠)이라는 것은 역대 왕들이 그를 얼마나 아꼈나를 보여주는 것이다. 하지만 실록에서는 그를 박하게 평했다.

그러므로 권세가 매우 성하여, 추부(趨附)하는 자가 많았고, 빈객이 문에 가득하였으나, 응접하기를 게을리하지 아니하여, 일시에 재상들이 그 문에서 많이 나왔으며, 조관(朝官)으로서 채찍을 잡는 자까지 있기에 이르렀다. 성격이 번잡한 것을 좋아하고 과대(夸大)하기를 기뻐하며, 재물을 탐하고 색을 즐겨서, 전민(田民)과 보화(寶貨) 등의 뇌물이 잇달았고, 집을 널리 점유하고 희첩(姬妾)을 많이 두어, 그 호부(豪富)함이 일시에 떨쳤다.《성종실록》 18년 11월 14일 한명회 졸기)

그는 자신의 권력을 튼튼히 하려고 정략결혼을 많이 시켰다. 그는 딸이 넷 있었는데 장녀는 신숙주의 아들에게 시집보내 공신 간의 동맹을 확고히 했고, 삼녀는 예종에게, 사녀는 성종에게 시집보냈다. 고려 시대 외척 세도가인 경원 이씨에게서나 볼 수 있는 중첩된 혼인은 그의 권력 기반이 어떠했는지 보여준다. 이를 통해 그는 공신들의 우두머리로 왕의 총애를 유지하였고, 마침내 "재상이 그의 집안에서 나오는" 권세를 휘둘렀다.

그는 권력을 유지하기 위해 동지를 챙겨주는 일을 게을리하지 않았다. 이를 보여주는 것이 유명한 신숙주와의 일화다. 신숙주가 세조와 술을 먹다 둘 다 얼근히 취해 팔을 꺾는 놀이를 하였다. 신숙주가 취해 세조의 팔을 세게 비틀자 세조가 아프다고 소리쳤다. 그날 저녁 신숙주가 집에 돌아가는데 한명회가

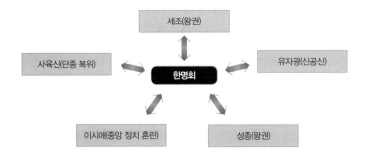

급히 이르기를, 도착하는 대로 지체 말고 잠자리에 들라고 했다. 과연 세조가 보낸 자객이 숙주가 잠든 것을 보고 그냥 돌아갔다. 만약 자지 않았으면 취한 척하며 왕을 능멸하려 한 것이니 죽이라는 명을 받았던 것이다.

한명회는 권력을 거의 끝까지 놓지 않았다. 대표적인 것이 원상제도였다. 원상은 원로대신들이 승정원에서 왕의 정치를 보좌하는 것으로, 세조 말년부터 성종 초기까지 시행되었다. 왕이 병들거나 나이가 어려 업무를 정상적으로 보기 어려운 상황에서 원상이 운영되었으니 섭정이나 다름없었다. 한명회는 원상 자리를 가장 오래 지키며 국가의 중대사를 논의하는 데 빠지지 않았다.

그는 항상 권력투쟁의 목표물이었다. 성삼문은 단종의 복위를 위해 먼저 제거할 인물로 그를 꼽았고, 이시애는 난을 일으킬 때 한명회가 반역을 음모하고 있다고 고했으며, 유자광은 그에게 도전함으로써 자기 세력을 모았다. 결국 한명회는 말년에 사위인 성종에게 권력을 잃고 쓸쓸히 은퇴하고 말았다. 하지만 그가 1453년 출사해서 1487년 죽을 때까지 34년간 보여준 모습은 훈구대신의 전형으로, 이후 전개될 100여 년 훈구시대의 표준이 되었다.

장기적 안목이 사라진
세조의 정책

**세조는 눈앞의 문제만을 해결하는 데 급급했고
이는 장기적으로 부정적인 결과를 낳았다.**

그 시대 정치를 평가하려면 후대에 끼친 영향을 주목해야 한다. 당대의 이해
와 요구를 만족시키는 데 급급하면 후대에 악영향을 끼치기 때문이다. 김영삼
정부 시절 성수대교 붕괴부터 삼풍백화점 붕괴까지 대형 사고를 겪으면서 김
영삼 대통령은 전임자들의 부실을 자신이 뒤집어쓴다고 한탄했다. 경부고속도
로의 건설비용보다 이후 수리비용이 더 많이 들어간 것도 비슷한 이치다. 정치
의 주목표는 후대로 갈수록 좋아져야 한다는 것이다.

　그런 의미에서도 세조는 부정적이다. 물론 완벽한 정치를 하기는 불가능하
다. 세종조차 실수가 있어서, 왕자를 이용한 정치가 계유정난을 불러왔다. 하
지만 세조는 그런 측면을 고려하더라도 심각한 수준이다. 먼 미래를 보지 않
고 당대의 문제를 해결하는 데 주력했기 때문이다. 그의 정책은 화끈하고 시원
했지만 훗날 모두 뒤집혔다. 예를 들어 집현전을 폐지했지만 성종 때 홍문관으
로 부활했고, 대납제를 시행해 공납의 번거로움을 시정했지만 방납의 폐단이
일어나 성종 때 《경국대전》에서 결국 폐지되었다. 기초 학문 연구의 비생산성

이나 조세 징수 절차의 비효율성을 과감하게 혁신하려다 제도의 기초를 허물어버린 탓이었다.

북방정책도 마찬가지였다. 그가 계유정난 때 제거한 황보인이나 김종서는 모두 6진 개척에 큰 공을 세운 인물로서 야전군 사령관들의 신임을 받고 있었다. 그래서 김종서를 제거하자 두만강을 지키던 함경도 절제사 이징옥이 즉각 반란을 일으켰다. 다행히 반란은 이징옥이 부하 정종에게 암살되는 바람에 쉽게 진압되었지만 국경 방어선에 큰 구멍이 뚫린 셈이다. 왜냐하면 여진족은 부족별로 이동생활을 하므로 족장들과의 관계가 중요한데 이징옥은 그 족장들에게서 신임을 얻고 있었기 때문이다. 이징옥이 죽으면 족장들은 조선의 관리들을 더는 신임하지 않을 것이며, 국경개념마저 없어 자신들의 이익을 위해 수시로 침범해올 것이다.

하지만 세조는 이 상황을 심각하게 받아들이지 않았다. 그는 여진족의 침입이 잦아지자 4군을 폐지해버렸다. 그리고 지역에 대한 감시와 억압을 강화했다. 반란이 일어난 지역을 경계하고 변방 지역 백성의 고단한 삶에 관심을 보였을 뿐이다. 그래서 여진이 쳐들어오면 후퇴하고, 백성을 괴롭힐 토착세력의 횡포를 차단하는 데만 주력했다. 결국 지역 세력들이 이시애를 중심으로 반란을 일으켰다.

이시애의 난은 3개월 만에 진압되었고, 이시애는 체포되어 처형되었다. 하지만 진압군 사령관 구성군 준이 보고서에서 "북청 이북은 인심이 완악(頑惡)하여 심지어 부인과 어린아이까지도 모두 적당(賊黨)에 붙고 관군에 내응(內應)하는 자는 한 사람도 없었는데, 만약 관군에 내부(來附)하는 자가 있으면, 적이 그 족친을 모두 죽이기 때문입니다"(《세조실록》 13년 8월 4일)라고 할 정도로 민심이 이반되어 있었다.

이 와중에 큰 행운이 찾아왔다. 난을 진압하기 위해 대군이 진출한 상황에서 명으로부터 건주여진을 정벌할 테니 협공하자는 연락이 왔다. 세조는 이 기회에 북방의 우환을 제거하겠다며 지체 없이 정벌군 출동을 명했다. 목표는 당시 건주여진의 지도자 이만주로서, 최윤덕의 4군 개척 때도 여진의 지도자였던 전설적 인물이었다. 그런데 이만주와 그의 주력부대는 명군 동향에 정신을 파느라 도망가지 않고 근거지에 그대로 있었다. 신출귀몰하는 기병이 무섭지 주둔하고 있는 여진 군대는 아무것도 아니었다. 한 번의 전투로 이만주와 그 주력을 몰살하였다.

크게 이겼지만 여진의 침략은 끊이지 않았다. 새로운 이만주는 얼마든 나올 수 있지만, 세조는 새로운 이징옥과 이시애가 나올 맥을 끊었기 때문이다. 결국 건주여진에서 100년 뒤 누르하치가 나와 청을 건국하고 중원을 통일하였으며 조선 인조에게 치욕의 항복을 선사하였다.

정통성이 취약한 정권은 지지기반을 유지하기 위해 측근정치와 인기주의로 일관할 수밖에 없다. 이는 부패와 단기적 정책을 심화시켜 장기적으로 나라를 좀먹게 만든다. 세조의 오락가락하는 정치가 전형적인데, 이는 성종의 치세에야 겨우 수습되었다.

⊙ **역 사 메 모** ⋮⋯⋯⋯⋯⋯⋯⋯⋯⋯⋯⋯⋯⋯⋯⋯⋯⋯⋯⋯⋯⋯⋯⋯⋯⋯⋯⋯⋯⋯⋯⋯⋯⋯⋯⋯⋯⋯⋯⋯

조선 전기의 역사서는 실록, 《고려사》 등 공식적 정부 기록과, 자주적 역사관을 담은 책 등이 있다. 세조 때 편찬이 시작된 《동국통감》은 그중 후자의 대표작이다. 1458년 신숙주 등에 의해 시작된 《동국통감》 편찬 사업은 무려 27년이 걸려 성종 때 서거정 등에 의해 완성되었다. 단군신화 등 민족사적 기록을 충실히 담으려 했다는 점에서 높은 평가를 받고 있다.

폭정을 휘두른
젊은 임금 예종

**예종은 세조 못지않은 강한 왕이 되고자 하였으나
채 스무 살이 되기도 전에 요절하고 말았다.**

재위 기간이 짧은 왕은 아무래도 자기 소신에 맞게 통치하기 어렵다. 초기에는 선왕이 추진하던 사업을 마무리하는 시간이 필요하고, 지도자로서 실제를 경험할 필요도 있기 때문이다. 따라서 재위 기간이 짧았던 역대 조선 왕들, 즉 문종, 단종, 예종, 인종, 경종 등은 사실 특별한 업적을 남기기 어려웠다.

그런데 공교롭게도 단기간 재위한 왕들 가운데 문종을 제외한 다른 왕들은 모두 드라마틱한 권력투쟁에 휘말렸다. 그래서 네 왕 모두 타살 의혹이 있다. 단종은 두말할 것 없고 예종, 인종, 경종도 독살설에 휘말렸다. 예종은 다른 두 명에 비해 독살설에서 떨어져 있는 편이지만, 그래도 14개월의 짧은 치세가 그리 평탄하지는 않았다.

예종은 세조의 차남이다. 1457년 세조가 왕위에 오른 지 2년 만에 장남 의경세자(후에 덕종으로 추존)가 젊은 나이에 병으로 죽자 일곱 살에 세자로 책봉되었다. 형과는 열두 살 차이로 터울이 많이 나는 형제였다. 의경세자의 죽음에 대해서는 단종의 죽음에 대한 죄책감이 원인이었다는 이야기가 많다. 이

▼ 재위 기간이 짧은 왕들

왕	재위 기간	사망 당시 나이	의혹
문종	2년 3개월	38세	없음
예종	1년 2개월	19세	시신의 변색
인종	9개월	29세	세자 시절 식중독 사건 등
경종	4년 2개월	36세	왕세제 연잉군이 올린 음식을 먹고 사망

때문이었는지 세조는 새로운 세자 교육에 많은 힘을 기울였다.

그래서 예종은 세자 시절부터 세조의 왕권에 대해 긍정적이었다. 이를 보여주는 사건이 민수의 옥이다. 세조가 죽자 실록청이 설치되고 사초가 모아졌는데 예종이 사초에 작성자의 서명을 받도록 했다. 그러자 민수라는 사관이 공신들을 비판한 자기 사초에 덜컥 겁이 났다. 그래서 사초를 고치고 말았는데 이는 유배형에 해당하는 중죄였다. 그런데 예종은 유배형이 아니라 민수를 관노비로 만들고 연루자를 처형하는 등 아주 혹독하게 처벌했다. 실록 편찬에 보여준 왕의 지엄함은 《세조실록》이 승리자 중심으로 왜곡될 개연성을 높인 셈이다.

그가 만약 더 살았다면 예종 시대는 연산군 시대에 버금갔을지도 모른다. 그는 한명회의 사위로서 계유정난 세력을 신뢰했지만 세조 때 새로이 등용된 세력에 대해서는 냉담했다. 남이가 옥사한 것은 바로 신진세력에 대한 숙청작업의 하나였다. 연산군이 신진세력을 숙청한 뒤 공신세력을 제거했던 사례에 비추어 그도 능히 그럴 수 있었다. 실제로 예종은 분경금지 등 공신세력을 견제할 만한 조치를 취했다.

하지만 그로부터 얼마 후 갑자기 죽고 말았다. 실록에 그의 시신이 이틀째부터 변색되었다고 했으며, 성종의 전격적 즉위도 석연치 않은 부분이 있었다.

2년 만에 반복된 연이은 한명회 사위의 즉위, 이상하지 않은가?

역사가 이이화는 예종에 대해 "아버지를 그대로 닮았는지 즉위하자마자 사람을 형틀에 매는 일부터 손댔다"라고 혹평했다. 결국 예종은 아버지의 공신들에 대한 고민을 이어받아 해결하려고 시도했지만 뜻을 이루지 못하고 일찍 죽은 셈이다. 과연 그가 오래 살았다면 성공했을까? 그렇지는 않았을 것이다. 그도 아버지만큼이나 유교정치에서 멀리 벗어나 있었기 때문이다.

공신 세력의 대립과
남이의 옥사

세조와 예종은 정치적 계산에 따라 공신들을 경계했고,
이는 신하들도 마찬가지였다.

세조는 말년에 공신을 견제하기 위해 새로운 공신들을 만들어냈다. 바로 이시애의 난을 진압한 적개공신으로서, 구성군 준과 남이 장군 같은 젊은 신진인사들이었다. 구성군 준은 세종의 넷째 아들인 임영대군의 차남인데, 임영대군은 세종의 아들 중 거의 유일하게 세조를 지지한 인물이다. 당연히 구성군 준은 어릴 때부터 세조의 총애를 받았고, 스물다섯 살에 무과에 급제하자 이듬해 이시애의 난을 진압하는 총사령관에 임명되었다. 곧 적개공신 1등에 책봉되었고, 그 이듬해에는 영의정에 올랐다. 당시 스물일곱 살이었으니 파격적인 등용이었다.

남이는 태종의 딸인 정선공주의 손자*이다. 어릴 때부터 무예에 출중하여 열여섯 어린 나이에 무과에 급제하였고, 세조의 오른팔인 권람의 사위가 되어

• 남이는 정선공주의 아들로 알려져 있고 몇몇 인터넷의 백과사전에도 그렇게 쓰여 있지만 이는 오류다. "난신(亂臣) 남이의 조모(祖母)인 정선공주의 노비를 내수사(內需司)에 도로 붙이라."(《예종실록》 즉위년 11월 9일)

승승장구하였다. 이시애의 난 때 주요 전투에서 공을 세워 적개공신 1등에 봉해졌고, 곧이은 건주여진 토벌에서 이만주를 죽이는 데 공을 세워 무명을 떨쳤다. 마침내 스물일곱 살 때 병조판서에 올라 구성군과 함께 신공신세력의 핵심이 되었다.

하지만 예종은 신공신세력을 경계했다. 선왕의 충신이 현재의 충신이 되지는 않는 법이다. 세조의 총애와 정치적 계산으로 젊은 나이에 갑자기 출세한 인물들로서 구공신들과 충돌하는 데다 예종에 대한 충성도 명확하지 않았다. 그래서 한명회의 사위였던 예종은 아무래도 구공신을 더 신뢰했던 것 같다.

1468년 9월 7일 해질 무렵 즉위한 예종은 바로 그날 저녁에 남이의 병조판서직을 빼앗고는 그를 사복장에 임명하였다. 국방부장관이 대통령 경호실 차량부대장으로 좌천된 것이다. 병조판서에 임명된 지 보름 만이었다. 이 황당한 사태에 남이는 당연히 불만을 품었을 것이다. 더군다나 그는 명문가 출신에 천재적 재능을 가진 20대 청년이었다. 거칠 것 없이 노골적으로 곳곳에서 불평을 늘어놓았고, 이는 구공신들에게 좋은 재료였다.

10월 24일 유자광이 남이가 역모를 꾀하고 있다고 고발하였다. 왕은 즉각 군대를 보내 남이를 체포하도록 했는데, 남이는 군대가 들이닥치자 담을 넘어 달아나다 잡히고 말았다. 평소의 불평불만에다 간신배를 제거해야 한다는 둥, 혜성이 나타났으니 병란이 일어날 것이라는 둥 위험한 말을 해댔으니 부사하기 어려웠다. 남이는 필사적으로 변명했지만 예종의 제거 의도가 명확한 이상

헤쳐나오기 어려웠다. 야사에 따르면 고문 끝에 다리가 부러지자 "내가 자복하지 않은 것은 훗날 공을 세우기 위함인데 병신이 되었으니 살아 무엇하리오"라며 죄를 시인했다고 한다.

그런데 여기서 주목되는 것은, 남이가 곤경에 처했을 때 구성군은 오히려 남이 제거에 나섰다는 것이다. 또 남이와 함께 신공신세력이었던 강순은 오위도총관 등의 고위직에 있었으나 남이 구명에 나서지 않았다. 평소 강순을 따르던 남이는 분노하여 강순도 함께 역모를 꾀했다며 무고해서 함께 죽었다. 이는 신공신세력이 오직 세조의 의도에 따라 등용되었을 뿐 어떤 정치적 이념이나 지향이 없는 오합지졸이었음을 보여준다. 하긴 남이를 고발한 유자광도 비록 나중에 추록되었으나 적개공신이었다.

남이의 옥사는 세조가 말년에 등용한 신공신세력이 한명회 등 구공신세력을 견제할 아무런 힘도 없는 존재였음을 말해준다. 오히려 조정 내의 불필요한 갈등 요인만 만든 셈이다. 그런 측면에서 예종의 과감한 남이 제거는 공신들을 견제하고 왕권을 강화하려는 사전 정지작업으로 볼 수 있다. 하지만 예종이 갑자기 죽으면서 이 일은 성종 몫으로 넘어갔다. 한편 신공신세력들은 성종 즉위년에 구성군 준마저 역모로 제거되면서 역사에서 사라지고 말았다.

◉ 역 사 메 모

남이와 관련해서는 재미있는 전설이 전해진다. 남이가 젊은 시절 길을 가다가 우연히 한 머슴이 짐을 지고 가는 것을 보았다. 그런데 그 짐 위에 귀신이 타고 있었다. 따라가보니 머슴이 대궐 같은 집으로 들어갔고, 얼마 후 그 집에서 갑자기 딸이 죽었다고 난리가 났다. 남이는 집에 들어가 딸을 살릴 수 있다며 주인을 만나게 해달라고 했다. 주인이 허락하자 딸이 누워 있는 방으로 들어가 칼을 휘둘렀다. 그러자 벽에 피가 튀고 곧 딸이 숨을 쉬었다.

"악귀가 머슴 짐에 붙어 이 집에 들어오는 것을 보았습니다. 그래서 필시 귀신의 농간이라고 생각했습니다."

집 주인은 세조의 오른팔이자 한명회의 친한 친구인 권람이었다. 그는 재주가 귀신의 경지에 오른 늠름한 청년이 마음에 들어 사위로 삼았다.

남이는 칼을 갈아 백두산 돌을 없애고 군마에게 먹여 두만강 물을 마르게 하겠다는 시를 지을 정도로 포부가 크고 용맹했다. 권력투쟁의 소용돌이 속에서 죽임을 당했지만 민간에서는 위대한 청년 장군 혹은 영험한 신령으로 추앙한다. 그래서 춘천 남이섬처럼 그에 대한 전설은 곳곳에 남아 있다.

조선 전기의
마지막 태평성대

성종은 은밀한 음모로 왕위에 올랐지만
성군이 되고자 피나는 노력을 아끼지 않았다.

1469년 11월 28일 아침 진시(7~9시), 열아홉 살의 젊은 왕 예종이 겨우 14개월 짧은 왕 노릇 끝에 죽었다. 세조의 아들들이 몸이 허약하긴 했지만 실록에는 예종의 병에 대한 기록이 별로 없는 만큼 매우 급작스러운 죽음이었다. 예종에게는 세 살 된 아들이 있었지만 세자로 책봉되지 않아 공식 후계자가 없는 상태여서 대신들은 왕실의 큰 어른인 세조의 비 정희왕후에게 후계자를 지정해달라고 했다.

정희왕후와 대신들 사이에 차기 왕에 대한 의논이 은밀히 오고 갔다. 실록에는 정인지의 아들 정현조가 의논을 중개했다고 했을 뿐 구체적 기록은 없다. 하지만 의논 결과는 엄청난 것이었다. 새로운 왕은 예종의 아들(제안대군)도 아니고, 세조의 장손인 의경세자의 장남(월산대군)도 아닌, 의경세자의 차남 잘산군이었다. 왕의 풍모가 가장 많다고 해서 왕의 아들과 열여섯 살짜리 장손을 제치고 섭정이 필요한 열세 살 소년을 왕에 앉혔다? 당연히 여기에는 정치적 계산이 깔려 있다고 볼 수밖에 없다.

정치	국방	경제	사회·문화
사림의 등용 경국대전 완성 홍문관 설치	건주여진 정벌	관수관급제 무역 허용 신품종 작물 장려	조혼 금지 불교 탄압

후대 많은 사가는 음모의 주역으로 한명회를 지목한다. 잘산군이 한명회의 사위였기 때문이다. 당시 예종의 주검을 지키며 후계자 논의에 참여한 대신들은 한명회, 신숙주, 홍윤성 등 세조를 왕위에 올린 정난공신들이었다. 결국 세조비인 정희왕후와 공신세력은 자신들과 가장 가까운 사람을 왕위에 앉혀 기득권을 지키려 한 것이다. 그래서 성종은 7년 동안 정희왕후와 공신들로 구성된 원상들의 섭정을 받았다. 이 기간에 구성군 준 등 신공신세력이 완전히 청산되었다.

성인이 된 성종은 친정을 실시했지만 여전히 공신의 그늘에서 자유롭지 못했다. 그런데 성종은 이러한 환경에서 세 가지 놀라운 정책을 펼친다. 먼저 스스로가 성군의 자질을 갖추기 위해 열심히 공부하고 노력하였다. 원래 성군의 자질이 그러한 것인지, 아니면 성군을 조선 시대 사가들이 그런 식으로 묘사한 것인지는 모르겠지만, 그는 세종을 연상할 정도로 성실히 공부했고 유교정치이념에 충실했다. 너무 열심히 공부해서 대신들이 경연을 하루 쉴 것을 권유했지만 거절할 정도였다. 또 집현전을 부활하여 홍문관을 설치하고 신문고를 다시 설치하는 등 태종·세종대 정책을 부활시켰다.

성종은 한편으로 훈구들과 원만한 관계를 맺었다. 훈구와 관련한 잘못은 관대하게 대했고, 한명회, 신숙주 등의 의견을 존중했다. 사실 한명회나 신숙주는 실무에 능한 노련한 관료로서, 왕을 거스르는 일을 자제했기 때문에 성종과 충돌할 일을 최대한 만들지 않았다. 또 한명회는 자신의 폭넓은 인간관계를 이용해 다른 공신들이 사위인 성종을 곤란하게 하지 않도록 해주었다.

이로써 성종은 원만한 타협정치의 전형이 되었다.

　마지막으로 공신세력을 견제할 사림을 등용하였다. 사림이 언론을 장악하고 훈구를 감시·공격함으로써 성종은 적절히 타협하며 정치를 이끌어갈 수 있었다. 이에 대해서는 뒤에 자세히 설명하겠다.

　성종의 25년 치세는 조선 전기 마지막 태평성대로 기록된다. 《경국대전》을 반포하여 체제 정비를 완료하였고 정치는 안정되었으며 재정도 튼튼하였다. 또 새로 등장한 사림은 장차 조선을 400년 동안 지배할 지배세력으로 커나갔다. 그동안의 조선을 정리하고 앞으로의 조선을 준비한 왕으로서 성종은 높은 평가를 받았다. 그것은 성종이 조선의 건국이념을 명확히 인식하고 조선을 이끌 지도자로 자리매김하려 노력하였기 때문이다.

⊙ 역 사 메 모

성종의 유교정치에 대한 신념을 볼 수 있는 기록이 있다. 간통에 대한 실록의 기록을 보면 성종대에는 47건으로, 다른 왕대의 평균 10여 건에 비해 유난히 많다. 그보다 많은 왕은 99건의 세종대뿐이다. 이는 유교적 가부장제를 확립하여 백성을 교화하려 한 세종의 노력을 성종이 계승했기 때문이다. 그래서 세종 때는 유감동 사건 같은 스캔들을 정부 차원에서 엄격하게 다스렸고, 성종 때도 어을우동 사건 같은 스캔들이 실록에까지 실린 것이다. 단지 성종은 세종보다 더욱 엄격하여, 여성의 자유로운 외출을 혐오하였으며, 사대부 여인들의 외출까지 금지하는가 하면, 성종 8년에는 재혼 금지법안(재혼한 여자의 자식은 출사할 수 없다)을 통과시켰다. 이는 유감동 사건과 어을우동 사건의 처리에서도 나타난다. 유감농은 지방 관비로 쫓겨나는 벌을 받았지만, 어을우동은 사형되었다. 이는 성종내에 유교적 노략관이 《경국대전》 등 법으로 정해지면서 더욱 엄격하게 처벌하는 분위기였던 데다 어을우동이 신분에 상관없이 간통하여 신분제를 어지럽힌 탓도 있었다.

조선왕조 500년을 이끈
《경국대전》 편찬

성종은 법률과 제도를 다듬는 데 주력하여
조선을 완전한 궤도에 올려놓기 위해 힘썼다.

계유정난은 조선 시대가 한 고비를 넘어섰음을 의미하는 사건이다. 태조 이성
계가 정도전과 함께 꿈꾸었던 유교정치의 높은 이상은 현실정치와 충돌하여
왕자의 난과 계유정난 같은 참극을 겪게 했다. 세종의 수준 높은 정치로 어느
정도 그 뜻을 이루었지만, 계유정난은 그것이 세종이라는 위대한 인물의 개인
적 역량에 의존했음을 말해주었다. 이제 조선은 군자와 성인의 이상적 정치보
다는 법과 실용에 의존하여 체제를 꾸려가야 할 상황에 처했다.《경국대전》의
시대가 온 것이다.

《경국대전》은 세조가 편찬하기 시작했지만, 이는 세조의 생각이 아니었다.
법전은 태조 이성계와 정도전의 꿈이었고, 그 저변에는 유교정치가 꿈꾸는 법
치주의가 있었다. 그래서 정도전은《조선경국전》을 저술하였고, 조준이《경제
육전》을 지었으며 태종 때《속육전》, 세종 때《신찬 경제육전》이 편찬되었다.
하지만 법과 실제 나라 경영이 맞지 않아 혼란이 일었고, 왕의 역량에 의존할
수밖에 없었다. 그래서 세조가《경국대전》 편찬을 시작한 것이다.

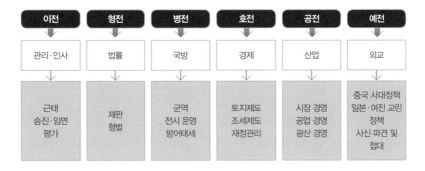
▼ 경국대전의 범위

이전	형전	병전	호전	공전	예전
관리·인사	법률	국방	경제	산업	외교
근태 승진·임면 평가	재판 형벌	군역 전시 운영 방어태세	토지제도 조세제도 재정관리	시장 경영 공업 경영 광산 경영	중국 사대정책 일본·여진 교린 정책 사신 파견 및 접대

하지만 세조의《경국대전》도 불완전했다. 훈구대신들의 입김이 작용하여 그들의 기득권을 옹호하는 법안이 많이 들어갔다.《경국대전》편찬에 참여한 사람들 중 최항 같은 정난공신이나 한계희 같은 한명회계의 청주 한씨 세력이 상중에도 기복하여 법전 편찬에서 빠지지 않을 정도였다. 그래서 문제가 생기면 세조가 독단적으로 조항을 삭제하거나 추가하기도 했는데 이것이 오히려 더 혼란을 불러왔다.

성종은 세조 때 만들어진 법조항을 전면적으로 재검토하였다. 예를 들어 직전법은 현직 관리에게만 과전을 지급한 것인데, 이는 신진 관료들의 큰 불만을 샀다. 그래서 오랫동안 다시 논의하였다. 공물을 대신 납부케 하는 대납제 역시 방납의 폐단 때문에 다시 논의하였다. 그리하여 직전제는 그대로 가고 대납제는 폐지했다. 이는《경국대전》에서 표방한 '만세성법(萬世成法),' 즉 영원토록 계속할 법을 만들겠다는 의지의 결과였다. 모든 부작용이나 경우의 수를 염두에 두고 세세한 부분까지 충분히 논의하고 검토하여 만든 것이다.

이로써《경국대전》은 조선왕조 500년의 기본 법전이 되었다. 훗날 영조가《속대전》, 정조가《대전통편》, 고종 때 대원군이《대전회통》을 만들었지만《경국대전》을 훼손하지 않았다. 예를 들어《대전회통》의 경우《경국대전》원문을 '原'이라 해서 쓰고, 거기에《속대전》은 '續',《대전통편》은 '增',《대전회통》은

'補'로 표기하여 기록하였다. 이는 《경국대전》에 담긴 법치주의와 유교정치이 념을 결코 훼손하지 않겠다는 의지를 담은 것이다.

《경국대전》은 매우 세밀한 법이다. 이전, 호전, 병전, 예전, 공전, 형전 6전으 로 구성되어 있는데, 이전에는 관리의 출근시간과 근태에 대한 조항, 호전에는 직전법 등 토지제도와 조세제도에 대한 조항, 병전에는 군역과 전시 운영에 대 한 조항, 예전에는 중국이나 일본 사신을 접대하는 조항, 공전에는 시전의 설 치와 운영에 대한 조항, 형전에는 살인죄는 관찰사, 형조, 왕이 세 번 심사한다 는 삼심제에 대한 조항 등이 아주 세세하게 정리되어 있다. 심지어 국가 소속 의 관노비에게는 산전 한 달, 산후 50일의 출산휴가를 주며 그 남편에게도 산 후 15일의 출산휴가를 준다는 감동적인(?) 모성보호 조항도 있다.

우리가 교과서에서 배운 조선 전기의 제도들은 대부분 《경국대전》의 내용 과 같다. 그래서 성종 이전의 관직이나 제도에 대해 우리는 종종 낯설어한다. 그만큼 조선은 《경국대전》 이전과 이후가 다르다. '성종'은 나라의 제도와 문물 을 완성한 왕에게 바치는 묘호다. 그의 통치가 어찌되었든 《경국대전》은 그를 세종과 함께 조선 전기 최고의 성군 반열에 올려놓았다. 역으로 말하면, 《경국 대전》만으로도 그의 정치이념과 능력은 충분히 입증되었다.

๑ 역 사 메 모

성종 때는 조선 전기 체제의 완성기이자 문화의 완성기였다. 이를 반영하듯 1478년에 서거정이 《동문 선》을 편찬하고, 1481년에는 정극인이 최초의 가사 〈상춘곡〉을 지었다. 《동문선》은 신라부터 조선 전 기까지 역대 시문을 모은 것으로 민족문화정리사업의 완성이라 할 수 있다. 한편 양반 시가 문학은 마 침내 가사문학으로 승화하였는데, 기존의 시조에 비해 풍부한 내용을 담아 사대부의 사상이 한층 더 문학적으로 만개하게 되었다.

홍문관의 설립과 사림의 등장

권력을 장악하고 있던 훈구 세력의 횡포를 딛고
사림이 주요 정치 세력으로 등장하였다.

1478년 성종은 친정을 시작한 직후 집현전을 다시 열고 홍문관을 설치하였다. 홍문관은 유교를 전문적으로 연구하는 학술기관이지만 유교정치와 관련한 중요한 사안에 대해 자문하면서 국가 정책에 대한 두뇌집단으로서의 기능 혹은 비판기능까지 수행하게 되었다. 이로써 두 가지 의미 있는 일이 생겼다. 하나는 기존의 사헌부·사간원 양사가 행하던 언론 기능이 홍문관까지 포함한 3사와 홍문관이 참가하는 경연까지 확대되면서 언로가 크게 넓어졌다는 것이다. 또 하나는 전문 학술기관의 기능 강화로 재야 지식인 그룹이 중앙 정계로 진출할 기회가 많아졌다는 것이다. 이로써 사림의 진출이 용이해졌다.

사림은 지방의 중소 지주로서 재지사족이라고 한다. 이들은 고려 시대 지방 세력이 조선 시대 향리 등으로 격하되자 지방의 유력한 세력이 되었다. 대대로 물려온 토지의 지주로서 지방민들과는 소작 관계로 엮여 있었고, 농사의 풍흉에 따른 지대 수취로 부를 축적하기 때문에 농업기술이나 정부의 조세제도에 깊은 이해관계를 갖고 있었다. 가령 군역이 과중하여 여러 소작인이 타지로 나가면 지주의 수입이 감소할 수밖에 없었고, 중소 규모 지주라면 궁기가 들 수밖에 없었다. 그래서 세종이 《농사직설》을 편찬하면 이를 적극적으로 자기 지역에 퍼뜨리고, 조세 제도 개선책을 물으면 적극 참여하여 의견을 제시한 것이다. 당연히 언로가 확대된 세종대부터 여러 방법으로 자신들의 목소리를 내려고 노력하며 점차 정계로 진출하게 되었다.

훈구의 등장으로 대토지 소유가 진행되고 제도의 혼란으로 농민이 노비로 전락하자 지방 중소 지주들은 직접 타격을 받았다. 소작인이 빠져나가는가 하면 권세가의 폭력으로 힘없는 지주들은 토지를 잃었다. 과거에 급제해도 녹봉이 얼마 되지 않아 그것으로는 생계를 유지하기가 어려웠다. 장관급 관료인 판서의 녹봉이 오늘날 돈으로 연봉 몇천만 원 정도였다. 거기다 훈구시대는 관직도 훈구의 자제들이 차지했고 직전법이 시행되면서 전직 관료들은 월급을 받을 수 없게 되었다. 여기에 대대로 물려받은 논밭마저 빼앗기면 농민이나 다를 바 없는 처지가 되는 것이다.

훈구의 횡포를 막고 지방 중소 지주의 이익을 방어하는 것이 급선무였다. 이에 시골 양반들은 과거시험을 봐서 더욱 적극적으로 관직에 진출해 훈구에 반대하는 목소리를 높였다. 그런데 아무 시골 양반이나 다 이럴 수 있는 것은 아니었다. 아무래도 훈구의 견제를 뚫고 과거에 급제해 소신 있게 자기 목소리를 내려면 학문도 높고 뜻도 높은 학자들이어야 했다. 이들이 바로 세종 때부터 중앙으로 진출한 길재의 제자들이다. 이들이 사림의 주축을 형성하였다.

야은 길재는 고려에 충성을 바쳐 관직을 버리고 은둔한 사람으로, 포은 정몽주, 목은 이색과 함께 고려삼은이라 불리는 유명한 학자다. 그가 시골에 은둔하자 많은 이들이 찾아와 배움을 청하면서 그 제자들이 하나의 학파를 이루었다. 이 중 김숙자라는 제자가 지금의 구미에 해당하는 선산에 서당을 열고 후학을 가르치며 과거에 급제하여 출사할 것을 주장했다. 이후 나라의 인재 절반이 영남에서 나온다고 할 정도로 많은 인재가 배출되어 관계로 나아갔다. 이 중에는 김숙자의 아들 김종직도 있었다.

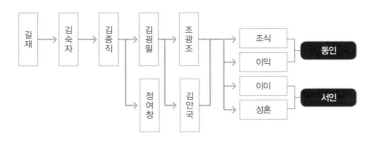

김종직은 세조 시대인 1459년 문과에 급제하여 성종 때까지 춘추관, 경연 등 학문 연구직에서 활동하였다. 또 지방 중소 지주로서 향촌 교화에 적극적으로 임하였다. 스스로 선산부사, 함양부사 등 지방직을 택해 향촌 사회에 《주자가례》 등을 퍼뜨렸다. 그는 관례적인 노인 공경에 대해서도 유교의 예에 어긋난 사람은 제외할 정도로 엄격해서, 그가 내려간 지역에서는 아무도 감히 유교 범절을 어기지 못하였다.

김종직은 김굉필, 정여창, 김일손 등 사림 1세대에 해당하는 관료 그룹을 키워냈다. 이들은 성종 시대 언론 기구에서 활동하며 대신들을 비판하고 왕에게 왕도정치의 실현을 적극 간하였다. 성종은 훈구의 기득권에 대한 적극 방어와 사림의 유교 왕도정치에 대한 비판 사이에서 인내해야만 했다. 사실 사림의 비판 중에는 지식인의 병폐인 비판을 위한 비판도 있었다. 이론에 맞지 않기 때문에 비판은 하지만 대안은 없는 것이었다. 이런 비판을 들어주느냐 아니냐에 따라 언로의 폭이 결정 난다. 그런 측면에서 성종은 진정한 성군이었다. 물론 쉽지는 않았을 것이다. 폭음으로 피를 토했다는 기록이 있을 정도로 상당한 정신적 고통을 받았다. 하지만 그의 태평성대는 바로 그 인내에서 온 것이다.

사림의 등장으로 성종은 훈구와 사림의 대결을 적절히 조절하면서 정치의 안정을 이루었다. 물론 이런 정치는 발전이 더디다. 그래서 눈에 띄는 변화는 거의 나타나지 않았다. 훗날 연산군이 되는 세자 등 일부 세력은 이에 불만을 품고 사람을 제거할 생각을 품었다. 하지만 연산군과 중종 초의 혼란스러운 정국이 입증하듯, 이것이 당대 현실에 가장 부합하는 정치형태였다. 이제 조선은 사림의 시대로 넘어가게 된다.

⊙ **역 사 메 모**

우리가 생각하는 조선 시대의 겨울에는 온통 하얀 눈밭에 눈꽃이 핀 나무들만 있을 것이다. 그리고 실내에는 화로에 숯불이 이글거리고있는, 이불을 뒤집어쓴 양반이 추위를 무릅쓰고 글을 읽는 풍경일 것이다. 하지만 여기에 하나 더 추가해야 한다. 바로 방안 화병에 꽂힌 화사한 꽃이다.

한겨울에 꽃이라면 당연히 종이로 만든 조화(造花)를 생각할 것이다. 하지만 여기서 말하는 것은 싱싱한 생화를 말한다. 물기를 머금고 줄기와 이파리가 싱싱한 아름다운 붉은 꽃. 조선은 온실에서 꽃을 재배해 궁궐과 고관들의 겨울 실내를 장식했다. 이에 대한 기록이 《성종실록》에 있다.

"장원서(掌苑署)에서 매화를 올리니, 전교하기를, '이제부터 3년 안에는 무릇 화초를 바치지 말라' 하였다."(《성종실록》 14년 11월 14일)

장원서는 궁궐의 꽃과 화초를 관리하는 관청으로 한겨울에 꽃을 올리니 이를 중지시킨 것이다.

한편 민간에서는 겨울에도 채소를 재배해 먹었다. 17세기 편찬된 《음식디미방》에는 "마구간 앞에 움을 묻고 거름과 흙을 깐 뒤 채소를 심고 움 위에 거름을 덮으면 그 나물이 잘 자라 겨울에도 좋으니라" 하여 채소와 나물을 겨울에 재배해 먹는 방법을 소개하고 있다.

제2장

사
림
의
시
대

향촌 생활

귀한 아들의 돌날에는 아침부터 분주하다. 안채에서는 음식을 만드느라 분주하고 사랑에서는 손님맞이로 분주하다. 큰 잔치는 아니지만 영아사망률이 50퍼센트가 넘는 세상에서 갓 태어난 아들이 1년을 무사히 넘겼다는 것은 경축할 일이다. 유서 깊은 가문의 대를 잇는 일은 무엇보다 중요하다. 이 씨는 아침 일찍 집 뒤쪽 돌아가신 조상들을 모신 사당에 고한 뒤 안채에 들러 아내에게 한마디 했다.

"오늘 수고하지 말고 사람들이나 잘 부리세요."

"걱정 마시고 자네도 술 과하지 않도록 하세요."

뼈대 있는 사대부 가문에서는 부인에게 공대를 했고 부인도 남편에게 '자네'라 하며 존중을 표했다. 비록 무인 집안이라 해도 예를 지키지 않을 수 없다. 키가 180센티미터나 되는 건장한 이 씨의 늠름한 뒷모습을 아내는 흐뭇하게 바라보았다.

사랑에 가니 친구들이 여럿 와 있었다. 함께 과거 공부를 하던 친구들로 이 씨처럼 문과에서 무과로 전과한 사람도 있지만 아직은 대개 문과를 준비하고 있다. 4대에서 급제자가 나오지 못하면 양반 명단인 《청금록》에서 이름이 지워지고 향회에서도 배척당하기 때문에 궁해지면 무과에라도 나가야 한다. 이 씨의 집안은 계유정난 때 단종에 대한 의리로 출사하지 않은 이래 오랜 시간이 흘러 이번에 이 씨가 반드시 급제해야만 했다.

"흉년이 들어 걱정이야."

경사스러운 날이지만 집안의 가장들이라 경제 이야기를 많이 했다. 대대로 이어온 농지의 지주들로서 지대를 받아 경제적 지위를 잇는 만큼 농사 걱정이 가장 많았다.

"주상께서도 반찬을 줄이셨다는데."

"가뭄이 들어 줄인 게 아니라 삼남의 흉년이 심해 그리하셨다는데?"

"예끼. 옛날 왜구가 극성을 부려 조운길이 막혔을 때 그랬다지만 아무리 간신배들이 성총을 흐려도 그럴 리가 있나."

이어 노비 이야기로 넘어갔다.

"상주에 사는 종놈이 요즘 신공을 제대로 바치지 않아."

지역 최고 명문가인 이 씨 집안은 외거노비가 평안도에서 경상도에 걸쳐 100여 구나 되었다. 하지만 가지 많은 나무 바람 잘 날 없다고 관리에도 손이 많이 갔다.

"도망간 것은 아닐까?"

"글쎄. 요즘 외거노비 다섯 중 한 놈은 도망간다니 그럴 수도 있지만…."

"퇴계 선생도 말 안 듣는 노비는 매를 때리라 했어. 노비 간수 못하는 사람은 양반 자격이 없다고 했네."

"참, 그 이야기 들었나? 옆 마을 강생원 있잖나? 그 양반이 가을아비를 압록해서 노비로 삼았다는구먼."

"허허. 배운 사람이 그런 짓을…."

압록은 호적을 위조해서 양인을 노비로 삼는 것인데, 법에서 금하고 있었다. 적발되면 유배형에 처하는 중죄이지만 지방 양반들은 재테크를 하기 위해 공공연히 압록을 저질렀다.

이번 향회에서 지역에 서원 건립을 제안하자는 이야기로 넘어가는데 안채에서 돌잡이를 할 테니 오시라는 연락이 왔다. 이 씨는 아이가 무얼 잡을지 궁금해 하며 일어섰다. 부녕실을 삼으년 부명상수 한나는네….

폐비 윤씨의
사사 사건

연산군의 어머니인 폐비 윤씨는 결국 사사되었고
이는 연산군 시대 비극의 시작이었다.

좌승지 이세좌에게 명하여 그 집에서 사사하게 하고, 우승지 성준에게 명하여 이
뜻을 삼대비전(三大妃殿)에 아뢰게 하였다.《성종실록》13년 8월 16일)

1482년 성종은 폐비 윤씨를 사사하였다. 연산군의 어머니는 이렇게 연산을 낳
은 지 6년 만에, 그리고 왕비에서 폐위된 지 3년 만에 죽고 말았다. 이 사건은
임금 연산과 그의 시대에 먹구름을 드리웠다.

  폐비 윤씨는 윤기견의 딸로, 1473년 윤호의 딸과 함께 후궁으로 들어갔다.
당시 왕비는 한명회의 딸 공혜왕후였다. 하지만 공혜왕후는 윤씨가 후궁으로
들어간 지 1년 만에 죽었고, 윤씨는 유력한 왕비 후보가 되었다. 윤기견은 현
감 벼슬을 지낸 윤응의 아들로, 정5품 사헌부 지평을 지낸 평범한 관료였는데
그나마 일찍 죽어서 윤씨는 홀어머니 밑에서 자랐다. 반면 윤호는 세조비인 정
희왕후의 인척으로 당상관인 3품 병조참지였다. 윤기견이나 윤호나 모두 공신
이었지만 세력에서는 윤호가 월등했다.

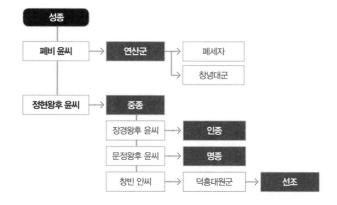

하지만 행운은 윤기견의 딸에게 찾아왔다. 성종의 아이를 임신한 것이다. 왕실은 성종의 장남이 후궁의 몸에서 태어나기를 원치 않았다. 그래서 서둘러 윤기견의 딸을 왕비에 봉했고, 기대한 대로 아들이 탄생하였다. 바로 미래의 연산군이다. 하지만 한미한 집안 출신인 윤비는 권력의 정점에서 빠르게 바닥을 드러냈다. 그녀에게 권력의 중심인 궁에서 어떻게 처신하며 살아야 하는지 충고해줄 사람이 없다는 것은 치명적이었다.

그녀는 너무 쉽게 속내를 드러냈다. 그녀는 후궁, 특히 윤호의 딸 윤숙의를 성종이 가까이하는 것에 분노했다. 처가가 가난하고 빈약하다 보니 권세가를 배경으로 하는 후궁의 존재에 불안했을지도 모른다. 그녀의 투기는 대단해서 성종의 얼굴에 상처를 내는가 하면 몰래 극약을 지니고 있기도 했다. 더군다나 부부 싸움을 하면서 "내 아들이 왕이 되면 가만두지 않겠다"는 식으로 소리 지르기도 했다. 이는 외척의 발호나 왕비의 권력 참여를 금기시하는 유교정치 체제에서 매우 위험한 행동이었다.

결국 윤비는 폐비가 되어 사가로 쫓겨났다. 세자의 어머니가 쫓겨나자 모두 미래를 우려하였다. 세자가 장차 왕이 되면 어머니를 다시 모셔올 것이고, 그러면 엄청난 보복이 가해질지도 몰랐다. 그래서 신하 일부는 폐비를 복위시키거나 최소한 궁으로 불러들이기를 왕에게 주청했다. 하지만 이는 오히려 폐비를 빨리 처리해야 한다는 압력으로 받아들여졌다. 마침내 폐비는 사약을 먹고 죽고 말았다.

세자의 지위는 대단히 불안정했다. 윤호의 딸 윤숙의가 왕비가 되고(정현왕후) 아들까지 낳자 더욱 그러했다. 만약 성종이 오래 살았다면 세자를 폐하고 정현왕후의 아들이 새로 세자가 되었을지도 몰랐다. 하지만 성종은 자신이 차남으로 왕위를 승계한 탓에 장남 상속에 대한 집착이 강했다. 신하들도 세조처럼 어릴 때 제왕으로서 학문을 닦지 못한 사람이 왕이 되는 것을 꺼려해 궁에서 태어나 왕으로 키워진 사람을 후계자로 선호했다. 사실 성종 때까지 역대 왕 가운데 궁에서 태어나 세자가 되어 어릴 적부터 제왕수업을 받은 사람은 문종과 단종뿐이었다.

성종은 공부에 질렸던 것 같다. 그래서 세자의 공부에 대해서는 느슨하게 생각했고, 열세 살에야 비로소 세자 교육을 시작했다. 세자의 수업 진도가 늦고 이해력이 떨어져 신하들이 염려했지만 세자의 머리가 좋아서 크게 걱정하지는 않았던 것 같다. 아마도 계속 경연에 참여해서 학업을 연마하면 좋아질 것이라고 생각했으리라.

하지만 결과적으로 세자가 왕이 되었을 때 준비가 덜 된 상태가 되고 말았다. 쟁쟁한 학자들과 노련한 정치꾼들로 구성된 신하들을 장악하기에 젊은 왕 연산은 많이 부족했다. 그는 지식과 말로는 신하들을 상대로 해서 자기 뜻대로 정치를 펼쳐나갈 수 없었다. 그는 즉위 첫날부터 신하들과 충돌했고, 짜증을 냈다. 감히 왕에게 도전한다며 공권력을 동원해 일을 해결하려고 했다. 불안정한 왕위 계승, 비극적인 개인사, 유교 군주로서 부족한 학문, 이것이 결국 그의 시대를 비극으로 몰아가고 말았다.

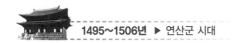

무오사화와
갑자사화

연산군 시대에 벌어진 두 차례의 사화로
사림과 훈구 세력은 큰 타격을 입었다.

연산은 즉위할 때부터 강력한 왕권을 원했다. 성종의 유연한 정치를 우유부단함으로 생각한 탓이었을까? 그래서 특히 삼사의 간쟁에 부정적이었다. 그러다 보니 홍문관이 주관하는 경연에 대해서도 시큰둥해 했다. 연산의 경연 불참은 불량 학생 수준이었다. 실록은 연산이 공부하기 싫어해서 그랬다고 했지만, 사실은 언론의 비판에 귀 기울이고 싶지 않았기 때문일 것이다.

언론에 진출해 있는 사림의 관점에서 볼 때 연산은 심각한 왕이었다. 그들은 연일 왕을 공격하고 비판했다. 하지만 그럴수록 연산은 삼사와 경연에 더욱 적대적이 되어갔다. 상대적으로 정치에 능한 훈구들은 불만은 많았지만 연산을 적절히 요리하는 편이었다. 결국 훈구에 대한 비판의식이 강한 사림은 왕과 대신들을 싸잡아 비판하고, 왕이 외면할수록 강경투쟁을 할 수밖에 없었다. 사림이 아직 왕의 훈구 견제 의지에 의존하는 형편이라 더욱 매달렸는지도 모른다.

사림과 무의미한 갈등을 이어가던 연산에게 좋은 기회가 찾아왔다. 《성종실

	훈구	사림
기원	조선 초기 세조 임금 때의 공신, 권력 세습	재야 선비들
정치 성향	왕권 강화(중앙집권체제), 현실정치 중시, 보수적	신권 강화(향촌자치), 도덕정치 중시, 개혁적
학문	관학	서원
주요 활동 지역	서울	지방
주요 인물	윤원형, 한명회, 유자광	김종직, 조광조, 이황, 이이

록》편찬 과정에서 사림의 대표자 중 한 명인 김일손의 사초가 문제가 된 것이다. 원래 실록 편찬과 사초는 왕에게 공개할 수 없지만, 김일손의 사초에 대해 실록청 내부의 훈구와 사림 사이에 논쟁이 일어나면서 유자광 등 간신들에 의해 그 내용이 폭로되었다. 왕권이 법 위에 있어야 한다고 생각하던 연산은 원칙을 어긴 제보를 탓하지 않고 이를 자신에게 유리한 기회로 이용하기로 했다.

문제가 된 김일손의 사초는 세조의 스캔들과 김종직의 조의제문 두 가지였다. 김종직의 조의제문은 세조의 왕위 찬탈을 초나라 항우가 의제를 죽이고 왕위를 찬탈한 것에 빗댄 글이다. 이는 세조의 정통성과 도덕성을 정면으로 부정한 것이고, 당연히 훈구의 존재 기반도 부정하는 것이니, 계유정난 이후 40여 년에 이르는 정치적 흐름을 전면 부정하는 것이었다. 사림다운 패기 있는 도전이었지만, 불행히도 감당하기에는 버거운 도전이었다.

논쟁 과정에서 김일손의 사초를 지지한 사림은 역적이 되었다. 조의제문을 사초에 실은 김일손, 권오복, 권경유는 능지처참, 김일손을 적극 지지하며 편지를 주고받은 이목은 참수형, 사초에서 단종의 죽음과 관련해 비판 기사를 쓴 표연말, 홍한 등은 장 100대에 유배형에 처해졌다. 이 중 표연말은 장독으로 유배를 가던 중 죽었다. 이외에도 김종직은 부관참시를 당했고 그의 제자들은

116

모두 유배되었다. 이 사건을 무오사화라 한다.

> 왕이 성종의 묘지문을 보고 승정원에 전교하기를, "이른바 판봉상시사(判奉常寺事) 윤기견이란 어떤 사람이냐? 혹시 영돈녕 윤호(尹壕)를 … 잘못 쓴 것이 아니냐?" 하매, 승지들이 아뢰기를, "이는 실로 폐비 윤씨의 아버지인데, 윤씨가 왕비로 책봉되기 전에 죽었습니다." 하였다. 왕이 비로소 윤씨가 죄로 폐위되어 죽은 줄을 알고, 수라(水剌)를 들지 않았다.《연산군일기》 1년 3월 16일)

야사에서는 연산군이 왕이 되고 한참 뒤 폐비 윤씨의 생모가 건네준 피 묻은 적삼을 보고 비로소 폐비 사건을 알았다고 하지만,《연산군일기》(폐위된 임금은 실록이라 하지 않고 일기라 한다)의 기록을 보면 연산은 즉위 직후 이와 같은 사실을 알았다. 그렇다면 왜 야사에 피 묻은 적삼 이야기가 나올까? 실록에서는 연산군 12년 임사홍이 폐비가 투기 때문에 죽은 것이 아니라 후궁들의 모함으로 죽었다고 고해바쳐서 일이 터졌다고 기록하고 있다. 폐비가 되어 죽은 결과가 중요한 것이 아니라 그 과정이 더 중요했던 것이다.

왜 그 과정이 중요했을까? 연산의 궁극적 목표는 왕권 강화였고, 사림이 제거된 이상 그다음 차례는 훈구였다. 연산은 궁극적으로 훈구의 기득권을 제거하고 싶어서 말년으로 갈수록 면책특권을 폐지하거나 공신전 혹은 공신의 노비를 마음대로 몰수하거나 남에게 주거나 했다. 훈구의 시대는 어느새 반세기를 넘어서고 있었다. 그들은 이익을 얻기 위해 법을 어기면서도 죄책감이 없었고, 처벌받는다는 것은 상상도 하지 못했다. 초법적 존재들은 오직 자신들의 기득권만을 위해 행동했기에 부정한 것에는 눈을 감았다. 연산이 보기에 폐비되는 과정에서 훈구들이 눈을 감은 것이 바로 문제였다.

엄청난 대숙청이 일어났다. 당시 요직을 차지하고 있던 윤필상, 이극균, 성준 등 훈구와 김굉필 등 겨우 살아남은 일부 사림들이 사사되었다. 이미 죽은 한명회, 정창손, 정여창, 남효온 등은 부관참시되었다. 이를 갑자사화라 하는데,

	무오사화	갑자사화
원인	사초 조의제문 사건	폐비 윤씨 사건
주도자	유자광 등 훈구파	임사홍 등 친연산파
피해	사림파 대부분 숙청	훈구, 사림 모두 피해
결과	사림의 위축	신권의 전반적 위축

이를 통해 훈구와 사림의 대표자들은 대부분 화를 입었다. 특히 갑자사화 후반부에는 많은 신하가 폐비와 관련이 없는데도 연산의 왕권 강화 욕심 때문에 처벌받았다. 조지서는 연산의 어린 시절 스승으로서 잔소리를 많이 했다가 이때 죽임을 당했다. 연산은 사화에 대해 "사관은 비판하겠지만, 해야만 할 일을 했다"고 말했다. 마치 무슨 짓을 하든 훗날 역사의 평가에 맡기겠다는 말 같다.

두 차례 사화로 연산은 무소불위의 권력을 얻었다. 아무도 견제할 수 없는 권력. 하지만 신하 없이 왕 혼자 정치를 할 수는 없다. 또 살아남았지만 원한을 품은 사람들, 특히 훈구의 잔여세력들로부터 자신을 지킬 수도 없었다. 결국 갑자사화 2년 뒤인 1506년, 훈구의 반격으로 연산은 왕위에서 쫓겨나고 말았다.

◎ 역 사 메 모
연산군은 1504년 경연을 폐하고 1506년 사간원을 폐하였다. 언론에 대한 연산군의 증오심이 마침내 언론기구 폐지와 정론에 재갈을 물리는 것으로 나타난 것이다. 권력에 대한 견제장치의 폐지는 권력의 부패와 타락으로 나타나 결국 연산을 파멸로 이끌었다. 이후 조선은 결코 언론기구를 폐지하지 않았다.

권력과 야합한 간신
유자광

연산군 시대 두 차례의 사화와 중종반정의 중심에는
권력욕과 출세욕으로 가득한 유자광이 있었다.

연산군을 폐위한 뒤 중종반정을 주도한 신하들이 《연산군일기》를 편찬하였다. 그래서 《연산군일기》는 패도의 전형인 황음무도에 초점이 맞추어져 있다. 연산은 수많은 연회를 위하여 기생을 수백 명 뽑아 올리게 하고, 흥청이라는 여자 악사 수천 명과 질펀하게 잔치를 즐겨 흥청망청이란 말을 만들어냈다. 궁녀들에게 나체로 씨름을 시키고, 궁궐을 늘리기 위해 민가를 부수었으며, 민간의 아낙을 겁탈하고, 심지어 큰어머니인 월산대군 부인마저 범하였다.

연산의 황음은 사실이지만 과장된 것도 있다. 실제 흥청은 몇백 명을 넘지 않았고, 질펀한 연회는 세조나 성종도 예외가 아니었으며, 계모인 대비들을 위한 것도 있었다. 며느리나 백모와의 스캔들은 세조나 양녕도 있었고, 더군다나 스캔들이 꼭 사실인 것도 아니다.

연산의 가장 큰 문제는 황음무도라기보다 언로를 막고 독재를 한 것이다. 왕정이 얼핏 보기에 왕의 일인 독재 같지만 실제로는 왕과 귀족, 전문 관료집단 간의 적절한 역할분담 속에서 정치가 이루어지는 체제다. 이 역할분담이 깨지면 체제가 마비된다. 조선은 언로를 통해 이 체제를 안정시켜왔다. 이를 붕괴시키면 누구도 자기 뜻대로 정치를 할 수 없다. 그렇기에 연산은 왕권을 강화하려고 했지만 언로가 무너지고 독재체제가 형성되면서, 오히려 왕권을 약화시켜온 훈구들에게 쫓겨난 것이다. 그리고 그 훈구의 중심에 유자광이 있었다.

유자광은 경주 부윤을 지낸 유규의 서자로 태어났다. 유규는 세종 때 무과에 급제한 뒤 사헌부에도 근무한 적이 있는 소신파 관료였다. 유자광이 적자였다면 아버지의 강직함과 총명함을 따라 좋은 관리가 되었겠지만 서자라는 제약이 그를 지독한 출세주의자로 만들었다. 사람들은 유자광 같은 인간들이 출세를 위해 몸부림칠 때 원래 태생이 천해서 그렇다며 손가락질을 한다. 하지만 문제의 본질은 천한 출신을 극복하려는 비정상적 욕망이 아니라 차별을 만든 인간 사회에 있다. 유자광이라는 존재는 서얼차대제도의 부작용이 낳은 것이지 서얼의 비뚤어진 모습이 아니다.

계유정난으로 만들어진 공신세력은 성종 때 자연적으로 사라졌다. 홍윤성과 신숙주는 성종 6년, 한명회는 성종 18년에 천수를 누리다 죽었다. 따라서 연산군 때의 훈구대신들은 정난공신의 후배들이었다. 정승을 지낸 사람들 중 윤필상은 세조비 정희왕후 등 왕비를 많이 배출한 파평 윤씨 출신이자 이시애의 난에 공을 세운 적개공신이었다. 이극돈은 성종 즉위 후 봉해진 좌리공신이었고, 한치형은 한명회, 한확 등과 같은 청주 한씨 출신으로 좌리공신이었다.

출세욕이 강한 유자광은 이시애의 난에 종군하여 공을 세웠지만 공신에 봉해지지 못하고 남이와 구성군의 영광을 지켜보아야 했다. 결국 예종이 즉위한 직후 남이를 무고하여 죽인 다음 뒤늦게 공신이 되었다. 하지만 그 후에도 사림의 탄핵을 받아 좌천되는 등 요직에 진출하지는 못했다. 그는 관찰사 같은 외직을 맡거나 충훈부 같은 공신을 관리하는 한직을 돌았다. 결국 권력에 한이 맺힌 그는 서자의 벽을 뛰어넘기 위해 권력의 은밀한 부분과 야합하기 시작했다.

무오사화는 그가 훈구들과 야합하여 일으킨 사건이었다. 조의제문과 관련한 논의가 일어나자 유자광이 이를 연산군에게 일러바쳤고, 조의제문이 세조를 빗댄 글이라는 해석도 그가 했다. 재주가 많고 행정능력도 좋은 그는 사림 심문과 처벌 등 실무 부분에서 큰 역할을 했다. 그 덕에 정1품 숭록대부에 올랐다. 그는 임사홍과 가장 친했는데, 임사홍이 폐비 윤씨 사건의 억울함을 연산에 일러바쳐 갑자사화를 일으켰기 때문에 이 사건도 그의 작품으로 꼽힌다.

하지만 유자광의 권세는 신하의 권력을 전혀 허용하지 않으려 한 연산군 때문에 지속되기 어려웠다. 갑자사화 때 처형된 이극균과 친하다는 이유로 그도 파직되었다. 신변에 위협을 느낀 유자광은 연산군에 대한 의리를 지킨 임사홍과 달리 점차 연산군을 꺼려하였고, 마침내 연산군을 몰아내는 중종반정에 참여해 1등 공신에 올랐다. 반정 이후 공신들은 몰수한 재산을 분배받았는데 유자광은 임사홍의 집을 받아 모두의 부러움을 샀다. 공신이었던 유순정은 "역시 복이 있는 사람은 따라갈 수 없구나"(《중종실록》 7년 12월 20일 유순정 졸기)라고 한탄했다.

하지만 유자광의 재주도 여기까지였다. 유자광은 중종반정 이듬해 사화를 일으킨 책임과 배신 경력 등으로 탄핵을 받아 귀양 가서 유배생활 5년 만에 병사하고 말았다.

History   *Column*

김처선과 주지육림

연산군은 말기로 갈수록 점점 행태가 황음무도해졌다. 황음무도의 고사는 중국 고대의 유명한 폭군인 걸왕과 주왕에서 비롯되었다. 이 중 주왕은 경국지색 달기의 꾐에 주지육림의 향락에 빠졌다. 주지육림이란 술로 연못을 만들고 고기로 숲을 만들었다는 뜻인데, 주왕은 벌거벗은 남녀들을 술 연못과 고기로 가득한 정원에서 질펀하게 놀게 하면서 함께 향락을 즐겼다고 한다. 주왕이 주무왕에 의해 타도된 이후 그의 행태는 패도의 기준이 되었다.

연산군이 말년에 벌거벗은 궁녀들에게 씨름을 시키고 술과 연회로 소일하자 내시 김처선이 이를 보다 못해 간하였다.

"제가 7대에 걸쳐 임금을 모셨지만 지금같이 문란한 적은 없었습니다."

이에 격노한 연산이 화살을 쏘아 처선의 옆구리를 맞추었으나 처선은 멈추지 않았다.

"내 죽음은 아깝지 않지만 전하께서 오래 계시지 못할 듯하여 안타깝습니다."

연산은 더욱 광분하여 처선의 다리를 자르고 혀를 뽑은 후 난도질하여 죽였다. 그래도 분이 풀리지 않자 그 부모의 무덤을 헐고, 모든 공문에서 처선의 '處'를 쓰지 못하게 하였으며, 궁중무용인 처용무의 이름마저 풍두무로 바꿨다.

처선의 충고와 연산의 분노는 모두 패도의 조건에 맞추어져 있다. 일곱 임금을 모신 처선이 종말로 치닫는 임금에게 마지막 충간을 하였으나 오히려 이를 위협으로 생각한 연산은 더욱 강경하게 처벌하였으니, 그 말로가 예정된 것이었다. 《연산군일기》는 이날을 연산 11년 4월 1일로 기록했다. 연산은 그로부터 1년 동안 두고두고 죽은 처선을 괴롭히다 마지막 조처를 내리고 나서 반년 뒤 반정으로 폐위되었다.

조선의 첫 반정
중종반정

폭정을 견디다 못한 신하들이 반정을 일으켰고
중종이 새로운 임금으로 즉위했다.

1504년 갑자사화로 훈구파마저 숙청당하자 대소 신하들의 위기감이 높아졌다. 갑자사화는 폐비 윤씨 문제로 시작되었지만 나중에는 관련 없는 사람들마저 처형되거나 유배당했다. 연산이 개인 독재를 위해 모든 신하를 숙청한 것이었다. 과연 갑자사화 이후 신하들은 숱한 모욕을 당했다. 갑자사화에 헌신한 유자광, 임사홍 등이 오히려 말도 안 되는 이유로 처벌받는가 하면, 신하들에게 "입은 재화를 불러오는 문이요, 말은 화를 부르는 칼이다"라는, 내시들이나 달고 다니던 팻말을 차고 다니게 했다. 또 장녹수 등 후궁의 가마를 신하들이 메고 다녔으며, 연산을 위해 갖은 아부를 다하던 신하도 말 한마디 잘못했다가 유배를 당했다.

언제든 누구든 연산의 마음에 따라 죽을 수도 있는 살얼음판 같은 정국을 참고 견디기는 어려웠다. 더군다나 연산은 신체 건강한 스물아홉 살 청년이었다. 앞으로 살날이 까마득한 왕의 폭성을 참을 수 없었나. 이에 총대글 메고 나온 이가 성희안이었다. 성희안은 연산에게 충성을 다했지만 어느 날 연산에게 바친 시의 한 구절이 비위를 거슬렀다 하여 파직되었다. 한번 눈 밖에 나면 유배 가고 사사되는 게 연산이 내내 해온 일이었으므로 성희안은 반정을 결심하고 동지를 구했다. 이때 가담한 이가 박원종이다.

박원종은 누이 둘이 월산대군, 제안대군과 결혼한 명문가 출신으로 연산의 총애를 받았다. 그가 반정에 참가한 이유는 월산대군 부인인 누이가 연산과 간통한 뒤 죽었기 때문이라는 이야기가 많은데, 확인되지 않은 스캔들이다. 그보다는 아마도 그 역시 언제 숙청당할지 모르는 처지에서 미리 손을 써야 한다고 생각했기 때문으로 보인다.

박원종은 병조참지와 평안도 병마절도사를 지내 군부에 인맥이 많았다. 이 때문에 군대의 지지와 동원이 용이했다. 이어 유순정, 유자광 등 연산에 불안을 느끼는 신하들을 모아 마침내 1506년 9월 1일 반정을 일으켰다. 반란군이 궁궐로 밀고 들어오자 호위군이 모두 도망쳐 연산군은 자다가 체포되고 말았고, 반정은 싱겁게 성공하였다.

성종에게는 폐비 윤씨의 아들 연산군과 정현왕후의 아들 진성대군 두 적자가 있었다. 반란군은 진성대군을 왕으로 추대하니 그가 곧 중종이다. 그리고 연산군은 강화도 교동으로 유배가서 얼마 후 죽었고, 그 아들들은 모두 처형당했다.

중종반정 이후 공을 세운 자들을 공신에 봉하니 그들이 바로 정국공신이다. 그런데 이 정국공신에는 두 가지 특징이 있었다. 하나는 연산군 시대 고위 관료들이 상당수 포함되어 있었다는 것이고, 또 하나는 117명이나 되는 역대 최대 공신이라는 점이다. 이로써 중종반정이 대의명분이나 정의감의 발로로 일어난 것이 아니라 권력자들이 개인의 안위를 위해 일으켰다는 것을 알수 있다. 공신의 수가 다른 공신에 비해 2배 가까이 많은 이유도, 이 기회에 한 몫 보기 위해 로비를 해서 들어간 사람들 때문이었다. 가령 거사 당일 숙직 승지였다 도망친 윤장도 공신이 되었고, 성희안의 처남인 신수린은 성희안 어머니의 특청으로 공신이 되어 노와공신(怒臥功臣, 노해서 누운 공신, 성희안 어머니가 신수린을 공신에 넣어주지 않았다고 노해서 누워버리자 공신에 봉했다고 해서 생긴 말,《중종실록》1년 9월 8일)이라 불렸다.

사욕을 위해 반정을 일으킨 자들에 의해 왕이 된 중종에게는 힘이 없었다. 그의 부인 신씨는 연산군의 처남인 신수근의 딸이었다. 공신들은 역적의 딸을 왕비로 삼을 수 없다며 강제로 이혼시켜버렸다. 중종은 그 후 죽을 때까지 38년 동안 부인 신씨를 만나지 못했다. 심지어 아침 조례를 마치고 박원종 등이 나가면 문밖으로 배웅할 정도였다. 왕권에 극도의 불안감을 가진 신하들에게 둘러싸인 중종은 왕 노릇을 거의 할 수 없었다.

중종의 숨통이 트인 것은 박원종이 마흔세 살(중종 4년)에 갑자기 죽으면서부터였다. 박원종은 연산의 홍청 수백 명을 상으로 받아 향락을 즐긴 탓인지 단명하고 말았다. 유자광은 이미 제거되었고, 성희안도 중종 7년에 죽었다. 반정의 핵심들이 죽고 오합지졸만 남자 지난 수년간 왕으로서 자질을 성실하게 연마한 중종은 비로소 자신의 정치를 펼칠 포부를 드러낼 수 있었다. 중종은 조광조와 함께 그 일을 시작했다.

1506~1544년 ▶ 중종 임금 시대

이상국가를 꿈꾼
조광조의 개혁정치

**이상적 사회를 이루고자 한 조광조의 노력은
훈구 세력의 반발로 실패하고 말았다.**

조광조는 개국공신 조온의 5대손으로 태어났다. 조온은 이성계의 측근 무장이자 왕자의 난 때 태종을 도운 사람이다. 하지만 무인 집안인 탓에 문신으로는 인물을 배출하지 못했고, 집안도 그새 많이 쇠락했으니 집안을 일으키고자 하는 의욕이 당연히 강했을 것이다. 그래서 조광조의 아버지는 무오사화로 유배당한 사림파 김굉필을 찾아가 아들의 공부를 부탁하였다.

조광조의 학문은 김굉필에게 배우면서 빛을 발했다. 그는 도학정치에 대한 포부를 가졌다. 당시 조선의 유교정치는 현실적이고 실용적인 성격이 강했는데 이는 원리에서 벗어났음을 의미한다. 더군다나 계유정난 이후 공신들의 전횡이 심해지면서 점점 문제점이 심화되고 있었다. 그는 성리학의 원리적이고 교조적인 이상정치를 추진하여 이를 극복하고자 하였다.

갑자사화 때 김굉필의 제자라는 이유로 유배형에 처해진 그는 중종이 즉위한 후 이상을 펼치기 위한 활동을 시작하였다. 1510년 사마시에 급제하여 성균관에 들어갔는데 여기서 그는 도학 실천의 모범을 보이면서 추종자들을 모

126

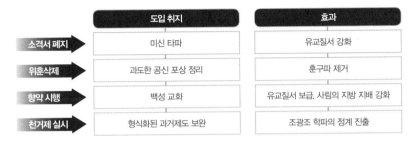

	도입 취지	효과
소격서 폐지	미신 타파	유교질서 강화
위훈삭제	과도한 공신 포상 정리	훈구파 제거
향약 시행	백성 교화	유교질서 보급, 사림의 지방 지배 강화
천거제 실시	형식화된 과거제도 보완	조광조 학파의 정계 진출

았다. 그는 항상 의관을 정제하고 몸가짐을 단정히 한 뒤 학문에 정진하여 자유분방한 이들로부터 손가락질을 받았다. 하지만 정통 성리학을 실천하려는 사람들에게는 숭배의 대상이 되었다. 마침내 1515년 알성시에 급제하여 관직에 나아갔는데, 그를 주목한 많은 이들의 추천으로 처음부터 6품 조지서 사지에 임명되는 파격적 대우를 받았다.

그해 마침 김정, 박상 등이 중종의 전 부인 신씨를 복위시켜야 한다는 상소를 올렸는데, 이는 정국공신들의 부당한 횡포를 비판하는 일이었다. 이에 공신을 대변하는 대사간 이행이 이들을 탄핵하여 이들이 유배형에 처해졌다. 그러자 당시 사간원 정언이던 조광조가 언로를 열어야 할 대간이 오히려 언로를 막았다며 대간 총사직을 요구하는 상소를 올렸다. 6품 사간원 관료가 사간원의 모든 관료를 공격한 것이다. 이 상소로 결국 대간들이 교체되고 이행도 물러나고 말았다.

이후 조광조는 거칠 것이 없었다. 불과 3년 만에 사헌부 우두머리인 대사헌으로 승진하면서 조선 조정의 전면 개혁에 착수하였다. 경연과 서연을 통해 중종과 세자에게 도학정치를 가르쳐 유교정치의 기본인 왕의 덕과 학문을 증진하는 데 노력했다. 중종은 하루 세 번의 경연뿐만 아니라 야밤에 보충수업까지 늘었는데, 조광조의 지루한 강의에 하품을 하면서도 "내가 좋아하는 것이다"라며 열성을 보였다.

개혁을 위해서는 도학정치를 지향하는 사림의 진출이 필요했다. 하지만 과거시험은 이미 형식화되어 유능한 사람들을 등용하는 데 한계가 있었다. 그래서 추천으로 관리를 뽑는 현량과를 실시했다. 총 120여 명이 추천되었고 이들을 시험으로 걸러내 최종적으로 28명을 선발하였다. 선발된 사람들은 대부분 조광조 학파였다.

백성을 교화하기 위해 향약을 시행하였다. 향약은 향촌 백성들을 교화하기 위해 주자가 수정한 여씨향약을 토대로 하는데, 덕업상권, 예속상교 등을 통해 유교 덕목을 백성에게 전파하는 것이 목적이었다. 이는 세종이 《삼강행실도》를 전파하고 김숙자가 유교 덕목에 맞지 않으면 노인도 우대하지 않았던 것과 궤를 같이하는 것이다. 처음에는 실정에 맞지 않아 어려움이 많았지만 점차 정착되어 이후 사림 지방 지배의 토대가 되었다.

조광조의 목표는 훈구로부터 조선을 구하는 것이었고, 사림이 정치에 참여한 직접적 동기는 경제적인 것이었다. 훈구의 대농장 경영과 토지 겸병, 평민의 노비 전락 등은 지방 중소 지주인 사림에게 생존권을 위협하는 문제였다. 그래서 조광조와 사림은 토지제도 개혁을 구상했다. 균전제나 한전제를 통하여 훈구의 대토지 소유를 금지하고 자영농을 육성하며 양민의 생활을 보장하는 것이 주된 내용이었다.

이 문제를 해결하기 위해서는 먼저 훈구의 기득권, 즉 공신전, 면책특권, 행정권력 등을 제거해야만 했다. 그래서 조광조는 위훈삭제를 들고 나왔다. 정국공신들 중 상당수가 허위로 공신작위를 받아 여러 특권을 받았는데 이를 박탈해야 한다는 주장이었다. 특권을 지키려는 훈구와 사림 사이에 치열하게 대결이 벌어졌지만 결국 위훈삭제는 이루어졌다. 하지만 공신을 박탈당한 자들 중에는 진짜 공신들도 꽤 있었으니 훈구 제거가 목표임이 분명했다.

훈구는 조광조의 칼날이 자신들을 직접 겨냥한 것을 알고 중종을 압박했다. 그들은 조광조가 당을 만들어 국론을 무너뜨린다고 공격하였다. 유교정치에서 파당은 금기였다. 중종 역시 조광조가 훈구를 제거하려 하자 위협을 느졌다. 중종의 본보기는 훈구와 사림을 적절히 대립시켜 왕권의 안정을 꾀한 성종이었다. 훈구가 제거되고 사림만의 세상이 온다면 왕권의 안정을 장담할 수 없었다. 더군다나 조광조는 왕의 자질과 덕목을 강조하고 자기 고집을 꺾지 않아 종종 왕에게 위협적인 행동을 했다. 훗날 이황은 이에 대해 "정세에 어둡고 타협 없이 무리하게 일을 추진하다 그르쳤다"라고 비판하였다.

결국 중종은 조광조와 사림이 위협이 될 것이라 생각해 훈구의 손을 들어주었다. 그래서 위훈삭제 4일 뒤인 1519년 11월 15일, 전격적으로 조광조와 사림들을 체포해 유배형에 처했다. 그리고 한 달 뒤 조광조 등을 사사하였다. 이것이 바로 기묘사화다. 이로써 중종 시대 이상사회를 향한 사림의 개혁정치는 4년 만에 좌절되고 말았다.

⊙ 역 사 메 모

1543년 경상도 풍기군수 주세붕이 최초의 서원인 백운동서원을 열었다. 서원은 지금의 지방 사립대라고 할 수 있는 교육기관으로, 선현의 제사와 성리학 연구를 주요 기능으로 하였다. 이후 서원은 지방 사림의 양성소이자, 사림 학파의 본부가 되어 사림 정치의 중심으로 자리 잡았다. 특히 백운동서원은 이후 명종 임금으로부터 소수서원이라는 이름을 하사받기도 했다. 하지만 사림 정치가 당파 싸움의 폐해로 물들자 1871년 흥선대원군이 900여 곳의 서원을 폐지하였다.

조선의 팜므파탈 황진이

개성은 고려의 수도였기에 조선 시대에는 저항적 분위기가 강했다. 그런 분위기에서 나온 말이 송도삼절이다. 송도삼절이란 박연폭포, 서경덕, 황진이를 말하는데, 송도에서 가장 빼어난 세 가지를 일컫기도 하지만, 변하지 않는 개성의 상징이란 의미도 있었다. 특히 그중에서도 황진이는 팜므파탈적 존재로서 뭇 남성을 유혹해 파멸시킴으로써 반항적 분위기를 상징했다.

황진이의 생몰연대는 알 수 없으나 대략 1520년대부터 1540년대가 전성기로 추정된다. 이때가 황진이의 20대부터 40대까지로 보이는데, 이는 중종 중기부터 말기에 해당한다. 그녀의 출생에 대해서는 양반 출신이란 설이 있는데, 어을우동이 양가 규수로 기생이 되었다가 사형되었기 때문에 법적으로는 불가능한 일이었다. 만약 사실이라면 중종 시대 통치체제의 문란함을 의미한다고 보아야겠다.

그녀는 여러 스캔들로 유명했는데, 특히 허명을 날리는 위선적 도학자들을 파문시켰다. 하지만 그녀가 단지 사랑을 도구로만 생각한 것은 아니었다. 그랬다면 그런 아름다운 시를 만들지 못했을 것이다. 서경덕을 존경하여 스승으로 모셨다는 소문도 그럴지만 소세양과의 사랑도 아름답다. 소세양은 판서 벼슬을 지낸 당대의 풍류가객으로 황진이를 찾아가 "네가 비록 대단하다지만 30일이면 족하다. 나는 30일 후 떠날 것이다. 만약 이를 어긴다면 내가 사람이 아니다"라고 장담하였다. 그로부터 30일 후 소세양이 떠나려 하자 황진이가 시를 한 수 바쳤다.

> 흐르는 물소리는 거문고 소리에 맞추어 차갑고
> 매화 향기는 피리 속에 스며들어 그윽하여라
> 내일 아침 서로 헤어진 후에는
> 그리는 마음 푸른 물결처럼 길리라.

이 시를 읽고 소세양은 "그래, 내가 사람이 아니다"라고 한탄하며 6년을 더 함께 살았다. 사랑을 알고 자신을 던질 줄 알았던 여인이 바로 황진이다.

권력을 둘러싼
대윤과 소윤의 대립

약해진 왕권 아래에서 신하들은 중종의 후계 구도를 둘러싸고
대윤과 소윤으로 나뉘어 대립했다.

많은 역사책은 중종 시대를 조광조까지만 다룬다. 하지만 중종은 무려 38년
을 재위했고, 조광조가 활약한 시기는 중종 10년부터 14년까지, 즉 전반기 일
부에 해당한다. 따라서 중종 후반기를 다루지 않는다면 이후 정치를 이해할
수 없다. 과연 중종 후반기의 역사는 어떠했을까?

　조광조를 제거한 이후 중종은 왕권을 안정시키기 위해 새로운 세력과 손을
잡고 힘을 실어주었다. 그들이 바로 외척이었다. 사실 그전에도 외척은 중요한
세력이었다. 세조 때부터 유난히 파평 윤씨와 청주 한씨에서 왕비가 많이 나
온 것도 유력한 공신 가문과 결혼동맹을 맺어 왕권의 안정을 꾀하는 것이 가
장 무난한 방법이었기 때문이다. 외가가 약했던 단종의 비참한 말로도 충분히
고려되었을 것이다.

　중종 역시 파평 윤씨와의 결혼동맹을 강조했다. 파평 윤씨는 세조비 정희
왕후 이후 성종비, 중종비까지 훈구 시대의 가장 강력한 외척 집안이었다. 중
종은 신씨와 강제 이혼당한 후 장경왕후 윤씨와 결혼하였고, 그녀가 인종을

낳고 산후병으로 죽자 다시 문정왕후 윤씨와 결혼함으로써 세조 이래의 권력 가문을 자신의 편으로 확고히 하였다.

중종은 윤씨 집안 중에서도 장경왕후 측보다는 문정왕후 측과 밀접한 관계를 유지하였다. 이것이 김안로 세력의 제거로 나타났다.

기묘사화 이후 조정을 주도한 것은 남곤 세력이었다. 남곤은 원래 김종직의 문하였지만 변절하여 정국공신 심정과 결탁했고, 위훈삭제 사건을 계기로 기묘사화에 앞장서 권력을 장악하였다. 하지만 그들의 세력이 지나치게 커지자 중종은 김안로를 내세워 남곤을 제거하였다. 김안로는 중종과 사돈지간이었다. 하지만 그 이후 김안로의 세력이 커지자 윤원형으로 하여금 김안로 세력을 제거하게 한 것이다.

그런데 김안로 세력이 제거되면서 이번에는 문정왕후와 윤원형 세력이 커졌다. 이는 세자의 왕위 계승에 적신호가 켜진 것을 의미했다. 문정왕후에게도 아들 경원대군이 있었기 때문이다. 더군다나 중종은 여느 왕과 달리 장성한 세자에게 대리청정을 시키지 않았다. 일반적으로 왕이 아프고 세자가 장성하면 대리청정을 통해 미리 정사를 익힐 수 있도록 하는데, 중종은 죽기 직전까지도 그러지 않았다. 이는 세자보다 경원대군에게 마음이 더 있다는 뜻이었다. 이 때문에 신하들은 세자를 지지하는 세력과 반대하는 세력으로 나뉘었다. 이를 대윤과 소윤이라 한다.

대윤의 지도자는 세자의 외삼촌인 윤임이었다. 윤임은 무과 출신으로 경주부윤을 지냈지만 학문과 지략이 다소 부족했다. 그래서 실제로 대윤을 이끌기엔 능력이 미치지 못했다. 하지만 대윤은 사림의 지지를 받고 있었다. 그 이유는 세자 때문이었다. 세자는 연산군과 정반대로 키워졌다. 어릴 때부터 총명하고 학업 능력이 우수하여 두 돌 때 천자문을 떼고 네 살 때 소학을 배웠다. 더군다나 세자의 스승은 조광조와 이황이었다. 세자는 자랄수록 조광조처럼 도학정치를 지향하는 모습을 보였다. 내외의 칭송이 자자하자 사림은 큰 기대를 걸었지만 훈구는 속이 탈 지경이었다.

대윤	소윤
특징 인종 지지	경원대군(이후 명종) 지지
주축 윤임	윤원형, 문정왕후
지지세력 유인숙(이조판서) 이언적(사림) 이해(이황의 형)	정순명(지중추부사) 이기(병조판서) 허자(공조판서)

　윤원형 등 경원대군을 지지하는 소윤은 문정왕후를 앞세워 세자 교체를 시도했다. 그러면서 세자의 주변에 이상한 일들이 많이 발생했다. 퇴선이라 하여 세자가 식사를 마친 후 남은 음식을 하급 관료들이 먹는데, 이상하게도 두어 차례 식중독 사건이 일어났다. 왕이나 세자는 독살의 위험 때문에 매우 엄격하게 음식 관리를 하게 마련인데 식중독이라니. 한번은 세자의 거처에 화재가 발생한 일도 있었다. 윤원형이 세자의 목숨을 노리고 있다는 소문이 은밀하게 돌았다.

　하지만 경원대군이 장성하기 전에 중종이 죽는 바람에 모두 음모론 수준에 그쳤고, 결국 세자가 즉위하니 그가 바로 인종이다. 인종의 즉위에 사림은 환호를 올렸다. 인종도 그에 부응하여 이언적 등 사림을 등용하고 조광조를 복권시키는 등 과감한 조처를 취하였다. 훈구의 위기감은 극도로 올라갔다. 야사에 따르면 문정왕후가 인종에게 "우리 모자를 언제 죽일 것이냐?"라며 강짜를 부렸다고 한다.

　하지만 거기까지였다. 인종은 불과 즉위 9개월 만에 죽고 말았다. 원래 병약했던 데다 독살 위협 탓인지 음식을 잘 먹지 못했고, 병에 걸려도 약을 먹지 않았다. 조선 역사에는 어의의 처방을 따르지 않고 직접 약을 쓰는 왕들이 있었는데, 인종도 그런 경우로 추정된다. 그러나 별로 좋은 방법은 아니었던 모양이다. 야사에서는 문정왕후가 인종을 독살했다고 하지만 확인할 방법은 없다.

아무튼 도학정치를 지향하던 왕은 이렇게 죽었고, 중종이 키워놓은 외척 세력이 권력을 잡았다. 열한 살의 어린 왕 명종이 즉위하면서 문정왕후의 섭정이 시작되었다.

○ **역 사 메 모** ┊--

이때 윤원형이 나라 권력을 차지할 것을 도모했으나 임금이 즉위하자 감히 간악한 꾀를 부리지 못하였다. 일찍이 절에 불공을 올려 임금의 수명이 길지 않게 해달라고 기도하였다. 밤중에 남산에 등불과 촛불 빛이 있어서 가만히 가서 살펴보니 원형이 등불을 켜놓고 손수 향을 피운 채 신좌(神座)에 경례하고 비는 말이 흉악하고 참혹해서 차마 들을 수 없었다. 또 궁중에 나무로 만든 사람을 묻어서 요망한 방술을 하였다.《연려실기술》

문정왕후의 인종 독살 시도에 대한 대표적인 기록이 바로 《연려실기술》에 나온다. 윤원형은 유명한 점쟁이를 불러 인종을 저주할 신당을 차리고 인형을 만들어 저주하였다.

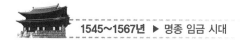

문정왕후의 섭정과
외척정치의 난립

**명종이 즉위하자 권력은 문정왕후에게로 넘어갔고
그녀의 섭정은 무려 20년이나 계속되었다.**

명종 시대 22년을 과연 명종 시대라 할 수 있을까? 이 어이없는 질문을 던지는 이유는 바로 그의 어머니 문정왕후 때문이다. 그녀는 명종이 열한 살에 즉위하자 섭정을 하였다. 당시까지 섭정은 형식적으로만 어머니가 맡고 실제로는 원상이 맡았다. 단종의 섭정은 김종서 등 고명대신이, 성종은 한명회 등 원상이 맡았다. 그런데 문정왕후는 대신들에게 맡기지 않고 자신이 직접 정사에 관여하였다. 여왕의 시대가 온 것이다.

섭정은 보통 왕이 성인이 되면 그만둔다. 명종 역시 성인이 된 명종 8년부터 친정을 선포하였다. 그러나 이후에도 문정왕후는 정사에 계속 간여하였다. 야사에 따르면 명종이 말을 듣지 않으면 종아리를 때리고 욕을 하고 심지어 따귀를 때렸다고 한다. 효라는 유교 윤리에 얽매인 명종은 어머니의 횡포를 극복할 수 없었다. 결국 문정왕후의 정치 간여는 그녀가 죽는 1565년까지 이어졌다. 명종이 1567년 죽었으니, 명종 치세 22년 중 20년 동안 문정왕후가 권력을 휘두른 것이다. 그렇다면 과연 이 시대를 명종 시대라 하는 것이 옳을까? 문정

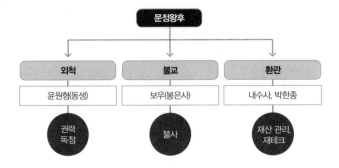

여왕의 시대라 하는 것이 옳지 않을까? 당시 사람들은 실제로 문정왕후를 여주(女主)라고 불렀다.

그렇다면 여주 문정왕후는 나라를 어떻게 통치했을까? 《경국대전》에 입각한 조선의 체제는 왕비가 정사에 간여할 수 없도록 만들어놓았다. 따라서 그녀가 정사에 간여하려면 비정상적 방법을 택해야만 했다. 그것이 바로 정난정, 보우, 박한종이었다. 즉 외척, 불교, 환관을 이용하여 측근정치를 한 것이다.

외척과 결탁한 왕실의 재산을 관리하는 곳이 내수사로서 외척 통치의 경제적 기반이었다. 이미 성종 때 내수사 소유 농장이 325개소였는데, 중종 때 일반 농민들이 내수사 노비로 들어가는 것이 가능해지면서 더욱 확대되었다. 명종 때 내수사 소유 농장은 전국에 걸쳐 있었는데, 심지어 비옥한 농토는 반드시 내수사에 빼앗긴다는 말이 나올 정도였다. 이 내수사의 토지를 관리한 이가 환관 박한종이다.

문정왕후는 불교를 지지 기반으로 삼기 위해 보우를 등용하는 한편 왕실을 위한 원찰을 많이 만들고, 원찰에 토지와 노비를 하사하였다. 보우가 도사린 봉은사나 태조 때 국가 사찰이었던 회암사 중건 등에도 많은 물자와 인력이 들어갔다. 이를 위해 하사한 토지와 노비도 상당했다. 왕후와 보우의 의도가 순수한 종교적 동기였다 해도 내수사 토지나 사원에 하사한 토지는 모두 면세전이었기 때문에 국가재정을 약화시켰다. 중종 초에 27만 석이던 국가 세입이 10만 석으로 떨어질 정도였다.

윤원형은 소윤 그룹을 이끌고 문정왕후를 보필했다. 사실 문정왕후의 통치가 가능했던 이유는 바로 윤원형 등 훈구들의 지지 때문이었다. 처음 훈구에는 한명회, 신숙주 등 유능하고 강력한 지도자가 있었다. 그래서 적당히 사욕을 채우면서도 나라 운영에 큰 지장을 초래하지는 않았다. 하지만 박원종, 유자광 이후의 훈구들은 정치적으로 유능한 인물을 배출하지 못했다. 그래서 점차 김안로, 윤임, 윤원형 등 외척에 의존하면서 기득권을 지키는 데 급급했다. 윤원형은 그들의 기득권을 지켜주는 대신 충성을 서약받고 사림의 도전을 물리쳤다.

기득권을 지키려는 수구세력 대 개혁세력의 대립으로 정국이 폭발한 것이 명종 즉위년의 을사사화였다. 인종이 죽고 명종이 즉위하자 윤원형은 말도 안 되는 트집을 잡아 윤임 등 대윤을 숙청하였다. 이때 인종을 지지하던 사림들도 한꺼번에 숙청당하였다. 1547년에는 양재역에 문정왕후를 비방하는 벽서가 붙었는데, 이를 대윤 잔당의 소행으로 몰아붙여 또 한 번 반대세력을 숙청하였다(양재역 벽서 사건). 이후에도 몇 년간 사림을 숙청하였는데 이때 이황의 형 이해도 유배길에 병사하고 말았다.

결국 명종대 정치는 문정왕후가 외척을 중심으로 훈구의 기득권을 지켜주면서 정권을 유지하고 그들의 이익을 극대화한 것으로 볼 수 있다. 당연히 이런 정치는 혼란스러울 수밖에 없어 실록에서 "나라가 망하지 않은 것이 다행이다"라고 평할 정도였다.

하지만 여주의 정치는 여주가 죽으며 끝났다. 명종은 즉각 윤원형과 보우를 유배 보내고 사림을 등용하여 강력한 개혁 드라이브를 걸었다. 비록 2년에 불과한 짧은 기간이었지만 사림의 개혁정치는 이후 선조대 개혁정치로 이어지면서 조선은 한 고비를 넘기게 된다.

보우의 등용과
불교 중흥 정책

문정왕후는 불교에 깊은 관심을 보이며
각종 불교 중흥 정책을 시행했다.

유교정치이념을 채택하고 그것을 실현하기 위해 노력했지만 역대 왕들은 모두 불교를 신봉했다. 태조는 회암사를 짓고 행궁을 만들어 거처하는 등 불교를 권력 기반 중 하나로 삼았고, 세종 역시 사적으로는 불교를 열심히 믿고 한글로 《월인천강지곡》을 편찬하였다. 궁궐 안의 불당인 내불당 문제로 집현전 학사들과 다툰 것은 유명한 일화다.

불교를 적극적으로 일으킨 왕은 세조다. 세조는 조선 왕으로는 이례적으로 강원도의 상원사 등에 행차하여 불사를 일으켰는데, 이와 관련하여 여러 전설을 남겼다. 또 심미 스님 등을 통해 자주 불사를 일으키고 불교를 후원하였다.

훈구대신들의 권력이 강화될수록 왕권은 불교에 더 많이 기대게 되었다. 경우에 따라서는 훈구대신들도 반대파로부터 자신을 지키려고 불교를 지지하기도 했다. "세조께서 일찍이 불교를 좋아하셨으나 정인지는 홀로 좋아하지 않았으니"(《성종실록》 9년 2월 27일) 하는 구절은 훈구대신들이 불교를 은밀히 믿는 경우가 종종 있었다는 의미다.

조선 전기 불교가 가장 성한 때는 명종대였다. 문정왕후의 불사 중창에 가장 적극적으로 참여한 이는 보우였는데, 그는 열다섯 살에 출가하여 금강산 등에서 수도하였다. 명종이 즉위할 때 회암사에 머무르다 왕후의 부름을 받았다. 당시 불교는 척불숭유 정책에 따라 탄압을 심하게 받아서 왕실을 제외하고는 불교에 귀의하기 어려웠다. 도첩을 제한하여 승려가 되기 어려웠고 시주를 받으러 다닐 수 없었다. 절을 새로 지을 수 없었고 낡아 허물어진 절은 관의 허락을 받아야만 수리할 수 있었다. 승려는 틈만 나면 나라의 부역에 끌려가 중노동에 시달리고 유생들은 절에서 술판을 벌이는가 하면 비구니를 희롱하고 승려를 두들겨 팼다. 이를 개혁하고자 하는 왕후와 보우의 마음이 일치하여 명종대 불교 중흥이 이루어진 것이다.

왕후는 보우를 봉은사 주지로 삼은 다음 대대적으로 중창하였다. 이로써 왕실에 두부를 납품하며 겨우 삶을 이어가던 봉은사가 일약 거찰이 되었다. 왕후는 태조의 회암사도 중창하는 등 이 시기 많은 절을 새로 짓거나 확장하였다. 승려들의 도성 출입이 빈번해져 이를 막던 관리가 귀양을 가기도 했다. 조선 전기 불화들이 대부분 이때 만들어졌는데 그 호화로움이 고려 불화보다 더했다.

불교 중흥과 관련한 가장 대표적 업적은 승과를 부활한 것이었다. 무려 4,000여 명이 급제하였는데, 선조 때 조선 불교를 이끌었고 승병 대장으로 임진왜란에서 나라를 구한 휴정, 유정 등이 모두 이때 승과에 합격했다.

하지만 왕후와 훈구의 폭정으로 보우와 불교는 함께 비난받았다. 보우와 불교계 역시 민생을 위한 개혁에는 이렇다 할 움직임을 보이지 않았다. 보우는 은둔과 출사를 반복하였고, 휴정과 유정은 깊은 산 조용한 절에 들어가 수도에 전념하며 현실 도피적 성향을 보였다. 문정왕후를 지지할 수도, 하지 않을 수도 없는 딱한 처지였기 때문이리라.

왕후가 죽은 후 보우는 개혁세력의 목표물이 되었다. 그는 한계산 설악사로 달아났다가 어느 승려의 밀고로 체포되어 서울로 압송되었다. 보우를 죽이라는 상소가 벌떼같이 올라왔는데 명종이 돌아가신 왕후의 체면을 보아 제주도 유배형으로 낮추었다. 하지만 얼마 후 제주목사 변협이 보우를 죽여버렸다. 이후 사림이 척불정책을 할 때 보우는 요승의 대명사가 되었고 정난정과 함께 명종 시절 폭정의 대명사가 되었다.

보우에 대해서는 긍정적 평가도 있다. 그의 불교 중흥책이 조선 불교의 명맥을 이었고 임진왜란 때 승병이 활약하는 계기가 되었다. 승병 대장 대부분이 이때 승과에 급제한 이들이었기 때문이다. 또 조선 중후기 불교 교리의 발전도 이 시기에 비롯되었다. 이를 토대로 조선 후기에 불교는 본격적으로 중흥기에 접어든다. 종교관이 편협한 유학자들 때문에 불교가 억압당할 때 이를 헤쳐나가도록 악역을 맡은 보우는 고려 말 신돈 같은 중흥의 존재였다. 하지만 문정왕후시대의 아픔으로부터 벗어날 수 없다는 점에서 오명 역시 벗을 수 없었다. 보우야말로 시대가 낳은 야누스적 존재가 아닌가 싶다.

악녀의 상징 정난정

정난정은 오위도총부 부총관 정윤겸의 천첩 소생이다. 영리하고 미모가 뛰어났으며 재치가 있었다. 윤원형의 첩이 되었는데 그의 처 김씨가 죽은 후 본처가 되었다. 실록에서는 이에 대해 "윤원형이 일찍이 자기 아내를 버리고 사랑하는 기생 난정을 시켜 독살시킨 다음 대비에게 청해서 부인으로 승격시켰기 때문에…"(《명종실록》 12년 5월 22일)라며 난정이 김씨를 독살하고 본처에 올랐으리라고 기록했다.

난정은 문정왕후가 사대부의 부인들(내명부)을 거느리는 데 도움을 많이 주었다. 또 윤원형과 왕후 사이의 연락을 맡아 왕후의 외척 중심 정치에 큰 역할을 하였다. 그래서 그녀의 권세 역시 대단하였다. "정준이 (임금에게) 진언할 때 한 손으로 바닥을 짚기도 하고 말하면서 웃기도 하는 등 언사가 몹시 거만하고 무례하였으므로, 같이 입시한 사람들이 분함을 참지 못하였다. 준은 곧 윤원형의 첩 정난정의 종형(從兄)으로, 사람들이 그의 기세를 두려워하여 비행을 규탄하지 못하였다."(《명종실록》 7년 3월 14일) 이 기록을 보면 그녀의 위세는 가히 왕을 능멸하는 수준이었던 모양이다.

그녀는 결국 윤원형과 함께 유배당한 후 자살하였다. 야사에서는 성난 민중이 정난정을 돌로 쳐서 죽였다고 한다. 2001년 〈여인천하〉라는 드라마에서 야심만만한 여인으로 그려졌지만, 역사 속 정난정은 정사든 야사든 결코 미화될 수 없는 악녀였다.

계속되는 사회모순과
임꺽정의 등장

과도한 수탈에 시달린 일반 백성들은
견디다 못해 도적 등으로 전락하고 말았다.

연산 시대에 관해 궁금한 것이 하나 있다. 어떻게 해서 당시 조선은 망하지 않았을까? 연산이 전형적인 패도였는데 말이다. 적절한 시기에 왕을 교체했기 때문일까? 아니다. 연산시대의 특징 중 하나가 의외로 민란이나 도적이 적었다는 점이다.* 여기서 우리는 조선의 유교정치체제의 강인함을 볼 수 있다.

다시 말하지만 유교는 전근대 사회에서 가장 발전된 체제였다. 민중을 유교로 교화하겠다는 민본주의가 바탕에 있었기 때문이다. 민본주의는 지배층의 지배 이데올로기지만 민중의 생활 안정을 중시했다는 점에서 선진적인 측면이 있다. 연산 시대 사화는 모두 지배층 내부의 갈등으로 일어났을 뿐 민중의 생활과는 직접 연관이 없었다. 민중은《경국대전》의 잘 만들어진 경제 시스템 속

---

* 보통 연산 시대에 활약한 홍길동 때문에 도적이 횡행한 줄 알지만 홍길동은 연산의 폭정이 본격화되기 전에 활약하다 잡혔다.

에서 최소한의 생존을 유지할 수 있었다.

오히려 문제는 연산 이후 중종과 명종 시대에 나타났다. 훈구들의 재산 증식이 본격적으로 백성의 생활에 영향을 끼치기 시작했기 때문이다. 대표적인 것이 방납의 폐단이다. 방납은 지역에서 정부에 바치는 공물을 상인에게 대신 납부토록 하는 제도로, 세조 때 훈구들이 본격적으로 시작하였다. 이는 공물 납부의 어려움을 해결하도록 만든 제도지만, 실제로는 지방 수령과 상인이 결탁해 폭리를 취하였고, 그로써 얻은 폭리를 대부분 훈구들이 가져갔다. 어찌 보면 상인은 이중 피해자일 정도였다. 백성에게 끼치는 피해가 너무 커서《경국대전》에서 금지했지만 면책특권이 있는 훈구의 횡포를 막을 자는 아무도 없었다.

그 밖에도 고리대를 통해 가난한 농민들의 토지를 빼앗거나 농민들을 노비로 삼거나 심지어 쌀을 매점매석하여 쌀값을 폭등시켜 큰 이윤을 취하기도 하였다. 심할 때는 중종 때 한 섬에 30여 필이던 쌀값이 명종 때 300필까지 뛰기도 하였다. 훈구의 자정 노력이 중종 이후 사라져 횡포가 광범위해지고, 이를 정부가 제어하지 못하면서 피해자인 농민들의 저항도 심해졌다.

황해도 봉산 지방은 갈대밭이 무성한 지역이었다. 이 지역 백성들은 이 갈대로 여러 수제품을 만들어 공물도 내고 생계에도 보탰다. 그런데 명종 8년에 갈대밭을 훈구들이 사유화한 뒤 백성들에게 팔아 이익을 남겼다. 물론 여기에 내수사도 끼었다. 이것이 의적 임꺽정이 탄생한 배경이다. 그런데 왜 하필 황해도였을까? 이는 당시 경제 사정과 밀접한 관계가 있다. 서울의 권세가들은 자신들이 사는 데서 비교적 가까운 곳에서 이권을 확장하려 했고, 황해도는 다른 지방에 비해 토호의 세력이 약해 권세가가 침투하기 쉬웠다. 또 15세기 이후 상업 유통망이 확장되면서 황해도와 경기도가 경제적으로 가까워진 탓도 있었다. 이로써 황해도는 서울 권세가의 경제적 착취에 직접 타격을 입었고, 이 지역의 저항은 역으로 권세가들에게 직접 손해를 입혔다. 서로 첨예하게 내립할 수밖에 없는 것이다.

임꺽정에 대해서는 1559년부터 조정에서 논의하기 시작했다. 내수사가 봉산 지역의 갈대밭을 빼앗은 지 3년이 지난 후였다. 임꺽정은 형 가도치와 모사 서림을 중심으로 수십 명을 이끌고 도적질을 했다. 실록의 기록으로는 그들을 의적으로 볼 수 없다. 그냥 전형적인 도적으로 길목에서 사람의 짐을 빼앗거나 민가 수십 호를 약탈하고 도망가는 식이었다. 단지 아전이나 백성들이 그들과 결탁했다는 기록, 또 그 유명한 "흩어지면 도적이요, 모이면 농민이다"라는 기록을 통해 백성들의 지지를 받을 만한 행동을 했으리라 추정할 따름이다.

그들은 황해도 지역 훈구의 이권을 위협했을 뿐 아니라 장물을 처리하기 위해 경기도의 주요 시장에서 활약하며 상거래를 뒤흔들었다. 나중에는 서울 시전까지 진출해서 물건을 사들였는데, 이는 매점매석 등으로 시장에서 이윤을 얻던 훈구에게 위협이 되는 행위였다. 정부는 대규모 군대를 동원하여 임꺽정 토벌에 나서 3년간 숨바꼭질을 한 끝에 1562년 가까스로 체포한 다음 보름 만에 전격 처형하였다.

임꺽정의 난은 당시 사회모순을 추적할 가늠자 역할을 한다. 그의 저항 경로와 훈구의 이윤 추구 경로가 일치하기 때문이다. 그리고 이에 대한 민중의 저항은 이제 조선이 심각한 변화의 기로에 놓였음을 웅변해주는 것이다.

◉ 역 사 메 모

명종 7년인 1551년, 당대 최고의 여류 화가인 신사임당이 죽었다. 16세기를 대표하는 여류 화가인 신사임당은 섬세하고 부드러운 필치로 다양한 정물을 꼼꼼히 관찰하여 유려한 색채로 그려냈다. 또한 율곡 이이를 키워낸 어머니로 널리 알려졌다. 남편에게 유언으로 "재혼하지 말 것"을 남길 정도로 사랑에 대범했던 그녀는 17세기 이후에는 어머니의 상징으로 숭배받기도 하였다.

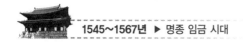
민생 파탄이 불러온
국방의 허점

농민층의 몰락으로 징집 대상자가 계속 감소했고
이는 곧 을묘왜변 등 국가적 위기로 이어졌다.

몰락한 농민들은 도적이 되거나 내수사의 노비로 들어갔다. 도적이든 노비든
모두 부역에서 면제되므로 국방에 큰 구멍이 나는 셈이다. 충청도 단양 지역의
경우 중종 초 500여 명에 달하던 인구가 명종 말에 40여 명으로 줄어들었다.
인구 이동이 거의 없는 시대라는 점을 감안하면 얼마나 많은 사람이 유망 상
태였는지 알 수 있다. 당연히 전쟁이 나도 군대로 동원할 장정이 없었다.

왜구나 여진과의 무력 충돌은 4군6진 이후에도 계속되었다. 세종의 쓰시
마 토벌과 세조의 이만주 토벌 등 큰 승리를 거두기는 했지만 성종, 중종 때도
여진이나 왜구와의 싸움은 계속되었다. 특히 후기 왜구의 활약이 본격화되는
1540~1550년대 왜구의 침략이 잦았는데, 결국 1555년 을묘왜변이 터지고 말
았다.

왜구는 크게 15세기의 전기 왜구와 16세기의 후기 왜구로 나뉜다. 전기 왜
구는 일본 가마쿠라 막부가 무너지고 남북조의 혼란시대가 오자 유망한 농
민이나 몰락한 무사들이 만든 해적 집단이다. 이들은 무로마치 막부가 성립된

이후 쇼군의 단속과 명나라의 감합무역을 통한 해상무역이 번성하면서 사라졌다. 후기 왜구는 무로마치 막부가 쇠퇴하고 전국시대의 혼란이 다가오자 일어났다. 특히 명나라가 1551년 감합무역을 단절하자 그동안 무역으로 이익을 취하던 일본과 중국 지방세력이 결탁하여 해적집단으로 변신, 밀무역을 하면서 명나라 남부 해안 지대를 중심으로 세력을 떨쳤다.

따라서 을묘왜변 때 쳐들어온 왜구는 기존 왜구와는 달리 전투력과 세력이 모두 강대했고, 사실상 임진왜란의 전초전 성격을 띠었다. 침략의 성격도 단순한 약탈이 아니라 세력을 과시하여 1510년 삼포왜란 이후 단절된 조일 무역을 재개하는 것이 목표였다. 반면 조선의 국방력은 앞에서 언급했듯 형편없었다.

1555년 5월 11일 전남 영암 달량포에 70여 척의 배를 타고 온 왜구가 상륙하였다. 이때 상황을 실록은 이렇게 평하고 있다.

사신은 논한다. 이때의 장수와 재상들은 국가에 변고가 없는 때에는 안일·부유·존귀·영화의 즐거움만 누리고 장구한 계책을 세우지 않으면서 오직 탐욕을 멋대로 부렸다. … 구차하게 자신의 이익만을 도모하고 국사는 돌보지 않았다. 외부의 오랑캐들이 쳐들어왔다는 변방의 경보가 이미 이르렀는데도, 조정에는 대신이 없고 외방에는 어진 장수가 없어 조치해갈 만한 계책을 내지 못하고 단지 전전긍긍하여 두려워하기만 하였다.《명종실록》 10년 5월 16일) *

전라도 병마절도사 원적이 한온, 이덕견 등과 함께 군사를 거느리고 맞서 싸웠으나 참패하고 항복하여 목숨을 구걸하였다. 하지만 원적과 한온은 처형되고 이덕견만 겨우 탈출하였다. 전라도의 주력부대가 무너지자 왜구는 무인지경을 달리며 진을 무너뜨리고 약탈을 일삼았다. 이에 대해 조정은 "속수무책

---

* 하지만《명종실록》을 편찬한 지 21년 뒤 임진왜란을 준비 없이 당하였으니 사관의 평이 진실한 반성에서 비롯된 것이 아님을 알 수 있다.

으로 앉아만 있었으며 대신들은 비록 날마다 비변사에 모였지만 계획하는 것이 하나도 시행할 만한 방책이 없었다."(《명종실록》10년 5월 16일)

위기감을 느낀 조정은 서울 방위 계획을 논의하고 승군을 동원할 것을 의논하는 등 우왕좌왕하였다. 전라도의 일부 수령들이 휘하 군사를 이끌고 왜구와 접전하기도 했으나 패했다. 장흥부를 지키기 위해 파견한 유사와 이수남, 강진을 지키기 위해 파견한 이희손 등은 왜구가 온다는 소문만 듣고 도망쳤다. 이 때문에 장흥부는 겨우 50여 명의 왜구에 점령당했다.

왜변은 5월 24일부터 25일 사이, 서울에서 3,000명의 군사를 이끌고 내려간 방어사 남치근과 김경석 등이 영암성에서 승리를 거두며 겨우 수습되었다. 왜구는 기세가 불리하다 생각되자 후퇴하였는데 조선군이 추격하지 않자 이후 녹도와 제주도 등을 공격하고서 물러갔다. 이때 왜구를 물리치는 데 큰 공을 세운 무기는 속칭 애기살이라고도 불리는 편전으로, 총통이 거의 쓰이지 않아 국방에 큰 허점이 있었음을 알 수 있다.

왜변은 끝났지만 중종에서 명종에 이르는 시기 재정 파탄과 농민의 몰락이 국방에 얼마나 치명적인지는 여실히 입증되었다. 율곡 이이가 십만양병설을 제기한 것도 단순히 군대를 육성하자는 것이 아니라 그 근간이 되는 민생과 재정을 정비하자는 것이었다. 하지만 사림의 시대에도 이 문제를 해결하는 데 실패함으로써 우리는 결국 임진왜란이라는 미증유의 재난을 겪고 말았다.

제3장

붕당의 시대

소작농의 생활

박 양반네 농지를 부쳐 먹는 전호(소작인) 돌돌이는 한숨을 푹 쉬었다. 그는 원래 이 지역의 소규모 자영농이었다. 그런데 5년 전 흉년이 들고 말았다. 농사를 완전히 망쳤지만 공물로 바쳐야 할 담비 가죽을 마련해야 했고, 이를 위해서는 방납하는 상인에게 면포 600필을 모아서 내야 했다. 방납은 오직 관에서 지정한 상인에게만 해야 하니 가격을 흥정할 여지가 없어서 속만 태우다 할 수 없이 동네 양반에게 고리대로 곡식을 꿔서 냈다. 하지만 갚을 길이 없어 결국 농토를 팔고 전호로 전락한 것이다.

신세를 생각하면 당장 죽고 싶지만 이게 벼랑 끝이 아니었다. 그가 농사짓는 땅에서 거두는 1년치 소출은 쌀 50석이었다. 하지만 지대로 15석, 세금으로 7석을 내고, 환곡을 갚고 생활필수품을 사려면 8석, 그리고 종자석 5석을 제하면 15석이 남았다. 1년에 식구를 먹여 살리려면 17석이 필요한데 2석이 적자다. 2석이면 한 달 이상 식량이 빈다. 또 환곡을 꾸어 먹고살아야 하는데, 내년부터 지주가 지대를 3, 7제에서 4, 6제로 올리자고 한다. 다른 동네는 5, 5제를 한다는 것이다. 4, 6제로 하면 지대로 20석을 내야 하니 7석이 적자다. 그러면 환곡으로는 어림도 없고, 또 양반에게 고리로 꾸어야 한다.

남은 것은 몸을 파는 일, 즉 노비가 되는 일밖에 없었다. 마침 양반네가 자기네 노비 마당쇠에게 딸을 시집보내라 했다. 노비의 처니 신분상으로야 양인이지만 노비나 다름없고, 더군다나 그 자식은 종부법에 따라 노비가 된다. 종부법은 자식은 아버지 신분을 따른다는 법인데, 사실상 부모 중 한 사람만 노비여도 자식은 노비가 된다. 나라에서는 종모법을 적극 장려한다지만 노비를 늘리려는 양반가들은 종부법을 사용하였다. 딸을 시집보내는 대가로 쌀 10석을 주겠다는데, 어찌해야 할지 모르겠다. 그러니 절로 한숨이 나오는 것이다.

살 방도가 하나 있기는 했다. 관노비가 되는 것인데, 이를 유식한 말로 투탁이라 했다. 관노비는 노비라도 할 만하다. 노비는 일단 세금도 부역도 지지 않는다. 거기다 관노비는 나라 노비라 양반의 횡포로부터 자유롭다. 심지어 출산휴가도 있다. 《경국대전》에 규정한 대로 출산 전 한 달, 출산 후 50일을 주며, 남편도 산후 15일 휴가를 준다. 신공을 바치고 남은 것을 알뜰히 모으면 재산을 모을 수도 있어서 어느 성균관 노비는 땅도 사고 노비도 사들였단다. 노비가 노비를 부리는 세상이니 노비라고 꼭 나쁜 것은 아닐 것이다. 하지만 관에서는 투탁 역시 엄하게 규제하고 있다.

박 씨댁은 음식 짐을 지고 절에 가는 길이었다. 박 양반의 여동생인 그녀는 천첩 소생의 얼자이기 때문에 양반 대접을 받지 못했다. 그녀의 어머니는 어느 집안 여종이었는데 제법 자색이 곱고 착해서 박 양반 아버지의 눈에 들어 딸 둘을 낳았다. 하지만 노비의 자식은 노비 주인의 소유라서 두 딸 모두 여종이 되었다. 다행히 박 양반의 아버지가 말 한 마리를 주인에게 주고 그녀를 양인으로 만들어(속량)주었다. 양반의 천첩 소생들을 속량시키는 것은 《경국대전》에도 있는 조항이지만 돈이 많이 드는 일이어서 자애로운 아버지를 만나야 가능했다.

박 씨댁은 그 뒤 역시 서얼이지만 신분의 굴레에서 벗어난 지금의 남편과 결혼하였다. 남편은 작년에 만들어진 납속책에 따라 쌀 80석을 나라에 바치고 허통을 허용받았다. 그래서 과거를 보기 위해 절에 들어가 공부를 시작했는데, 절의 신세를 지다보니 종종 중들을 먹여야 했다. 이번에도 고기와 술을 장만해 가지고 올라가는 길이다. 세상에, 중들이 고기에 술이라니!

가난한 집안에서 백수인 남편을 뒷바라지하는 것은 힘든 일이다. 남편이 신분의 굴레에서 벗어났다 해도 적자들이 나서서 재산상속을 막는 바람에 거의 받지 못했다. 재산상속에서 서얼 차별은 원래 없었는데 어느새 생겨나 점점 심해지는 추세여서 이대로 가면 완전히 소외될 것 같다. 같은 아버지의 정기를 받아 태어났고 이제 같은 양반인데 왜 이리 형제들끼리 박한지 모르겠다.

남편 뒷바라지를 하는 박 씨댁의 노력은 스스로도 대견하고 남이 보면 눈물겨울 정도였다. 낮에는 농사를 짓고 밤에는 베를 짰다. 노동에 지친 고단한 몸을 끌고 저녁에 베를 짜면 한 필 짜는 데 석 달이 걸리고 그나마 재주가 남들보다 덜하면 하급 베를 짜서 값도 제대로 받지 못한다.

하지만 그뿐이 아니었다. 일곱 살, 다섯 살 난 아들과 딸을 앉혀놓고 한글을 가르치는 것도 그녀 몫이었다. 다행히 아이들이 어려서 지금은 같이 놀지만 조만간 둘을 떼놓아야 할지도 모르는데 그러면 각각 가르쳐야 하니 더욱 힘들 것이다. 남편이 절에 가 있으니 조상 제사도 그녀 몫이다. 온몸이 고단하고 삶이 팍팍하기 이를 데 없다.

하지만 그때마다 그녀를 속량해준 아버지와 그녀를 따뜻하게 안아주는 남편 생각을 한다. 그러면 아랫배에서부터 힘이 나고 어딘가 든든한 생각이 든다. 그녀는 남편과 아들 교육에 대해 의논할 생각을 하며 다시 산길을 재촉한다.

방계 임금 선조의 즉위와
붕당의 시작

취약한 왕권의 시대는 계속되었고
동인과 서인의 붕당이 시작되었다.

1565년 9월 서른한 살의 명종이 병석에서 일어나지 못했다. 문정왕후가 죽은 지 넉 달, 보우와 윤원형을 제거한 지 두 달 뒤였다. 명종의 장남 순회세자가 이미 죽었기 때문에 왕위 계승권자가 없는 상황이었다. 이에 영의정 이준경이 명종비 인순왕후에게 후사를 결정할 것을 청하였다. 명종과 인종은 소생이 없었고 중종의 후궁 소생이 여럿 있었는데 인순왕후는 이 중 덕흥군의 아들 하성군을 지목했다.

그런데 명종이 기적같이 쾌유하여 일어났고, 하성군과 이준경의 처지가 난처해졌다. 명종은 진노하여 자신이 아직 젊기 때문에 아들을 얻어 세자를 세우겠다고 선언했다. 그런데 얼마 후 다시 명종이 앓아눕기 시작했다. 결국 2년 후인 1567년 명종은 서른세 살로 죽고 말았다. 죽을 때 몹시 고통스러워 유언도 제대로 남기지 못했다. 이에 이준경과 인순왕후가 하성군을 왕으로 세우니 그가 곧 선조다.

선조는 왕위 계승에 콤플렉스가 있었다. 명종의 직계가 아닌 중종의 후궁

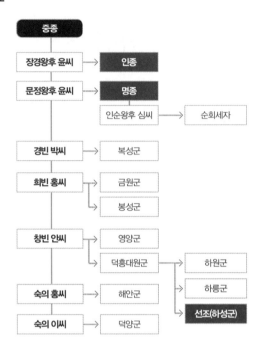

소생 손자로 방계였다. 왕위 계승에서 한참 벗어난 사람이 왕이 되다 보니 정
통성이 취약했다. 그는 이 문제를 도학 군주로서 해결하려 했다. 즉 가장 유교
적인 군주가 됨으로써 취약한 정통성을 만회하려고 한 것이다. 그래서 사화로
희생당한 사림을 복권하는 한편 재야의 사림을 적극 등용하고 그들의 개혁정
치를 실현하려 노력했다.

　이런 측면에서 선조에게는 두 가지 과제가 있었다고 할 수 있다. 하나는 왕
권을 안정화하는 것이었고, 또 하나는 사림의 개혁과제를 완수하는 것이었다.
사실 그는 개인적으로 아주 운이 나쁜 왕이었다. 그가 재위할 때 임진왜란이
일어났기 때문이다. 미증유의 대전란은 그를 역사상 가장 무능한 왕으로 만들
었다. 하지만 선조의 정치적 행보와 이후 조선 후기 정치의 진행과정을 살펴볼
때 그는 중요한 전기가 되는 왕이었다.

사림의 시대에는 왕권이 약했다. 그들은 정도전처럼 패도인 왕은 단호히 몰아낼 수 있다고 믿는 세력이었다. 따라서 왕은 자신의 권위를 지키기 위해 신하들끼리 적절히 견제하도록 했다. 성종이 훈구와 사림을 대립시켜 적절히 통제한 것처럼 선조 이후의 왕들 역시 당파 간 대립을 이용해 왕권을 적절히 유지하였다. 이것이 붕당정치로, 선조 때 시작되었다. 따라서 붕당정치의 시작 시기에 해당하는 1575년부터 1593년까지는 매우 중요한 의미를 갖는다.

붕당정치는 동인과 서인의 분당으로 시작하였는데, 처음에는 동인이 주도권을 행사하였다. 이황의 맥을 이은 동인은 훈구정치 청산을 강력히 주장하였기 때문에 개혁정국의 중심세력이었다. 하지만 선조는 훈구정치로부터 자유로울 수 없었다. 세조 이후 왕과 훈구는 밀접한 관계였다. 당장 명종비인 인순왕후와 그 외척 심씨 가문의 후원으로 왕이 된 처지였고, 외가도 정난공신 정인지 집안이었다. 따라서 훈구정치를 무조건 청산하다 보면 왕권에 위협을 받을 수 있었다.

그런데 서인 가운데는 훈구와 연결된 사람들이 많았다. 처음에 서인이 소수였던 이유도, 이이가 서인 편을 든다고 비난받았던 이유도 이 때문이다. 동서 붕당의 원인이 된 심의겸과 김효원이 대립한 것도 심의겸이 외척 심씨 가문 사람이었기 때문이다. 김효원 등은 외척 출신인 심의겸이 개혁 시기 인사 실무 담당자로 적절치 않다고 주장했는데, 이는 왕실의 인척 출신인 정철 등 서인 수뇌부에게 대단히 위협적인 공격이었다. 하지만 선조로서는 서인이 온건하고 자신에게 유리해 보였을 것이다.

1589년 정여립의 난으로 일어난 기축옥사는 중요한 전기가 되었다. 선조는 서인 강경파인 정철을 수사 총책임자로 앉히고 동인을 닥치는 대로 잡아들였다. 많은 이들이 고문을 당하고 죽음을 당한 무리한 옥사였다. 그래서 후세 사람들이 정철을 독철(毒澈), 간철(奸澈)이라고 욕할 정도였다. 이 과정에서 수많은 동인과 강경 개혁파 대부분이 숙정되었다. 선비 1,000여 명이 화를 낭하셨다는 유성룡의 증언은, 사실상 '싹쓸이'였음을 말해준다.

하지만 서인도 사림이고, 개혁파가 일당 독재하는 것은 더욱 위험한 일이었다. 1591년 정철이 세자 책봉 문제를 아뢰자 선조는 이를 트집 잡아 그를 유배 보내고 서인을 숙청한 뒤 동인 정권을 수립하였다. 사실 세자 책봉 문제는 왕의 사후를 대비하는 것이라 매우 민감한 문제였으니, 정철이 매우 경솔했음을 알 수 있다. 선조는 이러한 기회를 놓치지 않은 것이다.

그러나 임진왜란이 일어나 국가가 위기상황에 빠지자 1년 만에 정철 등 서인을 복직시켰다. 위기 상황이 닥칠 때마다 적절히 반대당을 등용해 견제함으로써 왕권을 유지한 것이다. 이는 서인 원균과 동인 이순신처럼 전쟁 기간 장수들 기용에도 그대로 관철되었다. 전쟁이 끝난 후에는 공을 세운 이들을 공신에 책봉하였는데, 호성공신이라 해서 선조의 피난길을 도운 사람들을 주로 포상했다. 이 때문에 호성공신 상당수가 환관이었다. 정작 전쟁에 공을 세운 장수들, 특히 의병장들은 거의 포상을 받지 못했다.

선조는 세조 이후 두 번째로 '조'를 묘호로 받은 왕이다. 물론 임진왜란 때 나라를 지켜낸 왕이란 의미로 받은 것이지만, 전기에서 후기로 넘어가는 정치의 기본 틀을 잡았다는 점에서 매우 중요한 존재다. 단지 아쉬운 점은 사림이 추진했던 개혁이다. 임진왜란이 일어나지 않았다면 선조 시대 사림의 개혁정치가 얼마나 진행되었을까? 임란으로 훈구정치의 폐단을 척결하는 데서 전쟁의 피해를 복구하는 것으로 정치의 과제가 바뀌면서 선조의 정치는 왕권 유지 차원에 머무르고 말았다. 이는 사림의 개혁 실패와 보수화로 귀결되었다. 참으로 안타까운 결말이 아닌가?

혼란과 안정이 공존한
붕당정치의 시기

사림은 훈구를 몰아내고 언론과 학문을 장악했지만
정치적 이해관계에 따른 붕당이 확고해졌다.

1555년 영남 사림의 스승 조식이 상소를 올렸다. 여기서 조식은 문정왕후를 과부, 명종을 고아나 다름없는 사람이라고 표현한 뒤 문정왕후의 외척 중심 정치를 통렬하게 비난하였다. 이에 명종이 대노해 어찌 왕에게 욕설을 하냐며 당장 벌을 주라고 했다. 하지만 성균관 유생 수백 명이 들고일어나 덕망 있는 선비의 말을 탄압하지 말라고 탄원했고, 결국 명종은 처벌을 포기하였다. 을사사화와 양재역 벽서사건 등으로 사림을 쓸어낸 지 불과 몇 년 뒤의 일이었다. 이토록 사림은 끈질기게 조정에 진출하며 자신들의 목소리를 냈다.

사림의 진출을 막을 수 없었던 이유는 과거제도 때문이었다. 비록 훈구의 자제들이 부정시험으로 합격하기는 했지만 많은 과거 급제자가 학식과 문장이 뛰어난 유학자들이었다. 당시 지방의 사림들은 지주전호제를 중심으로 한 안정적 경제 기반, 향약을 토대로 한 사회적 기반, 서원을 중심으로 한 학문적 기반을 통해 지식 사회 전반을 상악하고 있었다. 따라서 사림들은 시산이 흐를수록 성균관과 삼사 등 학문과 언론을 장악하며 훈구를 압박했고, 마침내

▼ 붕당정치의 전개

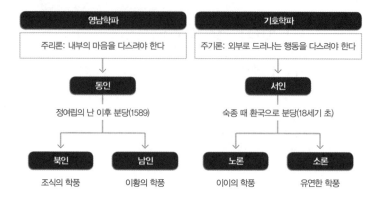

명종 말 선조 초에 정권을 장악하는 데 성공한 것이다.

그들의 기반을 좀더 자세히 보자. 먼저 경제적 측면에서 보면, 명종 때 국가 재정이 파탄나면서 녹봉 지급이 원활하지 못했다. 또 수조권제도가 세조 때 직전법으로 바뀌어 수혜자가 줄어들었고 그마저 명종 때에는 실질적으로 폐지되었다. 과거에 급제해도 사실상 월급으로는 생활하기 어려웠다. 이 때문에 관료들은 훈구나 사림 할 것 없이 모두 사적으로 토지를 소유하려고 노력했다. 그리하여 16세기에는 양반이 토지를 소유하고 땅이 없는 농민들에게 대여하여 농사짓게 하는 지주전호제가 크게 유행하였다.

양반과 농민의 관계가 고용주와 피고용자의 관계로 바뀌면서 피고용자 통제가 시급한 과제로 떠올랐다. 이를 위해 적극 권장된 것이 향약이었다. 중국은 이미 송나라 때 지주전호제가 널리 퍼져 신유학자들이 향약을 만들어 유포하였다. 조선에서도 이를 받아 조광조가 향약을 시행하였고, 이후 이황 등이 조선 실정에 맞게 변형하여 확산해나갔다.

사림이 훈구를 몰아낼 수 있었던 원동력은 향촌의 확고한 사회경제적 기반 덕이었다. 하지만 이 기반은 정권을 잡은 이후에는 한계로도 작용했다. 지주로서 기득권을 지키기 위해 신분제는 더욱 엄격히 지켜졌다. 경영상 문제로 대지주와 중소지주가 대립하는 일도 많았다. 과거 훈구가 즐겨 사용하던 재테크 방식을 그대로 차용한 지주들은 과감한 개혁에 반대하였다.

사림은 크게 보면 대지주의 이익을 옹호하며 정치적 안정을 우선하는 세력, 중소지주의 이익을 옹호하며 훈구세력을 말살하려는 세력, 원칙적인 도학정치를 주장하는 세력 등으로 나타났다. 이들은 학파와 스승, 정치적 이해관계에 따라 동인과 서인으로 나뉘었다. 보통 서인은 이이의 기호학파, 동인은 이황의 영남학파로 나누지만, 윤두수처럼 이황의 제자가 서인이 되는 경우도 있었고, 정여립처럼 이이의 측근이 동인이 되는 경우도 있었다. 물론 조식과 그의 제자들처럼 붕당정치를 거부하고 초야에 은둔하는 사림도 꽤 있었다.

심의겸과 김효원의 대립으로 시작된 동서 붕당정치는 처음에는 감정적 대립으로 심각한 문제를 일으켰다. 정여립의 난이 대표적이다. 하지만 이후 붕당정치는 학파적 성격을 강화하면서 국가 경영을 위한 이론투쟁으로 발전하였고, 왕을 중심으로 적절히 상호공존하면서 17세기 정치 안정에 크게 공헌하였다. 민주주의가 약간의 혼란과 갈등을 수반하듯, 붕당정치 역시 비슷한 부작용을 갖고 있었다.

정여립의 난과
기축옥사

유교 원리주의자 정여립이 제거되면서
그와 관계된 수많은 동인이 사사되었다.

1589년 10월 2일 황해도에서 조정에 비밀 장계가 올라왔다. 정여립의 대동계
가 역모를 꾀하고 있다는 소식이었다. 놀란 선조가 대신들을 불러들이자 정권
을 잡고 있던 동인은 고개를 갸웃했다. 같은 동인인 정여립이 역모를 꾀할 이
유가 없었고, 대동계는 왜구 토벌에도 동원된 널리 알려진 조직이었다. 더군다
나 정여립은 전라도 사람인데 장계는 황해도에서 올라왔다. 지금으로 치면 경
상도의 여당 정치인이 공개 조직을 통해 역모를 꾀한다고 전라도에서 고발이
들어온 격이었다. 그래서 일단 정여립을 불러들여 자초지종을 들어보자는 식
으로 대충 결론이 났다.

그런데 10월 7일 정여립이 도주했다는 보고가 들어왔다. 이어 11일 서인의
영수 정철이 비밀 상소(차자)를 올려 역적을 엄벌하고 계엄을 선포해야 한다고
주장했다. 같은 서인인 김장생이 남긴 《송강행록》에는 역모 고발이 올라오자마
자 정철은 정여립이 달아날 것이라며 입궐을 서둘렀다고 기록되어 있다. 관직
에서 물러나 낙향해 있던 정철이 정여립 역모사건을 이미 꿰뚫고 있었다? 정

철은 정여립의 역모를 기대하고 있었을까?

이로부터 1년여 동안 선비 1,000여 명이 화를 입은 대옥사인 기축옥사가 일어났다. 기축옥사는 정여립의 난에서 시작되었지만 동인과 많은 사람이 화를 입으면서 선조시대 정치에 큰 영향을 끼쳤다. 하지만 이 사건은 다분히 조작되고 확대된 측면이 있었다.

먼저 정여립은 어떤 인간인가? 그는 1546년 태어나 1570년 문과에 급제하였다. 학문과 재주가 뛰어나 이이의 총애를 받았지만 선조는 별 이유 없이 그를 탐탁하게 여기지 않았다. 이이가 선조에게 이유를 물어볼 정도였다. 그런데 이이가 죽은 후 정여립은 동인으로 당을 옮겼다. 평소 정여립을 불신하던 선조가 이를 질타했고, 결국 정여립은 관직을 버리고 전라도 전주, 김제에 정착해 제자를 키우고 학문을 연마하였다. 그는 신분에 구애받지 않고 사람을 사귀었고 대동계를 만들어 친목을 도모하며 왜적에 대비하였다. 천하는 공물인데 어찌 따로 주인이 있느냐며 역성혁명과 왕도정치를 주장하는 급진적이고 원리적인 유학자이기도 했다.

과연 정여립은 선조에 대한 불만으로 역모를 꾀했을까? 하지만 사건 이후 동인은 강한 음모론을 제기하였다. 의혹 중 하나만 들어보자. 만약 정말로 대동계를 이용해 역모를 꾀했다면, 공개 조직으로 운영한 이유는 무엇이며, 더군다나 발각되었을 때 정여립이 왜 그들을 동원하여 싸우지 않고 도망치다 자살했을까? 야사에서는 죽도의 별장에서 동지들과 노닐다가 갑자기 들이닥친 군사들에게 살해되었고, 이후 장수들이 짜고 "역모가 발각나자 도망치다 자살했다"고 거짓 보고했다고 한다.

사실 정여립의 난은 정여립으로 대표되는 과격하고 유교 원리적 주장을 펴는 사림들을 제거한 사건으로 보인다. 정여립의 천하공물 주장도 새로운 것이 아니라 《예기》에 있는 말로, 정도전 이래 왕도정치의 원칙적 주장이었다. 하지만 이는 왕에게 위협적이었고 더군다나 방계 소생이라는 선조의 콤플렉스를 건드리는 것이었다. 또 집권세력인 사림으로서는 부담스러운 주장이 되었고,

더군다나 서인같이 타협적인 정치세력에게는 더욱 문제가 되었다.

선조와 정철 등이 이 사건을 빙계로 과격파들을 소탕하려 한 것은 사건 전개 과정을 보아도 명백하다. 조식 문하 최영경 등 재야 사림이 별 이유도 없이 정여립의 당으로 몰려 죽임을 당했고, 그 밖에 많은 이들이 가혹한 고문 끝에 판결도 받기 전에 옥에서 죽었다. 심지어 이런 일도 있었다.

당시 조사(朝士) 김빙(金憑)이라는 자가 있었는데 평소 눈병을 앓아 바람만 쏘이면 눈물이 흘러내렸다. 여립을 추형(追刑)할 때 김빙이 반행(班行)에 서 있었는데 날씨가 너무 추워 흐르는 눈물을 아무리 닦아도 어쩔 수 없었다. 이 때문에 그는 논핵을 입고 국문을 받다 죽었다. 이 당시 와언(訛言)이 날로 일어나 대론(臺論)이 매우 준엄하였으므로 이런 식으로 억울하게 걸려든 자가 많았다.《선조수정실록》23년 3월 1일)

반면 동인이면서도 온건파였던 유성룡, 이산해 등은 대부분 무사했다. 오히려 선조는 이들을 불러 격려하기까지 했다.

결국 정여립의 난은 비판세력이 집권세력으로 전환하는 과정에서 이상과 현실의 선을 그은 사건으로 볼 수 있다. 이로써 사림은 진정한 집권세력이 되었지만, 그들의 개혁에 일정한 한계를 규정하면서 앞으로의 발전에 스스로 장애물을 설치한 꼴이 되었다. 이는 임진왜란 이후 격변기에 결정적 약점으로 드러난다.

ⓞ **역 사 메 모**

정여립에 대해서는 이런 측면도 생각해볼 수 있다. 당시는 사림들이 지주전호제를 기반으로 사유재산권을 확산해가는 분위기였다. 이는 역사적 흐름상 매우 중요한 부분인데, 이를 토대로 자본주의의 맹아가 형성되었기 때문이다. 18세기 유럽의 시민혁명을 주도한 계몽주의자들이 사유재산권이야말로 가장 기본적인 인권이라고 주장한 것을 상기할 필요가 있다. 따라서 토지공유제 등 급진적 주장을 펴는 정여립은 동서 상관없이 위험인물이었다. 정여립은 유교 원리주의에 입각하여 원시 공산제적 주장을 펴다가 성장하는 자본주의적 흐름에 철퇴를 맞았다고 볼 수도 있다.

처절하고 참혹한 전쟁 임진왜란

**7년간의 전쟁은 결국 승리로 끝났으나
조선은 너무 많은 것을 잃고 말았다.**

임진왜란은 그 자체만으로 책 한 권의 소재가 될 수 있다. 지면의 한계로 임진
왜란을 모두 보는 것은 무리이니, 여기서는 전쟁의 핵심을 짚고 그 의미에 대
해 생각해보자.

　임진왜란을 미리 대비하는 것은 불가능했다고 생각한다. 일본이 동원한 군
사는 모두 35만여 명으로, 이 중 절반인 17만 명이 쳐들어오고 나머지 절반은
본토에서 대기했다. 그들은 조총 등 서양무기로 무장한 신식 군대였다. 그때까
지 역사상 일본이 한반도에서 정규전을 시도한 적은 한 번도 없었다. 따라서
조선이 이를 대비한다는 것은 천동설에서 지동설로 바꾸는 것만큼이나 인식
전환이 필요한 일이었다.

　1588년 일본 사신이 조선에 와서 전쟁을 공언하자 조정은 전쟁 대비에 돌입
했다. 육군 소대장 이순신이 해군 함대 사령관으로 발탁되고 신립과 이일 등
주요 육군 지휘관이 임전태세를 점검하였으며, 부산성, 동래성 능 영남의 많
은 성을 보수하거나 개축하였다. 그런 분위기였기에 이순신이 미리 거북선을

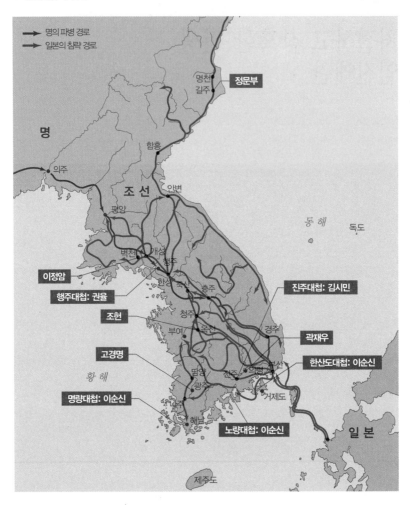

▼ 임진왜란의 전개

만들었던 것이다. 거북선은 태종 때 처음 만들었지만 정규 해전용으로 개량한 사람은 이순신이다. 이 정도라면 을묘왜변 때 쳐들어온 왜적 정도는 간단히 물리칠 수 있었다.

당시 조선이 상상할 수 있는 일본군의 전력은 그 정도였다. 그 이상은 물리적으로 무리였다. 그 이상의 전쟁을 준비하려면 국가 시스템을 바꾸어야 했다.

명종 때 이미 파탄 난 국가재정을 확충하기 위해 모든 양인에게 세금을 걷어야 하고, 민생과 산업을 위한 재정을 국방으로 돌려야 하며, 문신 위주 정치를 무신 위주로 바꾸어야 했다. 전쟁이란 누구도 예측할 수 없는 사건인데, 더군다나 전면전을 한 번도 치른 적이 없는 나라와 전쟁하기 위해 국가 시스템과 지배층마저 바꾼다는 것이 말이 되는가?

이는 일본도 마찬가지였다. 일본은 처음으로 대외전쟁에 나섰기에 어찌 준비해야 하는지 전혀 몰랐다. 그저 전국시대 구니[國] 간 전쟁만 생각하고 대규모 병사들 간의 충돌과 수도 점령 정도로 간단하게 생각했다. 지역민이 의병으로 일어나 유격전을 펼친다거나 보급선이 일정 이상 길어질 때 발생할 문제, 문화와 의식이 전혀 다른 사람들을 위무하는 문제 등에 대해 전혀 대책이 없었다.

임진왜란은 양국 모두에게 엄청난 문화적 충격을 주었다. 일본은 초기 군사적 목표를 이룬 이후 변화한 상황에 적응하지 못하고 우왕좌왕했다. 조선은 중국 이외의 군사강국과의 싸움에 당황하여 어떤 행동이나 조치를 취하여야 할지 몰랐다. 하지만 양측 모두 혼란스럽다면 아무래도 홈그라운드가 유리하게 마련이다. 더군다나 정규전은 일본보다 조선이 경험이 더 풍부했다. 중국과 전쟁한 경험을 일본에 옮기는 데 시간이 많이 걸리지 않았다.

정규전의 요체는 먼저 적의 보급을 끊는 데 있다. 일본 보급선은 남해와 낙동강에서 시작했다. 그래서 이순신의 해군과 곽재우 등 영남 의병이 각각 이 지역에서 맹활약한 것이다. 둘째, 아군의 보급을 지켜야 한다. 그것은 호남의 곡창지대였다. 호남으로 가는 길목에서 일어난 김시민의 진주성 전투와 조헌의 옥천 전투는 이를 위한 것이었다. 셋째, 전투의 승패는 화력전에서 좌우된다. 그래서 조선은 화약무기에 집중했다. 세계 최초의 함포전인 한산도대첩과 육지 화력전의 시범격인 권율의 행주대첩이 바로 그것이다.

임진왜란의 마지막 고비는 성을 점령한 일본군을 몰아내는 일이었다. 성은 그 자체로 공격 측보다 수비 측을 세 배 이상 유리하게 한다. 따라서 대규모

	조선	일본	명
정치	왕권 위축 정치 혼란	도요토미 히데요시 몰락 도쿠가와 막부 성립	국력 쇠퇴 여진족의 등장(후금·청)
경제	국가적 공황	민생 피폐 조선 약탈품 유통	재정 파탄
사회	신분질서 혼란	무사 세력 약화 농민, 상인 성장	농민 반란
문화	도예 계승 단절 사회개혁론 대두	도자기, 성리학 등 조선의 기술, 사상 유행	서양의 종교, 과학 전래 가속화

공격군이 필요하다. 그 역할을 명나라 지원군이 했다. 평양성 전투는 명군이 거둔 가장 큰 승리이자 일본을 남해안으로 몰아내는 결정적 계기가 되었다.

7년간의 전쟁 끝에 임진왜란은 일본의 철수로 막을 내렸다. 하지만 조선은 엄청난 피해를 입었다. 호적이 불타서 인구를 파악하기 어려웠다. 인구를 파악해야 조세를 징수할 수 있으므로 결국 조세 징수가 막히고 재정은 파탄 났다. 하지만 전후 복구를 위해서는 엄청난 돈이 필요했다. 조정은 재정을 확보하기 위해 돈을 받고 관직을 팔았다.

또 7년 전쟁 동안 공을 세운 평민과 천민에게도 관직을 주었다. 그러다보니 신분제가 흔들렸고, 이는 향촌 사림들의 지배적 지위를 위협했다. 사림의 개혁 정치는 민생 안정과 신분제 강화라는 두 마리 토끼를 잡는 쪽으로 흘러갔고, 이를 위해서 유교 이념에 매달리게 되었다. 숭고한 도학정치와 민본주의는 양반 지주들의 지배를 위한 명분으로 전락했다.

선조는 전쟁 동안 보여준 무능함 때문에 위태로웠다. 집권 사림도 일본군을 무찌르는 데 큰 공을 세운 무인과 백성, 재야 사림들로부터 권력을 지켜야 했다. 그래서 들고 나온 것이 재조지은(再造之恩)이었다. 명나라의 참전에 모든 공을 돌림으로써 권력에 위협이 될 만한 전공을 무시한 것이다.

그러나 재조지은은 명·청 교체기에 오히려 족쇄가 되어 병자호란의 치욕과 후기 근대화의 바람으로부터 조선을 고립시키는 계기가 되었다. 결국 임진왜란은 조광조부터 이어져온 사림의 개혁정치를 한순간 물거품으로 만들어버리고 말았다.

◎ **역 사 메 모**

전쟁이 장기화되면서 백성들의 삶은 피폐해졌으나 군사 동원은 멈추지 않았고 지방관이나 권력층의 수탈도 여전했다. 이러한 와중에 신분제에 불만을 품은 서얼 이몽학 등이 농민을 규합하여 1596년 반란을 일으켰다. 이몽학의 난은 곧 진압되었으나 무리한 전쟁 수행에 대한 회의가 높아졌고 국가의 통제를 받지 않는 의병과 수군에 대한 정부의 위기감도 고조되어 이후 큰 후유증을 남겼다.

선조의 독살설과
광해군의 즉위

**광해군은 서자였지만 임란 와중에 세자에 책봉되었고
선조의 급작스러운 죽음으로 왕위에 올랐다.**

약방이 문안하니, 답하였다. '전과 같다. 지난밤에는 편히 잠을 잤다.'《선조실록》 41
년 2월 1일)

미시에 찹쌀밥을 진어했는데 상이 갑자기 기(氣)가 막히는 병이 발생하여 위급한
상태가 되었다.《광해군일기》 즉위년 2월 1일)

1608년 2월 1일, 오전까지 멀쩡하던 선조가 미시(오후 2시 전후)에 찹쌀밥을 먹
고 갑자기 위독해져 죽었다. 북인이 주도한 《선조실록》에는 미시에 선조가 위
독해졌다고만 기록했지만 서인이 주도한 《광해군일기》에는 찹쌀밥 이야기가
나오며, 서인은 이후에도 종종 선조 독살설을 제기하며 인조반정을 정당화하
였다.

　세자인 광해군이 선조를 독살한 것이 사실일까? 사실 동기는 충분했다. 광
해군은 적자도 아니고 후궁 소생 서자였으며, 그중에서 장자도 아니고 차남이

었다. 적자가 아닌 서손으로 왕위에 올라 방계 콤플렉스에 시달린 선조는 적장자로 왕위를 계승하고픈 마음이 절실했다. 그럼에도 광해군이 세자에 책봉된 것은 순전히 임진왜란 때문이었다. 적자가 없이 후궁 소생만 있던 선조는 임진왜란이 터지고 일본군이 몰려오자 명나라에 망명할 생각이었다. 급박한 위기 상황에다 사실상 조선의 왕위를 버릴 생각 속에서 세자를 책봉해야 한다는 신하들의 주청에 후궁 소생 중 가장 영특한 광해군을 선택한 것이다. 즉 망국 조선을 넘겨버린다는 생각에 충실했다.

하지만 선조는 망명하지 못했고 임진왜란이 끝나자 생각이 달라졌다. 아이를 낳지 못하던 의인왕후가 병으로 죽자 더욱 그랬다. 그래서 1602년에 32년 연하의 인목왕후와 재혼했다. 광해군보다 아홉 살이나 연하인 새 부인을 들인 것은 바로 적장자를 얻겠다는 의지의 표현이었다. 과연 1606년 적장자 영창대군이 태어났다. 선조는 영창대군이 태어나자 광해군의 문안을 중지시키며 "너는 임시로 책봉한 세자이다"라고 꾸짖었다.

하지만 선조는 그 뒤로 오래 살지 못하였다. 1607년 10월 갑자기 중풍으로 쓰러지더니 이듬해 2월 승하하고 말았다. 선조는 죽음이 임박하자 하는 수 없이 대신들을 불러 광해군을 후계자로 지목하였다. 만약 영창대군이 두 살이 아니라 열두 살이었다면 왕이 바뀌었을 것이다. 선조 독살설은 다른 임금의 독살설에 비해 근거가 부족하지만 광해에게 선조의 급사는 불감청이나 고소원이었으리라.

적장자가 엄연히 살아 있는데 차서자가 왕이 되는 것은 성리학적 가부장제에 위배되는 일이었다. 더군다나 임진왜란 이후 신분질서와 향촌의 지배질서가 무너지면서 성리학이 더욱 강화되던 시점이었다. 이 때문에 신하들 일부도 광해군의 왕위 계승에 반대했다. 대표적 세력이 영의정 유영경이 주도하는 소북파였다.

임진왜란 때 북인은 스승 조식의 가르침에 따라 곳곳에서 의병을 일으켰다. 곽재우와 정인홍 등 영남의 이름 난 의병장들이 바로 그들이었다. 그래서 임란

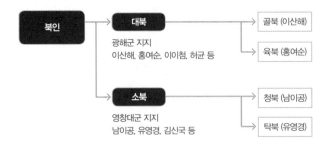

이후 정권을 잡았으며, 분조°를 이끌고 의병을 지휘한 광해군의 든든한 후원
세력이 되었다. 그런데 북인이 대북과 소북으로 나뉘면서 소북이 영창대군을
지지하였다. 유영경은 심지어 선조가 임종 직전 광해군을 지목한 것에 반대하
여 왕위 계승을 혼란에 빠뜨릴 정도였다.

광해군은 즉위 직후 대북에 의지하여 정권을 유지했다. 하지만 북인 자체도
소수파였으니 대북은 더욱 소수파인데다 분열된 상태였고, 정인홍 같은 의인
이 있는가 하면 이산해, 이이첨 같은 간신들도 꽤 있었다. 비타협적인 재야 사
림을 계승한 북인은 자신들의 소신을 위해 정권을 잡는 것을 중시하다 보니
권력 자체에 집착하는 경향을 보였다. 이 과정에서 파벌 싸움이 생겨 소북이
일어났는데, 대북도 골북, 육북 하는 식으로 더욱 분열하여 대립하였다.

광해군은 임진왜란 이후 혼란을 수습할 막중한 과제를 안고 있었다. 이를
위해 안으로는 개혁을 추진하고 밖으로는 명과 후금의 대립 사이에서 중립을
지켜 전쟁의 위험을 제거하려 했다. 하지만 사림은 안으로는 지주제와 신분제
를 강화하려 했고, 밖으로는 명에 대한 사대를 확고히 하려 했다. 서인과 남인
등 대부분의 사림이 광해군의 정책에 반대하는 속에서 집권 대북파마저 분열

• 임진왜란 당시 선조는 의주로 피신하며 조정을 둘로 나누어 광해군에게 맡겼다. 이를 분조라
한다. 광해군은 분조를 이끌고 적진인 경기도까지 남하하여 의병장들과 연락하고 독려하였다.

하니 광해군의 권력은 취약해졌다. 이때마다 영창대군을 앞세운 적자계승론이 대두하였다. 산적한 과제 앞에서 광해군은 왕권을 지키는 데 골몰했고, 이 과정에서 결국 영창대군을 죽이고 계모 인목왕후를 폐서인하고 말았다.

효를 으뜸으로 하는 조선 유교정치체제에서 어머니를 폐하는 것은 반체제로서 모든 사람을 적으로 돌리는 행위였다. 대북파마저 등을 돌리자 홀로 남겨진 광해군은 결국 서인과 남인이 주도하는 인조반정으로 왕위에서 쫓겨나고 말았다. 유교정치의 틀 안에서 임진왜란의 뒷수습을 강요당한 광해군의 위태로운 줄타기가 끝내 실패한 것이자 이후 조선 정치의 앞날이 얼마나 한계가 많을 수밖에 없는지를 적나라하게 보여준 것, 그것이 바로 광해의 개혁정치였다.

대동법의 시행과
《동의보감》의 편찬

전쟁의 후유증을 극복하기 위해서
민생 안정과 의료체계의 정비가 무엇보다 시급했다.

임진왜란을 수습하는 첫걸음은 인명을 보존하는 것이었다. 이를 위해서는 먼저 전염병을 막아야 했다. 7년의 전쟁으로 국가 의료체계가 모두 붕괴되고 물이 오염되었으며 시신이 방치되는 등 전염병이 창궐하기 좋은 환경이었다. 유럽에서 페스트가 창궐해 2,000만 명이 죽고 아메리카에 천연두가 퍼져 1억 인구가 2,000만 명으로 줄어들 정도로 체제가 무너진 상태에서의 전염병은 무섭다. 따라서 의료 시스템을 복구하는 것이 무엇보다 급선무였다.

선조 말기부터 의료 시스템에 대한 대책이 시행되었다. 그중 대표적인 것이 의서 편찬이었다. 기존 의서들이 중국산 약재를 권하는 등 조선 전기 안정적 시절을 반영하고 있어서, 모든 것이 부족한 시절에 걸맞은 의서가 절실했다. 이에 선조는 어의 허준을 중심으로 의서 편찬을 지시했다. 하지만 의원들이 제대로 모이지 못해 뜻을 이루지 못했다. 선조가 죽은 후 광해군이 다시 허준을 중심으로 의서 편찬을 지시하니 비로소 《동의보감》이 편찬되었다.

《동의보감》은 우리 풍토와 체질에 맞도록 편찬한 의서로, 허준의 개인 의학

▼ **조세제도의 변화와 대동법의 등장**

| 공납 | 공물을 현물로 납부 |

문제점: 현물로 납부하기 어려운 경우 많음

| 방납 | 백성 대신 상인이 공물을 납부하고, 백성들은 상인에게 공물비 지급 |

문제점: 관리들과 상인이 결탁하여 폭리를 취하는 경우 많음

| 대동법 | 국가가 상인을 고용(공인)하고, 백성들은 고용비(공가)를 부담(대동세)
대동세 부과 기준은 호구에서 농지 면적으로 변경
→ 토지 소유자들의 부담은 늘리되 소작농 등 서민의 부담은 경감 |

문제점: 지주들의 반대로 전국화에 100여 년 소요
별공 등 일부는 현물 납부 유지
지주들이 대동세를 소작농에게 전가하는 경우 발생

이 아니라 조선 전기부터 시도된 우리나라 의학을 집대성한 것이었다. 약재도 우리 산천에서 구할 수 있는 것으로 했고, 섭생 등 우리의 식생활과 관련하여 병을 치료하거나 체질을 개선할 수 있도록 했다. 의서로서 드물게 유네스코 세계기록문화유산으로 지정된 이유도 이런 한국적 특수성 때문으로, 오늘날까지도 널리 사용되고 있다. 하지만 가장 중요한 것은 당시 많은 인명을 구했다는 점이다.

17세기 조선에 절실한 것은 재정 확충과 민생 안정의 두 마리 토끼를 잡을 묘안이었다. 이를 위해 광해군이 즉위하자마자 추진한 것이 대동법이었다. 대동법은 훈구들의 재테크 수단이었던 방납의 폐단을 금지하고 공납제도를 개선한 제도다. 농민들에게는 곡물이나 포를 걷고, 이를 공인이라는 국가 관리의 상인집단에 주어 공물을 사서 납부토록 하는 제도로, 대납을 국가 차원에서 관리함으로써 폐단의 여지를 없앤 것이다. 광해군은 이를 경기도에서 먼저 시행했는데, 이곳에 훈구의 농상이 가장 많았기 때문이다.

그런데 대동법을 시행하자 사림 내부에서 반발이 터져나왔다. 공납의 부과 기준은 원래 호구별, 마을별이었는데 대동법을 통해 토지 면적 단위로 바꾸었기 때문이다. 이로써 조세가 오롯이 지주의 부담이 되었고, 이는 지주인 사림들의 이익을 침해하는 것이었다. 특히 대지주들은 이전에 비해 몇 배의 '세금 폭탄'을 맞게 되었다. 사림들은 임란 이후 신분제가 흔들리는 속에서 경제적으로 손해를 보게 되자 향촌 지배력 약화를 우려하며 격렬하게 저항하였다. 특히 상대적으로 대지주가 많은 편인 서인들이나 사림들의 농장이 많은 지역에서 반발이 더 컸다. 광해군의 개혁정책에 대해서는 사림들이 일치단결하여 비판했다. 서인, 남인, 심지어 집권당인 대북조차 예외가 없었는데, 이는 광해의 정책이 얼마나 사림의 경제적 이익과 향촌 지배력을 침해했는지 잘 보여준다.

이후 대동법은 개혁과 보수의 상징적 제도가 되었다. 그래서 보통 집권 초왕 주도 개혁정치가 시동될 때는 대동법이 시행되었다. 광해군 2년, 인조 1년, 효종 1년 등 즉위 초 대동법이 확대된 것은 이를 의미한다. 반면 정권이 보수화되면 대동법에 대한 논의가 축소되거나 철회되는 경향이 나타났다. 대동법은 무려 100년 동안 우여곡절을 겪은 끝에 숙종 시대에 비로소 전국적으로 시행되었다. 하지만 그때는 이미 지주의 기득권을 지키려는 노력 속에서 점차 무력화된 상태였다. 가장 대표적인 것이 대동세를 지대에 포함하여 소작인들에게 전가하는 것이었다.

조선 후기 개혁과 보수의 상징인 대동법을 광해군이 만든 것은 그의 정치에 대한 역사적 평가를 가늠하는 것 중 하나다. 하지만 이로써 광해군은 지지기반인 사림을 대부분 잃고 말았다. 광해군의 폐위 배경에는 바로 치열한 경제개혁 추진이 있었던 것이다.

명분보다 실리를 취한 중립외교

명나라와 후금 간의 패권 다툼은 계속되었고
광해군은 적절한 중립외교로 위기를 막았다.

임란 이후 재조지은을 내세워 왕권의 정당성을 확보한 선조와 사림은 여진족의 후금이 일어서 만주를 지배하자 곤혹스러운 처지가 되었다. 하지만 성리학적 명분론에 입각해보았을 때 후금을 지지한다는 것은 불가능했다. 15, 16세기 동아시아는 명나라의 조공질서를 바탕으로 한 국제평화의 시대였다. 명나라는 초강대국이 경찰국가로서 국가 간 분쟁을 막고 무역을 중심으로 한 평화체제를 구축한 것이다. 따라서 명의 패권을 파괴하는 것은 평화와 안정을 부정하는 것이었다.

성리학은 평화와 안정을 지향하는 이념으로 문치주의와 민생 안정을 핵심으로 한다. 이 반대에 존재하는 것이 정복과 약탈이다. 후금이나 일본은 후자에 속하니 양심 있는 지식인이라면 비판하는 것이 마땅하다. 문제는, 비판은 이론과 이상에 입각한 것이고, 정치는 현실에 기반을 두어야 한다는 것이다. 현실성치에서는 평화와 안정을 바라는 세력보다 전쟁과 정복을 추구하는 세력이 더 강한 법이다. 이들로부터 평화와 안정을 지키려면 그에 해당하는 보호

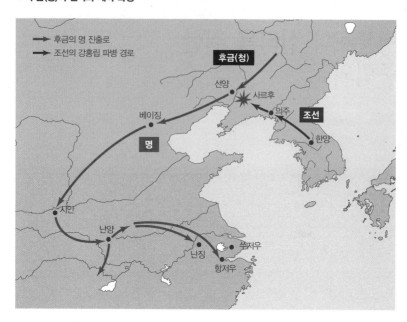

무력이 필요하다. 철학자들은 폭력은 폭력을 부른다지만 현실은 폭력을 막을
폭력이 필요했다. 불행히도 성리학은 철인정치를 지향하기 때문에 현실 정치인
이 개입할 여지가 매우 적었다. 조선의 비극은 여기서 비롯되었다.

광해군은 임진왜란 직후 세자에 책봉된 뒤 분조를 이끌며 전쟁에 직접 뛰
어들어서 국방과 대외 관계에 일찍부터 눈을 떴다. 그래서 후금과 명의 대립이
쉽게 해결되기 어렵다는 것을 잘 알았다. 그런데 조선에 당시 절실히 필요한
것은 임진왜란의 파괴를 복구할 평화와 안정의 시간이었다. 후금과 접경한 상
태에서 선불리 전쟁에 끼어든다면 임진왜란 복구는 어림도 없었다. 실제로 전
쟁 통에 불타버린 궁궐을 복구하는 것만으로도 백성의 원성이 높아질 정도였
고, 훗날 광해군을 폐위할 때 명분 중 하나가 되었다.

광해군은 명나라의 파병 요구나 지원 요청을 거절하고 후금에 대해서는 부
드러운 태도를 보였다. 하지만 명나라가 여진을 정벌하기 위해 파병 요구를 하

면서 광해군은 점점 궁지에 몰렸다. 특히 1616년 여진이 후금을 세워 중국과 대등한 나라임을 내세우자 명은 더욱 강력하게 광해군을 재촉했고, 명에 대한 의리와 명을 중심으로 한 국제질서를 지키려는 사림들은 맹렬하게 파병을 요구하였다. 명과 후금에 대한 광해군의 태도는 곧 왕도와 패도를 가르는 기준으로 다가왔다. 파병 요구는 집권당인 대북도 예외가 아니었다.

1618년 7월 광해군은 결국 강홍립을 원수로 하는 1만 3,000여 명의 군사를 파병하였다. 하지만 강홍립과 광해군은 적극적으로 나서서는 안 된다는 일치된 생각을 갖고 있었다. 갖은 핑계를 대며 행군을 지연시킨 조선군은 이듬해 1월에야 압록강을 넘었다. 서울에서 의주까지는 걸어서 15일 거리인데, 이를 반년 동안 행군한 것이다. 그리고 후금 군대와는 3월에 사르후에서 첫 전투를 치렀다. 이어 10만 조·명연합군과 그 반수 정도인 후금군과의 전투가 벌어졌다. 이 전투에서 조·명연합군은 총사령관 유정이 전사하는 등 참패를 당하였고, 조선군 역시 후퇴했다. 조선 장수 김응하가 맹렬히 맞서 싸워 누르하치의 사위를 죽이는 등 전과를 올렸지만 그 역시 전사하고 말았다. 강홍립은 이즈음 누르하치에게 항복했다.

강홍립이 항복하자 사림은 강홍립의 가족을 처벌하고 김응하를 표창하라고 주장했다. 하지만 광해군은 강홍립의 가족을 보호하는 한편 김응하를 영의정에 추증하면서 후금과 명나라에 동시에 성의를 다했음을 보였다. 그리고 명의 추가 파병 요구에 대해서는 얼버무리며 계속 거절하였다. 그러자 서인은 광해군이 강홍립의 항복을 부추겼다며 밀지설*을 퍼뜨렸다. 이 역시 광해군 폐위의 명분이 되었다.

그다음 사건이 명나라 장수 모문룡의 가도 주둔이다. 1621년 모문룡은 후금이 만주를 장악하자 휘하 군사와 유민을 이끌고 평안도 앞바다의 가도에 주둔하며 만주 회복을 외쳤다. 그리고 이를 명분으로 주변 지역을 약탈하는

• 광해군이 출병 전 강홍립에게 사태를 보아 후금에 항복하라고 은밀히 지시했다는 주장이다.

한편 조선에도 군량과 물자를 요구하였다. 명에 대한 의리 때문에 단호하게 대처하지 못하는 사이 가도에는 1만여 명이 모여들었다. 그 소식이 후금에 들어가자 후금에서 조선 정벌론이 대두하였다. 광해군은 후금을 무마하기 위해 이런저런 핑계를 대며 모문룡에 대한 지원을 끊었다.

광해군의 중립외교는 이념적으로나 철학적으로는 용납하기 어려웠다. 더군다나 강대국의 패권 교체는 예나 지금이나 선뜻 판단하고 정책화하기 어려운 일이다. 외교와 국방이 다분히 보수적 측면을 띠는 이유가 그것이다. 결국 이로써 광해군은 폐위되고 말았다. 하지만 광해군의 혜안은 우리에게 큰 교훈을 준다. 국방과 외교는 의리와 안전뿐만 아니라 미래에 대한 혜안과 냉정한 손익계산에 입각해야 한다는 것, 외교전쟁이 치열하게 벌어지는 21세기에 더 필요한 덕목일 것이다.

1608~1623년 ▶ 광해군 시대

양명학의 전래와 소설《홍길동전》

성리학에 한계를 느낀 중국 학자들에 의해
양명학과 실학이 탄생해 조선에 전래되었다.

사림은 중세사회의 가장 이상적인 지배층이었고 유교정치이념은 가장 발달한 지배 이데올로기였다. 이들은 건전한 신분제와 지주제도라는 사회경제적 기반을 토대로 민본정책과 도덕정치를 지향하였다. 하지만 근대사회로 넘어가려면 신분제와 지주제 폐지는 필수적이었다. 이 때문에 세계가 근대로 넘어갈수록 사림은 점점 한계를 드러냈다. 그런 측면에서 임진왜란 이후 사림정치가 보여준 부정적 모습은 변질된 것이 아니라 속성이다. 이는 사림 개혁의 선도자 조광조가 왕안석의 신법을 강하게 부정하며 부국강병을 비판한 것을 보아도 알 수 있다. 조광조나 정도전이 살아 돌아와도 17세기 사림과 다를 수는 없다. 결국 조선 후기 사회가 가장 절실히 요구했던 것은 성리학을 넘어서는 것, 즉 종교개혁이었음을 알 수 있다.

이미 중국에서는 명대에 기존 유교 개혁운동이 일어났다. 그것이 양명학과 실학이다. 양명학은 왕수인 등이 지행합일을 강조하며 실천을 강조한 학문이고, 실학은 실사구시를 바탕으로 과학 등 실용적 학문을 발전시킨 것이다. 명

	양명학	실학
주요 학자	육구연, 왕양명	이시진, 서광계
주장	실천을 강조, 지행합일	실용을 중시, 실사구시
대표적 저서	《양명전서》	《천공개물》, 《농정전서》, 《본초강목》
조선에 끼친 영향	허균, 정제두 등이 강화학파 결성	17~18세기 조선 실학에 영향

나라 양명학과 실학은 1570년대 양명학자 장거정에 의해 현실 정치개혁의 이데올로기로 활약했고, 척계광 등 명말 무인들에게도 큰 영향을 미쳤다. 명에 사대하던 조선에도 양명학이 들어왔는데 사림들이 배척했고, 도학 군주를 자처한 선조 역시 양명학을 배척하였다. 하지만 임진왜란을 전후해서 조선에 들어온 명나라 장수와 학자들에 의해 점차 퍼져나가기 시작했다.

북인은 남인이나 서인에 비해 상업 등에 관심이 많은, 유교적 관점에서 보면 이윤을 탐하는 격이 떨어지는 존재였다. 북인들이 사서에 비루하게 그려진 이유가 이 때문일지도 모른다. 또 양명학 등에서도 융통성이 있어서 허균 등이 활약할 수 있었다.

허균은 양명학에 깊은 관심을 가졌다. 1614년 은 1만 5,000냥을 가져가 책 4,000여 권을 중국에서 사들였는데 모두 이단서적이었다. 그는 동인의 지도자 중 한 명이던 허엽의 둘째부인 소생이다. 형인 허성과 허봉은 외교 사절로 일본과 명을 다녀와 관직생활을 했다. 특히 허봉은 명나라에서 양명학자들과 격렬하게 논쟁하기도 했다. 이런 분위기에서 허균은 젊을 때부터 다양한 사상과 학문에 눈을 떴다. 당시 양명학은 불교에 물든 이단으로 비판받았는데, 오히려 허균은 양명학과 불교에 깊이 심취하여 사명대사, 서산대사와 친교를 맺기도 했다.

중국 양명학은 학문을 연구하고 실천을 고민하는 왕수인 등의 우파와 현실을 전복하기 위해 농민봉기나 반역 등을 꾀하는 안균, 이지 등의 좌파가 있었는데, 허균은 좌파 사상까지 포괄하였다. 이를 보여주는 것이 《홍길동전》이다. 의적으로 민중을 위해 권력과 투쟁하고 무리를 모아 율도국으로 건너가 이상사회를 건설한다는 내용은 반역을 꾀하다 감옥에서 죽은 이지의 삶과 흡사한 것이다.

허균은 비록 과거에 급제하여 관직생활을 했지만 자기 사상을 버리지 않았다. 그는 여러 차례 탄핵을 받아 파직되었는데 모두 공직자로서 '예'를 지키지 않았기 때문이다. 어머니 상중에 술을 마시고 관료로서 사사로이 기생이나 친구들과 어울리는 등 문란한 사생활이 문제였다. 하지만 허균은 "너희에게는 너희의 도가 있고 내게는 나의 도가 있다"라며 개의치 않았다. 기생도 사대부만큼이나 시문을 할 수 있고 서자나 천민도 참앎이 있다고 주장했다. 그는 당대 최고 여류문인인 기생 매창과의 교우에서처럼 여자와도 우정을 나누는 선각자였다.*

그는 특히 서얼과 과부 등 조선 시대 성리학 이념에 따라 차별받기 시작한 사람들에게 관심을 가졌다. 역사에도 없고 다른 나라에도 없는 이 제도가 조선의 병폐를 상징한다고 생각했다. 그래서 이들과 보란 듯이 어울렸다. 그런데 그와 친하던 서자들이 '칠서의 옥'이라는 사건으로 잡혀 들어갔다. 이 사건은 대북파에 의해 역모사건으로 확대되어 인목왕후 폐모와 영창대군 사사로 이어졌다.

허균은 이 무렵부터 본격적으로 새로운 세상을 꿈꾸었던 것 같다. 그는 무리와 자금을 모으고 기회를 엿보았다. 하지만 그의 부하 현응민이 체포된 후

---

* 허균은 매창에게 보내는 편지에서 "10년 전 그날 육체적 관계를 맺었더라면 지금처럼 지내지는 못했을 것이다"라고 썼다. 처음 둘은 수령과 수청 들러온 관기로 만났는데 매창의 시문에 매료된 허균은 그녀와 관계를 맺지 않았다.

거사를 털어놓는 바람에 수포로 돌아갔다. 허균은 능지처참을 당했는데, 그를 신임했던 광해군은 '천지간에 흉악한 자'라며 배신감에 치를 떨었다. 이는 결코 과장이 아니어서, 그는 조선왕조가 망할 때까지 명예회복이 되지 않았다. 그의 급진적 사상은 모든 사림으로부터 적대시된 것이다.

허균의 죽음 이후 양명학은 온건한 방식으로 계속 이어졌다. 병자호란 당시 후금과의 평화를 주장하던 최명길 등이 대표적이다. 또한 사상개혁, 종교개혁의 기운은 조선 실학의 부흥으로 이어졌다. 본격적인 사상 전쟁의 시대가 오고 있었다.

◎ 역 사 메 모

지금 우리가 먹는 김치에는 대부분 고춧가루가 들어가지만, 광해군 이전 시대에는 흰 김치만 먹었다. 고추가 아직 우리나라에 들어오지 않았기 때문이다. 고추는 1615년에 우리나라에 들어왔다는 기록이 보인다. 담배 역시 비슷한 시기인 1616년에 전래되었다는 기록을 찾을 수 있다. 고추와 담배의 전래 시기에 대해서는 여러 주장들이 있지만 이 무렵부터 기록이 본격적으로 나오는 이유는 대중화 때문이다. 1622년에는 담배가 크게 유행했다는 기록이 있을 정도이다. 고추와 담배는 17세기에 상업적 농업이 발달하면서 한국인의 대표적 기호식품으로 성장했다.

History   *Column*

오성과 한음

과거 《오성과 한음》이라는 제목의 청소년 대상 만화 또는 영화가 크게 인기를 끌었다. 오성과 한음은 바로 선조부터 광해군 시대까지 맹활약한 오성부원군 이항복과 한음 이덕형을 말한다. 다섯 살 차이가 나지만 과거에 급제한 후 율곡 이이에게 발탁되어 같이 공부하고 관직생활을 하면서 우정을 쌓았다. 만화에서는 소년 시절 개구쟁이인 오성과 모범생인 한음의 우정 이야기를 그렸지만 둘이 어린 시절을 같이 보내지는 않은 것 같다. 단지 이항복이 어린 시절 불량배였던 것은 사실이다.

둘은 공통점이 많았다. 명문가의 사위로, 이덕형은 동인의 영수 이산해의 사위였고, 이항복은 영의정 권철의 손녀 사위였다. 그의 장인 권율은 이항복이 결혼할 때는 백수였지만 훗날 영의정까지 올랐다. 또 둘 다 서인으로 분류되지만 그보다는 붕당에 상관없이 실무적으로 유능한 관료로서 임진왜란부터 광해군대까지 중요한 시기에 맹활약을 하였다. 둘 다 인목대비 폐모에 반대하다 파면당하고 유배형을 받은 뒤 5년 차이로 병사하고 말았다.

학문과 재주를 두루 갖추고 평상시보다 난세에 더욱 능력을 발휘한 천재들로서, 훗날까지 사람들 사이에 그 이름이 아름답게 남아 20세기에 청소년 문화의 영웅으로 재탄생했다.

서인이 주도한
인조반정

**권력 기반이 취약했던 광해군은 반정으로 폐위되었고
인조가 즉위했지만 힘없는 왕일 뿐이었다.**

처음 광해가 동궁에 있을 때 선묘께서 바꾸려는 의사를 두었는데, 결국 광해가
왕위를 계승하게 되자 영창대군을 몹시 시기하고 그 모후를 원수처럼 보아 시기
와 의심이 날로 쌓였다. 적신 이이첨과 정인홍 등이 또 그의 악행을 종용하여 임
해군과 영창대군을 해도(海島)에 안치하여 죽이고 … 여러 차례 대옥(大獄)을 일
으켜 무고한 사람들을 살육하였다. 상(인조)의 막내아우인 능창군 이전(李佺)도 무
고를 입고 죽으니, 원종대왕(인조의 아버지 정원군)이 화병으로 돌아갔다. 대비를 서
궁에 유폐하고 대비의 존호를 삭제하는 등 그 화를 헤아릴 수 없었다.(《인조실록》 1
년 3월 13일)

1623년 3월 13일 새벽, 1,400여 명의 반란군이 도성 서쪽 창의문을 돌파한 뒤
창덕궁으로 쳐들어왔다. 왕궁을 지키는 훈련대장 이흥립이 내통하여 궁은 손
쉽게 점령되었고, 놀란 광해군은 내시 등에 업혀 담을 넘은 뒤 청계천 안국신
의 집에 은신했으나 곧 체포되었다. 그는 즉각 인조비 인목왕후의 거처인 경운

184

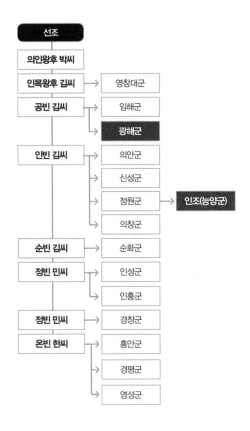

궁(현 덕수궁) 석어당 앞으로 끌려가 폐위 선고를 받고 유배형에 처해졌다. 반란군은 선조의 후궁 인빈 김씨의 아들 정원군의 장남 능양군을 왕으로 추대하니 이 사람이 인조이며, 이 사건을 인조반정이라 한다.

실록에서 지적하고 앞에서 보았듯 광해군 폐위는 당시 필연적 결과였다. 소수 정권인 대북파 중심의 취약한 권력 기반, 사림의 지지를 받지 못한 독재정치, 중립외교까지. 소수의 대북파를 제외한 정치세력 대부분이 벼르는 속에서 1618년 결정적으로 폐모사건이 일어났다. 효를 으뜸으로 하는 유교사회에서 어머니를 유폐했다는 것은 패륜 중의 패륜이었다.

반정 주도세력은 서인이었으며 일부 남인이 참가하였다. 그래서 인조 정권은 서인이 주도하면서 남인이 참가하는 연립내각이었다. 이들은 이이첨, 정인홍을 능지처참하는 등 대북파를 소탕하고 대동법을 강원도에까지 확대 시행하는 등 정권 확립과 민생 안정을 위한 정책을 추진하였다. 또 송시열 등 지방 사림의 여론을 주도하는 인물을 등용하는 등 사림 요구도 받아들였다.

하지만 인조 정권은 두 가지 약점이 있었다. 하나는 신하가 왕을 바꾸었다는 점, 또 하나는 중립외교를 비판하며 추진한 친명배금정책이었다. 왕은 천명을 받아 군자로서 도학정치를 해야 하는데 전혀 검증되지 않은 인물을 왕족이란 이유만으로 왕에 옹립했으니 정통성도 취약했고 권위도 없었다. 시대 정의와 상관없이 무조건 성공한 쿠데타를 인정하면 제2, 제3의 쿠데타 세력이 나오는 법인데 인조 초기가 이러했다. 정통성이 부족한 정부는 반정 명분과 지지세력에 매달릴 수밖에 없다. 그래서 반정의 명분인 중립외교 반대와 친명배금 강화에 집착하였다. 결국 이것이 결정적 패착이었다.

인조 정권은 처음부터 역모사건에 시달렸다. 1624년 이괄의 난, 1627년 이인거의 역모, 1628년 유효립의 역모, 1629년 이충경의 난 등 해를 거르지 않고 계속 역모사건이 일어났다. 취약한 왕의 권위 때문에 역모 고변에 사실을 가리지 않고 강경 대응하고, 이를 이용해 적대세력을 제거하려는 음모가 겹친 것이다.

적극적인 친명배금정책을 취했지만 명은 오히려 인조를 신뢰하지 않았다. 광해군의 중립외교가 성공했다는 반증이다. 인조가 명으로부터 책봉받는 데 무려 22개월이나 걸렸다. 정권 초기 반정의 정당성을 확보하기 위해 명에 끌려다닌 외교는 능동적 외교를 원천봉쇄하였다. 결국 내부 혼란과 현실을 도외시한 외교정책으로 병자호란에서 치욕의 패배를 당했다.

인조 정권은 정묘·병자호란을 통해 사실상 무너지고 말았다. 이는 사림 정권의 붕괴를 의미했다. 사림은 자신들의 정의와 권력을 지키기 위해 북벌을 내세웠다. 병자호란의 치욕을 갚고 도학정치의 정의를 되살리는 것만이 그들이 살길이었다. 하지만 정치가 현실이 아닌 이념과 명분 중심으로 흐르면서 원리

주의자, 교조주의자들이 정권을 주도하였다. 사회모순이 격화되고 아래로부터
의 저항이 점차 심화되었다.

　그나마 이 시기를 버틴 동력은 유연한 일부 정치가들 덕이었다. 양명학자로
서 일관되게 청과 화의를 주장한 최명길, 대동법 시행 등 민생 안정과 고통 분
담을 위한 정치를 실천한 남인 재상 이원익, 실학의 효시로 꼽히며 호란 이후
민생 안정을 주도하고 효종 때 영의정을 지낸 김육 같은 이들이 조선을 지탱한
힘이었다. 사실 인조─현종 시대는 붕당정치의 장점이 충분히 발휘된 시대로
도 꼽힌다. 서인이 무리하게 경직된 유교정치를 강행할 때 남인이 적절히 견제
하고 문제가 생길 때마다 등용되어 해결했기 때문이다. 이 시대 나라가 망하
지 않은 것은 사림 붕당정치의 덕택이니 참으로 아이러니한 일이다.

◉ 역 사 메 모 ┊┈┈
조선 후기에는 억불 정책이 완화되고 부농이 등장하면서 불교 건축도 활기를 띠었다. 이와 같은 변화
에는 임진왜란 때 승병의 큰 활약이 한몫을 하였다. 1020·1000년대에는 화엄사 각황전, 법주사 팔상
전, 금산사 미륵전 등 조선 후기의 대표적 불교 건축물이 완성되었고 이후 18세기에는 쌍계사, 개암사
등 부농와 대상인의 근거지 인근에 절이 건립되기도 하였다.

이괄의 난과
계속되는 역모 사건

인조반정에 참여한 공신들 사이에서 내분이 일어났고
이괄의 난을 시작으로 여러 차례의 역모가 발생했다.

광해군이 인목왕후를 폐위할 때 역심을 품은 이가 바로 이귀다. 이귀는 임진
왜란 때 유성룡 휘하의 군관으로 활약하였고 이후 문과에 급제하여 관직생활
을 하였으나 대북파의 수장인 이이첨과 충돌한 뒤 유배형을 받았다. 1622년
평산부사로 복직하였으나 광해군의 정치에 불만을 품고 사람들을 모았다. 그
렇게 모인 인물 중 인목대비 폐비 이후 관직에서 쫓겨나 서인들과 함께 광해
군 폐위를 모의한 김류가 있었다. 마침내 이귀와 김류가 손을 잡고 이괄, 최명
길, 원두표 등 서인과 남인 세력을 끌어들였다.

그런데 이귀는 이전부터 역모 혐의를 받아 여러 차례 고변이 들어왔던 인물
이었다. 인조반정 당일에도 고변이 있어 궁궐에 경계령이 내려졌다. 이 때문에
그날 저녁 반란군이 집결하기로 한 홍제원에는 김류도 나오지 않았고, 일부
무인들과 200여 명의 군사밖에 모이지 않았다. 당황한 사람들은 함경북도병마
절도사인 이괄을 급하게 총대장으로 추대하고 서둘러 출발했다. 반란군이 지
금의 독립문 자리를 지날 때 비로소 김류 등이 합류하고 반란군도 1,400여 명

으로 불어났다.

그런데 인조반정이 성공한 후 논공행상에서 분란이 일어났다. 최명길 등이 덕망 있는 사람에게 권력을 넘기고 반정 주역들은 물러나자고 했으나 이귀 등은 책임 정권을 주장하며 고위 관직을 독점했다. 또 정사공신을 책봉하는데 김류, 이귀 등은 1등 공신에 올랐지만 정작 거사 당일 총대장으로 앞장섰던 이괄은 이귀의 아들 이시백과 함께 2등 공신에 봉해졌다. 문신 우위의 정책 탓이었다.

이괄은 큰 불만을 품었는데 얼마 후 후금 침략에 대비하여 부원수에 임명되어 1만여 명의 병력을 이끌고 평안도 방어 책임을 맡게 되었다. 그러나 이괄이 원한 것은 야전군 사령관이 아니라 병조판서였을 것이다. 하지만 병조 책임자는 정작 이괄이 아니라 이귀였다. 이후에도 병조는 이귀와 그 아들 이시백이 장악했다.

1624년 1월, 이괄의 역모 고변이 들어왔다. 정부는 의금부 도사를 보내 이괄을 체포하려 했지만 오히려 이괄이 도사를 처단하고 반란을 일으켰다. 이괄의 반란이 실제인지 모함을 당한 것인지는 알 수 없다. 하지만 당시 정부 분위기로 보아서는 필연이었다. 인조반정 이후 정권을 잡은 서인은 소북파 등 살아남은 북인을 제거하기 위해 고변을 장려했다. 이 때문에 반정 5개월 후 우리에게 《어유야담》으로 유명한 유몽인이 광해군 복위운동을 했다는 이유로 처형당했고, 북인의 영수지만 폐모에 반대하여 반정에도 살아남았던 기자헌이 역모죄로 유배형에 처해졌다. 이 사건은 모두 반대파를 제거하기 위해 조작되었을 가능성이 높은데, 이러한 분위기가 이괄을 경계하는 세력을 충동했을 것이다. 따라서 불만이 많았던 이괄은 역모를 일으킬 동기도 충분했고, 설령 그가 역모를 일으키지 않았다 해도 모함을 받아 일으키지 않을 수 없는 상황으로 몰렸을 것이다.

반란을 일으킨 이괄은 한양 북무 방위선인 산성들을 거치지 않고 길을 따라 직선으로 남하했다. 목표는 서울을 전격적으로 급습하여 인조를 사로잡아

폐한 뒤 새로운 왕을 세우는 것이었다. 일부 정부군이 그들의 앞길을 막았으나 이괄이 거느린 조선의 주력부대를 막기에는 역부족이었다. 마침내 인조는 도성을 버리고 충청도로 달아났고 한양은 이괄의 차지가 되었다. 이괄은 인조를 잡지는 못했지만 선조의 아들인 흥안군을 새 왕으로 즉위시키고 새로운 조정을 꾸렸다.

정부군은 이괄이 한양을 완전히 장악하고 새로운 정권을 안정시키기 전에 무너뜨려야 한다고 생각하고 안산에 진을 치고 공격하려 했다. 운명의 전투는 2월 11일 벌어졌는데, 이 전투에서 이괄의 군대가 패하고 말았다. 실록은 전투 상황을 상세히 전하고 있다.

제장들은 또한 적을 성에 들어오게 한 죄를 스스로 알고 죽기를 각오하고 힘껏 싸웠는데 이미 지세가 험한 데를 얻은데다가 하늘이 또 도와서 교전하는 처음에 풍세가 갑자기 바뀌었다. 관군이 승세를 타게 되자 사기가 절로 배나 되었다. 적이 드디어 크게 패해서 달아났다.(《인조실록》 2년 2월 11일)

이괄은 달아나다 부하의 배신으로 살해되었고, 난은 진압되었다. 하지만 이괄의 난은 인조 정권을 뒤흔들었다. 공신의 내분은 정권의 지지기반을 심각하게 약화시켰다. 인조는 정권을 지키기 위해 감시를 강화하고 역모에 과민 반응했다. 이에 반대파를 제거하려는 음모가 일어나 해마다 역모 고변 사건이 일어났다. 병자호란 직전까지 일어난 수많은 고변은 모든 관료와 공무원을 복지부동하게 만들었고, 심지어 후금의 침략에 대비한 국방정책마저 중지시켰다. 나라가 망하지 않을 수 없었던 것이다. 돌이켜보면 처음 반정이 일어난 직후 덕망 있는 사람들에게 권력을 넘기자는 최명길 등의 주장이 옳았다.

그런데 왕이라도 적극 나서서 이런 상황을 수습하고 전쟁에 대비해야 하지 않았을까? 하지만 왕정체제는 왕이 곧 국가다. 왕의 안전이 국방의 최대 목표인 것이다. 이것이 왕정의 한계다. 오늘날 민주주의 국가는 국가와 국민이 주인이므로 나라를 위한 대통령의 희생이 가능하다. 하지만 왕정은 왕이 주인이므로 왕을 지키기 위해 모두가 희생해야 한다. 인조가 조선을 위해 정권 위협을 넘어서는 정치를 해야 한다는 생각을 하는 것은 체제를 넘어서는 발상이다. 태생적 한계를 안고 있는 인조 정권이 국방보다 정권을 유지하기 위해 노력하다 패전의 오욕을 뒤집어쓴 것은 필연이었다.

◉ 역 사 메 모

1629년 김경현 고변 사건이 일어났다. 아전 김경현이 누이동생 말치가 쓴 한글 편지를 핑계로 누이의 남편 김홍원 등을 역모로 고발한 사건이다. 이 사건으로 김홍원, 윤운구 등이 체포되었다. 이들은 모두 역모의 죄를 추궁받으며 가혹한 고문을 받았다. 실록에서는 "누차 형장을 가하고 심지어 낙형(烙刑)·압슬(壓膝)까지 하였으나"라며 갖은 악형을 다했다고 기록했다. 하지만 김홍원은 이렇게 변명했다.

"신이 옛날 서울에 우거하고 있을 때 이웃의 한 여자(말치)가 저를 협박하기를 '그대가 나를 첩으로 삼지 않으면 그대를 모함하겠다'고 하였습니다. 그때는 정사가 문란한 혼조(昏朝)여서 전후 모함을 당해 죽은 자가 너무나 많았으므로 신은 이를 두려워하여 부득이 그를 첩으로 데리고 있었지만 매우 매정하게 대하였습니다. 그 때문에 그는 항상 원한과 독기를 품고 있었는데, 결국 이 지경에 이르고 말았습니다."(《인조실록》 7년 2월 6일)

아무리 고문해도 실토하지 않자 비로소 무고를 의심하여 재수사를 명했고, 마침내 진상이 밝혀졌다. 인조는 이에 말치를 사형에 처하였고 연루자들은 얼마 후 옥에서 나왔다. 그러나 고문 후유증으로 대부분 죽고 말았다. 혼미한 시대의 억울한 죽음이었다.

친명배금정책과 정묘호란

**인조의 친명배금정책은 결국 후금의 침공을 불러왔으며
조선은 후금과 형제관계를 맺게 되었다.**

인조 정권은 패륜을 반정의 명분으로 내걸었지만 실제로 가장 큰 이유는 중립
외교에 대한 반발이었다. 따라서 서인 정권은 철저한 친명배금정책을 내걸었
다. 이에 따라 가도에 주둔하는 모문룡의 명군을 적극 후원하는 한편 장만과
이괄에게 1만 5,000명의 군사를 주어 압록강을 지키게 하고 대동법을 시행하
여 민생안정과 재정확충에 나섰다.

하지만 시작부터 어긋났다. 이괄의 난으로 주력 군대가 스스로 무너졌고,
대동법은 강원도에만 실시되어 큰 효과를 기대하기 어려웠다. 정권 불안정으
로 친명배금에 비판적 목소리를 내기 어려운 상황에서 모문룡의 명군은 후금
과 싸우기보다는 무역에만 신경을 써서 허약하기 그지없었다. 오히려 모문룡
이 조선에서 유리한 무역 조건을 얻기 위해 조선을 모함하는 보고서를 명 정
부에 알려 조명연합을 약화시켰다. 이 때문에 조선은 명군의 도움을 받기보다
오히려 부담을 느꼈다.

한편 후금은 1626년 영원성 전투에서 누르하치가 전사하고 홍타이치(태종)

▼ 정묘호란과 병자호란

	정묘호란	병자호란
발생 연도	1627	1636
원인	조선의 친명배금정책을 무너뜨리기 위한 후금의 침공	청나라가 조선에 군신관계 수립을 요구했으나 조선이 거부
왕실의 피신	인조가 강화도로 피신	인조가 남한산성으로 피신
결과	후금과 형제관계 성립(형–후금, 동생–조선) 정묘약조 체결(많은 물품 조공)	남한산성 고립 45일 만에 청나라에 항복 (삼전도의 굴욕) 청나라와 군신관계 수립 왕자가 인질로 잡혀가고, 백성들이 노비로 끌려감

가 즉위하였다. 그런데 이괄의 난에서 패한 반란군들 일부가 후금으로 도망쳐 조선의 새로운 정권이 친명배금정책을 택했다고 고자질하고 조선 군대의 취약점을 알려주었다. 이에 홍타이치는 아민에게 3만 명의 군대를 주며 조선을 침공토록 했다. 이것이 정묘호란(1627)이다.

정묘호란은 조선의 친명배금정책을 무너뜨리기 위한 정치적 전쟁이었다. 당시 후금의 군대는 중국 본토로 들어가는 길목인 산해관에서 막혀 있었다. 그 대안은 내몽골로 우회하거나 수군을 이용해 바다로 우회하는 방법인데, 홍타이치는 조선 수군을 주목했다. 조선 수군의 도움을 받으려면 먼저 친명배금을 박살내고 이어 조선 정권과 협상하는 것이 최선이었다.

후금은 광해군 때의 파병, 모문룡의 가도 주둔 등을 이유로 내걸고 침공했다. 그리고 우리 백성에게는 광해군의 복수를 위한 것이며 승리하면 조선 백성의 부역을 10년간 면제하겠다고 선전했다. 이괄의 난으로 서북 방어망이 취약해진 상태여서 청군은 거침없이 남하했고 인조는 강화도로 피신했다. 후금군을 따라온 강홍립은 포 5,000필을 뇌물로 주어 후금 장수들을 달래고 적당히 타협하여 침략군을 돌려보내라고 알려왔다.

하지만 조정에서는 친명배금을 버려서는 안 된다는 사람들이 벌떼같이 일어났다. 이귀 등 대신들이 설득하고 달래서 가까스로 2개월 만에 전쟁을 마무리했다. 후금은 형, 조선은 동생의 나라가 되고, 무명 1만 5,000필을 제공하는 등 막대한 물품을 조공하는 조약이었다.

정묘호란이 끝난 뒤 조약의 이해와 명과의 관계 때문에 조정은 주화파와 척화파로 갈라지고 말았다. 명과의 무역 단절로 경제사정이 좋지 않은 후금은 조선과의 무역으로 이를 만회하려 했다. 또 수군에 대한 요구도 여전했다. 이는 조선에게 엄청난 경제적 부담이었고, 민생에 악영향을 끼쳤다. 그나마 후금은 조선이 절실해서 함부로 하기 어려웠으므로 협상의 여지가 있었다. 조선은 명과 후금 사이에서 어정쩡한 중립외교로 위기 상황을 겨우겨우 넘겨갔다.

하지만 그마저 끝이 나고 말았다. 1633년, 명의 수군대장 공유덕이 명 수군을 이끌고 후금에 항복했다. 원하는 수군을 확보한 홍타이치는 1636년에 국호를 청으로 바꾸고 칭제건원한 뒤 조선에 국서를 보냈다. 이제 우리도 황제국이니 조선은 신하의 나라로서 조공하라! 조선은 중대한 결정의 기로에 서게 되었다.

병자호란과
인조의 굴욕

중국 대륙의 지배자가 된 청나라(후금)는 다시 조선을 침공했고
인조는 굴욕적인 항복을 할 수밖에 없었다.

후금이 군신의 관계를 요구해 오자 조선 조정은 고민에 빠졌다. 요구를 거부할 경우 전쟁을 각오해야 하는 상황이었다. 이에 최명길은 청과 화친할 것을 주장하였다. 그가 제시한 근거는 지극히 현실적인 것이었다. 전쟁은 군대만으로 하는 것이 아니다. 이를 뒷받침하는 재정과 민생이 있어야 한다. 하지만 임진왜란의 후유증은 여전히 조선을 감싸고 있었다. 향촌의 신분제와 경제가 붕괴되어 지방 사림들은 과중한 세금 부담이나 농민들의 군역 동원을 적극 만류했다.

이괄의 난 이후 인조 정권은 광해군 복위나 이괄 잔당 소탕을 위해 역모 고변을 장려했다. 그러다 보니 함부로 군사 훈련을 할 수 없었고 국방정책을 대놓고 추진할 수도 없었다. 거기다 1636년 흉년이 크게 들었다. 사헌부에서 이런 비판을 할 정도였다.

온 나라가 황황하여 조석을 보장할 수 없는데 구중궁궐에 아무 말 없이 깊이 앉아 있기를 전과 다름없이 하고 있으며, 묘당의 신하들이 아무렇지 않게 편안히 있는 것을 지난날과 다름없이 하고 있습니다. 모르겠습니다만, 이미 오랑캐의 수족을 묶을 계책이 서 있습니까, 아니면 별도로 제압할 수 있는 계략이 서 있는데 신들이 모르고 있는 것입니까. … 훈국(訓局)에서 양성한 군사가 4,000명이 넘는데 지금 조발한 것은 수백 명뿐이고, 사방의 정예들은 모두 각 아문의 군관에 소속되어 있으면서 수자리를 면하는 도피처로 삼고 있습니다.《인조실록》 14년 3월 3일)

하지만 여론을 주도한 것은 현실론자들이 아니라 명분론자들이었다. 이들은 체제 수호를 위한 순교자를 자처하였다. 그들은 명나라를 중심으로 하는 국제질서를 수호하여 밖으로는 평화를 지키고 안으로는 안정을 유지하는 것을 기본으로 삼았다. 평화로운 나라에 대해 침략과 약탈을 일삼는 악한들과 손을 잡고 그들에게 사대의 예를 취한다면 사림이 주장하는 도학정치의 이상은 위선일 뿐이다! 이들이 죽음으로 체제 정의를 수호하려 하니 아무도 대항할 수 없었다. 이제 조선은 죽고자 하는 자들이 살고자 하는 자들을 지배하는 형국이 되었다.

결국 인조는 조공을 거부하고 척화교서를 반포했다. 전쟁은 현실이 되었다. 정부는 북부 지방의 산성을 중심으로 방어선을 구축하고 산성에 들어가 장기전에 대비하라고 지시했다. 하지만 일부에서는 이 전술을 반대했다. 산성이 길에서 멀리 떨어져 있어 적들의 침략을 막거나 보급로를 차단하기 어렵다는 것이었다. 인조가 직접 군대를 이끌고 평양에서 적과 맞서 싸워야 한다는 주장도 나왔다. 하지만 승산 없는 전쟁에 왕이 친정을 나가는 법은 없었다.

마침내 1626년 12월 8일, 청군 대장 마부대가 이끄는 6,000여 명의 선봉대가 압록강을 넘어왔다. 국경의 경비병이 봉화를 올렸지만 도원수 김자점은 믿으려 하지 않았다. 이 때문에 보고가 늦어 한양에서 청군의 침략을 안 것은 12월 13일이었다. 이때 청군 선봉은 이미 대동강을 넘어 황해도로 오고 있었다. 결국 인조는 탈출 시기를 놓쳐 강화도로 가지 못하고 남한산성으로 들어갔다.

▲ 남한산성의 수어장대. '장대'는 지휘관이 군대를 지휘하던 곳이다.

청군은 인조를 남한산성에 고립시킨 후 주변에 견고한 포위망을 쳤다. 지방에서 구원군이 올라왔지만 조선군은 수비형 군대이지 공격형 군대가 아니었다. 요지를 선점한 청군을 공격하다 실패하고 오히려 요격당해 모두 패하고 말았다. 결국 남한산성에 고립된 지 46일 만에 식량이 떨어져 인조는 항복하고 말았다.

임진왜란과 병자호란, 양난을 겪으면서 조선사회는 아래로부터 엄청난 변화를 겪었다. 왜란 때 중남부 지역이, 호란 때 북부 지역이 초토화되면서 생존을 위한 기술개발과 경영기법이 발전하였다. 녹봉만으로는 경제생활이 불가능한지라 지방 사림은 과거 공부보다는 농업경영에 관심을 가졌고, 이 과정에서 이앙법 등 많은 농사기술이 저수지 축조나 개간 등 경영기법과 결합하여 성과를 올렸다. 그런데 능동적으로 이를 수용한 사림은 살아남았지만 도학만을 강조한 사림은 경제적으로 몰락하면서 평민과 같은 처지가 되었다. 전자를 향반, 후자를 잔반이라 하는데, 양반의 계층 분화는 한층 지방 사림을 과격하게 만들었다.

양란 이후 일어난 사회경제적 변화는 조선 후기 정치에 큰 영향을 끼쳤다. 산림의 목소리가 커지는가 하면 중앙 지배층은 몰락하지 않기 위해 권력에 집착하였다. 향촌의 사림 지배력을 강화하기 위해 향약이 더욱 강력해지고 신분 간에 격식을 따지는 예학이 발전하여 지배 이데올로기가 됨으로써 정치적 쟁점으로 발전하였다. 혼자 힘으로 살아남기 힘들어진 사림들이 지연과 학연에 집착하면서 학파를 중심으로 한 당파가 경직된 권력투쟁에 매몰되었다. 이 엄청난 변화는 현종 때부터 가시화되어 마침내 망국의 당쟁으로 비화되고 만다.

◎ 역 사 메 모 ┊⋯⋯⋯⋯⋯⋯⋯⋯⋯⋯⋯⋯⋯⋯⋯⋯⋯⋯⋯⋯⋯⋯⋯⋯⋯⋯

1647년에 유성룡의 《징비록》이 간행되었다. 임진왜란에 대한 유성룡의 회고록인 《징비록》은 그의 집안에서만 전해졌는데, 당시 경기도 관찰사였던 유성룡의 외손 조수익이 간행하여 널리 알려졌다. 《징비록》에 담긴 뼈아픈 반성과 전쟁을 되풀이하지 않기 위한 대안은 병자호란의 치욕 이후 조선 사회에 절실하게 다가왔을 것이다. 《징비록》은 이후 일본에도 널리 알려져 일본인들이 임진왜란의 실체를 파악하는 데 일조하기도 하였다.

실리를 추구한 소현세자의 죽음

**청나라를 배우고자 한 인조의 장남이 사망하며
청나라와 싸우고자 한 차남이 왕위를 잇게 되었다.**

1645년 4월, 인조의 장남인 소현세자가 갑자기 사망하였다. 병자호란 후 청나라에 인질로 끌려갔다가 8년 만에 귀국했으나, 불과 두 달 만에 죽은 것이다. 《인조실록》은 소현세자의 죽음에 대해 이렇게 기록한다.

소현세자의 졸곡제(卒哭祭)를 행하였다. 전일 세자가 선양에 있을 때 집을 지어 단확(丹艧)을 발라서 단장하고, 또 포로로 잡혀간 조선 사람들을 모집하여 둔전을 경작해서 곡식을 쌓아두고는 그것으로 진기한 물품과 무역을 하느라 관소(館所)의 문이 마치 시장 같았으므로, 상이 그 사실을 듣고 불평스럽게 여겼다.

그런데 상의 행희(幸姬) 조소용은 전일부터 세자, 세자빈과 본디 서로 좋지 않던 터라, 밤낮으로 상의 앞에서 참소하여 세자 내외에게 죄악을 얽어 만들어서, 저주를 했다느니 대역부도의 행위를 했다느니 하는 말로 빈궁을 무함하였다. 세자는 본국에 돌아온 지 얼마 안 되어 병을 얻었고 병이 난 지 수일 만에 죽었는데, 온몸이 전부 검은빛이었고 이목구비의 일곱 구멍에서는 모두 선혈이 흘러나오므로, 검은 멱목(幎目)으로 그 얼굴 반쪽만 덮어 놓았으나, 곁에 있는 사람도 그 얼굴빛을 분변할 수 없어서 마치 약물에 중독되어 죽은 사람과 같았다. 그런데 이 사실을 외인(外人)들은 아는 자가 없었고, 상도 알지 못하였다.

당시 종실 진원군 이세완의 아내는 곧 인열왕후의 서제였기 때문에, 세완이 내척으로서 세자의 염습(斂襲)에 참여했다가 그 이상한 것을 보고 나와서 사람들에게 말한 것이다.《인조실록》23년 6월 27일)

실록의 이 기록은 독살에 대한 짙은 의심을 풍기고 있다. 소현세자에 대한 인조의 분노, 조소용의 모함, 시체의 상태와 그에 대한 증언의 출처 등이 모두 명확하다. 앞에서 보았던 실록청 내부의 사초에 대한 격렬한 논쟁과 후유증을 생각할 때, 이 기록은 사관들의 일치된 의견으로 보아야 할 것이다.

소현세자의 죽음으로 왕위 계승권은 둘째 아들 봉림대군에게 돌아갔다. 이 사람이 바로 효종이다. 인조와 소현세자, 봉림대군 사이에는 어떤 갈등이 있었던 것일까? 이를 파악하기 위해서는 병자호란 이후의 왕권 불안정성을 이해해야 한다.

인조는 병자호란 이후 딜레마에 빠졌다. 친명배금을 주장하고 반정을 일으켜 왕위에 올랐으나 병자호란을 당해 항복하고 말았다. 집권 기반을 잃었으니 언제 쫓겨날지 모르는 형편이었다. 그가 가장 두려워한 것은 이런 취약성을 이용하여 청나라가 왕을 갈아치우는 것이었다. 그래서 청에 끌려간 소현세자와 봉림대군을 유심히 살피고 청에 트집잡히지 않을 정도로 적당히 친청정책을 취했다. 임경업 등 대표적 반청파를 잡아 죽인 것이나, 김자점 등 반정공신들 중에서도 공신의 기득권에 집착하는 자들(공서파)을 중용한 것이 대표적이다.

그런데 소현세자가 청나라 조정의 신임을 받고 있다는 소식이 연일 들려왔다.* 인조는 청나라가 자신을 폐위하고 대신 소현세자를 왕위에 앉힐지도 모른다는 생각에 빠졌다. 조선에 청의 꼭두각시 정권이 들어설 수도 있는 것이었다. 인조는 명나라 멸망 직후(1644)의 소현세자 귀국을 그 일환으로 보았고, 결

	소현세자	봉림대군
신분	왕세자, 인조의 첫째 아들	인조의 둘째 아들
인질이 된 나이	25세	18세
역할	인질 대표 조선 외교 사절	인질 중 한 사람
성향	현실적, 실리적	비타협적
입장	청나라를 배워 조선 발전 도모	군사력을 키워 청나라 타도
청나라에서의 행적	인질들 생활 유지 조선 입장 대변해 청과 교섭 서양 문물 체득	특이 행적 없음

국 세자를 죽이고 말았다. 그뿐만 아니라 며느리 강빈과 손주들, 사돈 집안까지 도륙했다.

효종은 인조의 이러한 의심과 분노를 바탕으로 왕이 되었다. 또 청나라 시절 형과 달리 눈과 귀를 닫고 있었다. 열여덟 살 예민한 나이에 인질 생활을 하면서 증오심만 북돋웠다. 그래서 왕이 되자마자 공서파를 몰아내고 척화파를 등용하여 강력한 북벌정책을 추진했다. 효종 시기 청의 지배는 완벽하지 않았다. 오삼계 등이 남부 지방의 왕으로 봉해져 독자적 세력으로 존재했고 동남 지방에 명의 잔존세력이 남명 정부를 세워 저항하고 있었다. 그는 조선이 요동을 정벌하면 중국에서도 봉기가 일어나 청을 몰아낼 것이라고 믿었다.

하지만 그의 북벌은 사림들과 양립할 수 없었다. 지방 지주인 사림들은 향촌의 CEO들이었다. 그들은 피고용자인 소작인들이 과중한 국방비 부담에 시

• 인조는 세자와 강빈이 청나라에서 왕과 왕비를 참칭했다고 비난했다. 하지만 모함일 확률이 높다. 미래의 왕이 굳이 그럴 필요가 없었기 때문이다.

달려 유망하거나 군대로 끌려가 농토에서 이탈하는 것을 달가워하지 않았다. 양반 지주도 경영실적에 따라 자칫하면 평민 소작인 수준으로 전락할 수 있는 상황에서 이는 지나친 부담이었다.

사림들을 설득하려면 학파의 영수들을 설득해야 하는데, 불행히도 효종은 세종이나 성종처럼 유학에 전념하지 않았다. 송시열이 수신을 강조하며 효종을 몰아붙인 것은 그가 유교정치체제에서 도학 군주로서 학문이 모자라다는 의미였고, 이래서는 왕이 뜻대로 할 수 없었다. 세종이라면 "네가 수신의 의미를 아느냐?" 하며 화려한 유교지식으로 송시열을 초토화했겠지만, 효종은 그저 "네 말이 옳다"라고 할 뿐이었다.

결국 효종은 두 가지 딜레마에서 헤어나지 못했다. 하나는 소현세자처럼 발달된 청나라를 배워 조선의 부국강병을 추진해야 했지만 인조에 의해 처음부터 반소현세자로 즉위한 태생적 한계이고, 다른 하나는 유교국가에서 군주가 유교 이념에 해박하고 투철해야 했지만 군대 양성에 신경을 빼앗겨 이를 소홀히 하면서 사림의 인정을 받지 못했다는 것이다. 효종의 북벌은 집권층과 백성 모두에게 지지를 받지 못하고 지지부진하다 그의 갑작스러운 죽음과 함께 더 계승되지 못하고 한여름밤의 꿈처럼 사라지고 말았다.

청나라에 맞서기 위한
효종의 북벌정책

효종은 북벌을 위해 여러 정책을 추진하였으나
현실적으로 여러 난관에 봉착할 수밖에 없었다.

효종의 북벌정책은 세 가지 정도로 압축할 수 있다. 하나는 대동법으로 대표되는 민생 안정과 고통 분담, 두 번째는 강력한 군대의 양성, 세 번째는 이를 위한 왕권의 강화였다. 먼저 효종은 1650년에 충청도, 1657년에는 전라도 일부 지역에 대동법을 시행하였다. 집권 서인인 기호학파의 근거지에서 모두 대동법을 시행한 것이다. 남은 곳은 황해도와 남인의 근거지인 경상도뿐이었는데, 이들 지역에는 숙종 때 비로소 시행되었다. 아무튼 대동법의 시행으로 지주들의 반발은 더욱 심해졌지만 정부는 상당한 재정을 확보할 수 있었다.

두 번째로 군대의 양성이었다. 어영청의 정원을 7,000명에서 2만 1,000명으로 늘리고, 훈련도감의 정원을 5,000명에서 1만 명으로 늘렸다. 또 왕의 호위를 맡은 금군을 기마병 중심으로 개편하였다. 이들은 모두 월급을 받는 직업 군인으로, 기존에 농민들을 동원하던 번상병들과는 질적으로 다른 정예들이었다. 한편 청의 기병에 맞서기 위해 총포대를 양성하였다. 특히 서양의 총포를 제조하기 위해 많은 노력을 기울였다. 그래서 인조 때 표류해온 네덜란드인

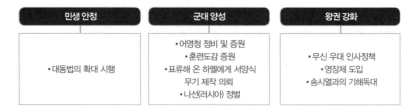

▼ 효종의 북벌 준비

민생 안정	군대 양성	왕권 강화
• 대동법의 확대 시행	• 어영청 정비 및 증원 • 훈련도감 증원 • 표류해 온 하멜에게 서양식 　무기 제작 의뢰 • 나선(러시아) 정벌	• 무신 우대 인사정책 • 영장제 도입 • 송시열과의 기해독대

벨테브레를 귀화시켜 박연이라 이름 짓고 총포 제작을 의뢰했으며, 하멜이 표류해오자 같은 일을 맡겼다. 이렇게 양성된 총포대의 위력은 나선정벌에서 러시아군이 "조선군이 두렵다"고 말할 정도로 강력했다. 물론 성곽 보수와 군량미, 군자금 확보를 위한 노력은 말할 것도 없다.

세 번째 왕권의 강화는 문치주의를 극복한 무신 우대, 즉 인사권의 강화와 연결된다. 먼저 병조판서로 조선 군사체제 개혁을 건의한 바 있는 박서를 임명했고, 박서가 죽은 뒤에는 병자호란 당시 어영대장이었던 원두표를 임명하였다. 그리고 임금의 특별한 명령에 따라 시행되는 무과 시험인 관무재를 실시하여 성적이 우수한 무인들을 지방 수령으로 임명하려 했고, 영장제를 시행하기도 했다. 속오군의 지휘관을 영장이라 하는데, 기존에 군사 지휘가 서투른 지방 수령이 맡던 영장을 무인으로 임명하려는 것이 영장제다. 심지어 무인 유혁연을 승지로 임명하여 오늘날의 청와대 안보수석과 유사한 직위를 신설하려 했다. 이 모든 것은 문무의 균형을 꾀하고 왕이 군대의 통솔권을 확고히 장악하여 왕권을 강화하려는 데 있었다.

과연 이러한 효종의 북벌정책은 성공할 수 있었을까? 불행히도 동시대 세계와 비교해보면 그 한계가 명확해진다. 17세기 세계를 지배한 이념은 중상주의였다. 유럽은 무역을 장려하고 시장을 확보하기 위해 식민지를 개척하려 바다로 뛰어들었다. 영국은 엘리자베스 여왕이 1600년 동인도회사를 설립하여 인도 경략에 나섰고, 네덜란드도 비슷한 시기에 동인도회사를 설립하여 자바섬을 거점으로 확보했다. 아시아도 비슷하여, 청나라는 광저우를 중심으로 유럽과 무역했고, 일본도 나가사키를 개항하여 네덜란드와 무역을 유지했다. 물론 중상주의를 통해 1차적으로 양성한 것은 강력한 군대였다. 심지어 이슬람의 오스만투르크나 무굴제국도 튼튼한 경제력을 바탕으로 강력한 포병부대를 운영했다. 이미 농업사회를 기반으로 하는 군사력으로 대외팽창을 도모할 수 있는 시대는 저물어가고 있었다.

하지만 농업사회를 토대로 하고 상업을 천대한 유교사회에서 중상주의는 요원한 꿈이었다. 그래서 사림들은 북벌에는 동의해도 실천 방법에는 동의할 수 없었다. 전쟁을 위한 농민의 동원과 과중한 조세는 향촌사회를 파괴해서 지지할 수 없었고, 중상주의는 유교 때문에 지지할 수 없었다. 결국 관념적 북벌로 이행할 수밖에 없었다. 오늘날 일부 역사가들은 사림들이 북벌을 위해 희생했어야 한다고 주장하지만, 당시 신분제 사회에서는 불가능한 일이었다. 설령 그랬다 해도 농업사회의 틀 속에서 전쟁에 필요한 만큼 재정을 확보할 수 없었을 것이다. 18세기 청나라 재정규모는 은 4,000만 냥 규모(곡물 2억~4억 석 규모)로서 조선과는 하늘과 땅 차이였다(조선의 재정 규모는 수백만 석 규모로 추정한다).

효종은 사림의 반대 속에서도 북벌을 추진하기 위해 산림의 영수인 송시열의 지지를 받고자 했다. 이것이 유명한 송시열과의 '기해독대'다. 하지만 송시열의 지지를 받는다고 해결될 문제는 아니었다. 본질은 체제 변혁에 있었기 때문이다.

효종의 죽음과 함께 북벌은 관념적 북벌로 변질되었다. 바로 재조지은과 소중화론이다. 임란 이후 선조의 왕권 안정을 위한 이데올로기로 시작한 재조지은은 광해군 때 야당의 논리에서 인조반정의 논리로 발전하더니 병자호란 이후에는 체제의 기본 논리로 발전하였다. 특히 현실적으로 북벌이 불가능해지면서 재조지은은 서인정권을 지탱하는 가장 확고한 논리로 발전하여 향후 300년간 조선사회를 지배하였다. 이로써 조선 지배층은 변화를 이끌어갈 새로운 이데올로기 개발에 실패하고 점차 정체의 늪으로 빠져들게 된다.

기해독대와
의문의 죽음

**효종의 갑작스러운 죽음과 함께
권력은 서인과 노론의 손으로 넘어갔다.**

효종 10년(1659) 3월 11일 효종과 송시열의 기해독대가 이루어졌다. 이날 실록은 "송시열 혼자 입시하였는데, 외조(外朝)에 있는 신하들은 송시열이 어떤 일을 말씀드렸는지 몰랐다"라고 기록하였다. 이날의 대화 내용은 송시열의 기록(《악대설화》)에만 나타나는데, 효종은 10년 안에 10만의 총포대로 요동을 정벌하면 명의 충신열사가 일어나 청이 멸망할 것이라고 말했다 한다. 효종이 기대한 명의 충신열사는 남명 정권을 말하는 것으로 보인다.* 또 오삼계 등의 삼번이 청에 반기를 들 것이라는 소문이 공공연히 돌았는데 이것까지 염두에 두었는지 모른다.

하지만 송시열은 수신이 먼저라며 반대했다. 효종은 송시열에게 이조·병조판서 겸임이라는 높은 지위를 약속하며 북벌에 힘써줄 것을 당부했다. 그런데 그로부터 두 달 뒤, 효종이 갑자기 죽었다.

---

* 당시 남명 정권은 멸망 직전이었다.

5월 4일 아침, 효종이 어의 신가귀와 유후성을 불렀다. 얼굴의 종기가 낫지 않아 불편해한 지 일주일 정도 지난 뒤였다. 신가귀가 침을 놓아 나쁜 피를 뽑아내야 한다고 말하자 유후성과 세자가 말렸다. 하지만 효종은 듣지 않았다. 이윽고 침을 놓았는데 종기에서 피가 멈추지 않아 두 말이나 흘렀다. 어의들이 놀라 피가 멈추는 약을 들이고 대신들을 불렀지만 얼마 후 승하하니, 이때가 오전 11시 전후였다. 신가귀는 다음 달 교수형에 처해졌다.

효종은 기해독대 후 갑자기 죽었다. 혹시 누군가 신가귀를 협박하거나 매수하여 효종을 죽인 것은 아닐까? 신가귀가 수전증이 있었다는 실록의 기록도 의심할 만하다. 과연 효종이 수전증이 있는 의사에게 침을 놓으라고 했을까? 역대 왕들은 암살에 대비한 기본적 의학상식이 있었다. 인종이 약을 거부한 것이 대표적이다. 효종이 수전증 환자에게 몸을 맡길 정도로 경솔했을까? 신가귀의 수전증 기록은 효종이 죽은 후 양사의 상소에만 보인다.

효종 암살설이 나오는 이유는 효종의 갑작스러운 죽음이 이후 역사에 상당한 영향을 미쳤기 때문이다. 권력은 총구에서 나온다는 말처럼, 효종은 북벌을 진두지휘하며 군사권을 토대로 상당한 권력을 휘둘렀다. 사림이 모두 반대했음에도 효종이 대동법과 영장제 등의 제도를 밀어붙일 수 있었던 동력도 모두 군사권에서 나왔다. 이는 패도인 왕은 갈아치워야 한다는 믿음을 가진 사림들, 특히 강한 왕권을 절대적으로 부정하는 서인에게 대단히 위협적이었다.

그런데 덜컥 효종이 죽고 현종이 즉위하였다. 1차 예송으로 기선을 제압한 서인 정권은 5군영의 군사권을 신하들에게로 가져와 서인 정권의 군사적 기반으로 삼았다. 정조 암살 시도를 다룬 영화 〈역린〉은, 5군영의 군사권을 장악한 노론 때문에 정조가 속수무책으로 당할 상황에 처해 있음을 그렸다. 그래서 영화에서 정조는 아버지의 원수인 구선복과 타협하지 않을 수 없었다.

결국 북벌을 핑계로 설치한 5군영은 서인과 노론의 주요 군사적 기반이 되어 이후 300년의 영화를 보상한다. 그것은 효종의 죽음으로부터 시작된다. 이 정도면 음모론의 배경으로 손색없지 않을까?

《박씨부인전》과 《임경업전》

《박씨부인전》의 줄거리는 대략 이렇다. 좌의정 이득춘이 금강산의 도통한 박처사를 만나 교유하다 사돈을 맺기로 하고 아들 시백과 딸 박씨를 결혼시켰다. 박씨 부인은 도통한 선녀로서 남편과 시부모를 잘 모셨다. 병자호란이 일어나 청나라 장수들이 쳐들어오자 도술로 이들을 혼내고 두 번 다시 침략하지 않겠다는 약속을 받아냈다.

박씨부인의 시댁은 인조반정의 주역 이귀의 집안과 흡사하다. 이귀가 정승 반열에 올랐고 그 아들 이시백도 효종 시대 영의정을 지냈다. 병자호란 당시 병조 책임자로 전쟁을 주도했으며, 이후 북벌의 주역 중 하나였다. 따라서 이 소설은 당시 북벌을 추진하던 분위기에서 이들을 미화하여 창작한 것임을 알 수 있다.

북벌과 관련한 인물들이 소설 속에서 영웅화·신격화되는 사례로 《임경업전》을 들 수 있다. 임경업은 남송의 장군으로 여진의 금나라를 북벌할 것을 주장하다 간신에게 모함당해 죽은 악비를 연상시킨다. 그래서 중국에서 악비가 숭모받은 것처럼 임경업 역시 《임경업전》 등 소설과 전설로 미화되었다.

정치권의 북벌 논의와 달리 병자호란의 치욕을 겪은 민중 사이의 반청 감정을 알 수 있으며, 이러한 민중의 반청 감정이 있었기에 정권이 적절히 지배 이데올로기로 활용한 것이다.

왕권과 신권이 대결한
예송논쟁

예송논쟁은 왕권과 신권, 서인과 남인이
정국의 주도권을 놓고 벌인 다툼이었다.

현종은 인종 이후 100여 년 만에 나온 적장자 왕위 계승자였다. 장자 상속을 중시하는 성리학적 가부장제와는 모순적으로 조선왕조에서 적장자 왕위 계승은 흔한 일이 아니었다. 건국 이후 270년이 되도록 적장자로 즉위한 왕은 문종, 단종, 연산군, 인종 4명뿐이었고, 공교롭게도 모두 끝이 좋지 않고 재위기간도 짧았다. 그래서 3대 연속으로 적장자가 왕위를 계승한 현종, 숙종, 경종의 60여 년간은 조선에서는 예외적 시대에 해당한다. 경종 이후에는 아예 적장자 상속이 없었다(일본에 의해 왕위에 오른 순종 제외).

적장자로 왕위를 계승하면 두 가지 좋은 점이 있다. 하나는 성리학적 가부장제에 따라 확고한 정통성을 가지며, 또 하나는 어릴 때부터 제왕 수업을 받아 권력을 장악하기가 쉽다는 것이다. 숙종이 장희빈을 왕비로 책봉한 것도 이런 이점 때문이었다. 이는 곧 왕권 강화를 의미하며, 역으로 신권에게는 위협이 된다. 그래서 신권을 강화하고자 하는 세력은 최대한 이를 훼손하려 드는데, 이것이 현종대의 예송논쟁이다.

▼ 예송논쟁

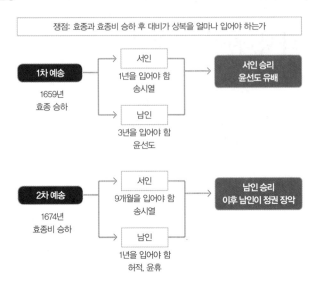

인조는 1638년 마흔셋의 나이로 열다섯 살인 장렬왕후와 재혼했다. 장렬왕후는 아들 효종보다 다섯 살, 며느리 인선왕후보다 네 살 연하였다. 당연히 효종이나 인선왕후보다 오래 살았고, 그때마다 아들이나 며느리의 장례 때 상복을 언제까지 입어야 하냐는 문제가 생겼다. 이것이 바로 1차, 2차 예송이다. 그래서 1차 예송은 효종의 죽음과 함께 시작됐다.

아들이 먼저 죽으면 장자의 경우 3년, 차자의 경우 1년 동안 상복을 입었다. 그래서 송시열은 효종이 차자이므로 장렬왕후는 1년을 입어야 한다고 주장했다. 그런데 남인은 차자라 해도 왕위를 이었으면 적통이므로 장자의 경우를 적용하여 3년을 입어야 한다고 주장했다. 이는 왕실과 사대부의 예를 같이 볼 것이냐 다르게 볼 것이냐, 즉 왕과 신하는 같은 존재냐 다른 존재냐의 논쟁이었다.

그런데 서인의 주장은 복잡한 문제를 하나 더 유발했다. 만약 장자와 차자의 구분을 엄격히 하고 장자의 핏줄만 정통으로 할 경우, 인조의 장남 소현세자의 살아 있는 아들이 왕위 계승권을 주장할 여지가 생긴다. 이 경우 현종의 왕위 계승은 적통이 아니다. 막 왕위에 오른 현종과 서인 정권에는 너무 부담스러운 논쟁이 되고 마는 것이다. 그래서 1차 예송은 장자와 차자를 구분하지 않고 1년을 입는다는 《경국대전》 등의 예(국제)에 따르기로 하는 선에서 봉합하였다. 그리고 이 문제를 계속 물고 늘어지는 남인 윤선도를 귀양 보내고 예송을 금지하였다.

하지만 15년 후 효종비 인선왕후가 죽자 더는 봉합이 불가능했다. 원숙한 정치인 현종이 왕권을 강화하려 했고, 서인 역시 정권 초의 부담에서 벗어나 신권 우위를 확고히 하려 했다. 시어머니는 장자의 며느리가 죽었을 때 1년, 차자 며느리가 죽었을 때 9개월 동안 상복을 입어야 한다. 서인이 차자 며느리의 경우에 따라 장렬왕후가 9개월 동안 상복을 입어야 한다고 주청하자 현종이 지적했다.

기해년에는 시왕의 제도를 사용하고 오늘날에는 옛날의 예를 썼는데 왜 앞뒤가 다른가?(《현종실록》 15년 7월 13일)

1차 예송 때 국제를 통해 타협했으니 이번에도 국제를 사용해야 하고, 그러자면 1년을 입어야 하는데 그렇지 않으니 현종이 노한 것이다. 하지만 서인은 현종의 정통성을 부정함으로써 신권 우위를 확고히 하려 했다. 이틀간의 논쟁 끝에 현종은 크게 노했다.

경들이 이와 같이 근리하지도 않은 어긋난 말로 예법이라고 정하여 선왕더러 정체가 아니라고 하였으니 임금에게 박하게 하였다고 할 만한데 어디에다 후하게 하려고 한 것인가. 더없이 중한 예를, 결코 촉탁받아 한 의논을 가지고 정제(定制)라고 단정할 수 없다. 애당초 국가 전례에 정해진 기년복의 제도에 따라 정하여 행하라.(《현종실록》 15년 7월 15일)

여기서 "어디에다 후하게 하려고 한 것인가(而厚於何地耶)"는 바로 서인과 그 영수 송시열을 말하는 것이다. 결국 현종은 서인이 자기 당의 이익을 왕에 대한 충성보다 우선하는 것을 지적하면서 서인을 몰아내고 남인을 등용하였다. 이것이 2차 예송이다. 비록 예송 직후 현종이 죽었지만 이때의 정권 교체는 숙종의 탕평책과 왕권 강화에 영향을 끼쳤다.

예송논쟁은 단순한 왕권과 신권의 문제만은 아니었다. 17세기 신분제 강화 추세에서 예절은 점점 복잡해지고 까다로워졌다. 예가 사람 사이의 '관계'에서 사회 질서 전반에 대한 규정으로 발전하였기 때문이다. 조선 전기 아들이 죽었을 때는 장자든 차자든 모두 1년간 상복을 입었지만 후기 들어 장자는 3년복, 차자는 1년복 하는 식으로 복잡해진 것도 이 때문이다. 예가 복잡해지다 보니 부수적인 이점도 생겼는데, 곧 예를 가장 잘 아는 사람이 향촌의 지배층이 될 수 있었다. 이는 사림의 지배력 강화에 일조하였다.•

예학이 뭐가 중요하냐고 생각하겠지만, 2003년 유시민 의원이 국회의원 선서 시 캐주얼하게 입고 등원했다가 당시 신한국당 의원들이 국회 모독이라고 야유를 퍼부어 다음 날 다시 정장을 입고 등원한 사건이 있었다. 독일에서는 1980년대 녹색당 의원들의 청바지 등원이 큰 논란이 되었고, 보수언론은 외계인 등장으로까지 묘사했다. 정치에서의 예절은 사상과 정체성의 표현으로 받아들여지기 때문에 지금도 예민하게 여겨진다. 이러한 속성이 현종 시대 예송논쟁으로 비화된 것이다.

• 천민 출신 유희경이 남언경에게 예학을 배워 왕실 장례 고문으로 활약하며 사대부 못지않은 지위를 누리기도 하였다.

조선 당쟁의 중심
송시열

조선 최고의 성리학자 송시열은
붕당정치의 한복판에 선 핵심 인물이었다.

효종대부터 숙종대까지 이어진 당쟁의 중심에 노론의 영수 송시열이 있었다. 송시열은 이이–김장생–송시열의 맥을 잇는 기호학파의 종통이자 제자가 900여 명이나 된다고 할 정도로 많은 무리의 우두머리였다. 그가 위로 명나라와의 의리를 강조하고 아래로 당파의 의리를 강조한 것은 이런 배경 때문일 것이다. 그는 성리학 이외의 학문을 모두 이단으로 규정하는 성리학 교조주의의 입장이었다.

그가 성리학만을 숭상한 이유는 성리학 자체에서 찾을 수 있다. 중국 송나라에서 기존의 훈고학을 대신하여 신유학이 발전하였는데, 이는 과거제와 밀접한 연관이 있었다. 과거제가 발전하면서 시험 과목인 유교 경전을 전문적으로 연구하고 공부하는 사람들이 늘어났다. 과거에 합격하려면 오랜 시간 학업에만 전념해야 했으므로 일반 평민들에게는 불가능한 일이어서, 이런 사람들은 대개 지역의 지주 이상의 경제적 능력자들이었다. 이렇게 안정적인 경제력을 토대로 유교 연구에 전념하는 사람들을 사대부라 하는데, 바로 사대부들

▼ 송시열의 성향

정치	외교	경제	사상	사회
노론의 영수 신권정치	숭명반청 소중화의식	지주 이익 중심 대동법에 부정적 (취지는 좋지만 현실적으로 어렵다)	성리학 교조주의 (이외의 사상은 사문난적이라며 배척)	엄격한 신분질서 추구 성리학적 가부장제 옹호

이 신유학을 발전시킨 것이다.

 신유학은 오경보다는 사서를 강조하고, 경전보다는 인성이나 우주 같은 심오한 세계를 연구주제로 삼았다. 많은 학파가 생겨나 다양한 견해를 제시하였으나, 북송 말기 정호와 정이 형제에 의해 등장하고 주희가 완성한 성리학이 주류를 이루었다. 그런데 그들은 성리학을 북방 유목민족의 전통 신앙이나 불교보다 우월한 고등종교라고 생각했다. 이로써 중국을 정신문명의 선진 지역으로 보고 주변을 후진 지역으로 보는 존화적 세계관이 나타났다.

 향촌의 사림이 성리학을 수용하고 발전시킨 것, 그들이 재조지은에 따라 명과의 의리를 주장한 것, 불교와 기타 신앙을 배척하고 심지어 불교에 우호적인 양명학 등 다른 유교마저 배척한 것은 당연한 일이었다. 그러한 사상적 흐름을 대표하는 인물이 송시열이었다. 그는 사림의 큰 스승으로서 성리학만 유일한 정학으로 인정하고 나머지를 이단으로 규정함으로써 지방 사대부, 즉 사림의 기반을 흔들 어떠한 사상적 흐름에도 단호히 맞섰다. 그리고 붕당의 학파적 성격이 강화되는 흐름 속에서 서인의 영수로 당쟁에서 절대적 영향력을 발휘하였다.

 송시열은 효종의 스승이었으며 재야에서 학문을 연마하는 산림이었다. 병자호란 이후 은둔하며 학문을 연구하면서 이름을 알렸고, 재조지은과 반청 주장으로 기개를 떨쳤다. 북벌을 위해 산림의 도움이 절실하던 효종의 간곡한 부탁으로 출사하였지만 군사적 북벌을 주장하는 효종에 관념적 북벌을 주장하며 대립하였다. 효종이 죽은 후 예송논쟁이 일어나자 서인의 당론을 주도하며

◀ 송시열 초상(국보 제239호).

성리학 교조주의를 내걸었고, 2차 예송에서 서인이 패하자 숙종 초 남인 정권 비판을 주도하며 서인의 영수로 우뚝 섰다. 특히 성리학의 교조 주자의 이론을 독점하고 여기서 벗어난 이들을 사문난적으로 몰아 숙청하면서 서인 중에서도 가장 경직된 노론 중심 정치를 만들어냈다.

송시열의 활약을 둘러싼 조선 정치는 17세기 이후 스페인을 연상시킨다. 아메리카대륙의 이익을 독점하여 화려한 영광을 누렸던 스페인은 종교개혁 와중에 가톨릭과 교황의 수호자로 자처하였다. 이들은 구교의 교리를 고집하고 개신교의 교리나 새로운 사상을 주장하는 자들을 종교재판에 회부하여 화형에 처했다. 근대 초기 유럽을 휩쓴 종교재판과 마녀사냥의 광풍이 스페인과 그 영향 아래 있던 이탈리아, 독일 등지에서 위력을 발휘한 것도 이 때문이었다. 그래서 스페인은 결국 유럽의 근대화 물결로부터 멀어져 19세기가 되면 식민지 대부분을 잃고 유럽의 3류 국가로 추락하였다. 일찍이 세르반테스는 그런 스페인의 몰락을 소설《돈키호테》에서 통렬히 풍자했다.

송시열이 주도한 성리학 교조주의는 조선 후기 사문난적이라는 조선판 마녀사냥으로 비화되어 새로운 사상을 주창하는 자들을 숙청하거나 권력에서 밀어냈다. 송시열이 치열하게 투쟁한 결과 숙종 이후 조정은 성리학 교조주의자들인 노론에 독점되었다. 조선 정치는 스페인처럼 활기를 잃었으며 권력에서 밀려난 학자들은 세르반테스처럼 《허생전》 같은 소설을 지으며 현실을 풍자하는 데 그칠 뿐이었다. 그리하여 조선 후기 정치는 역사로부터 외면당했고, 우리는 도시의 저잣거리에서 근대를 찾게 되었다.

ⓞ 역 사 메 모 ┊┄┄┄┄┄┄┄┄┄┄┄┄┄┄┄┄┄┄┄┄┄┄┄┄┄┄┄┄┄┄┄┄┄┄┄┄┄┄┄

1669년에 송시열의 건의로 동성결혼을 금하는 법이 시행되었다. 또 자식의 신분은 어머니를 따른다는 종모법도 시행되었다. 임진왜란과 병자호란 이후 신분 질서가 무너지자 이를 지키기 위하여 가부장제가 강화되었는데. 이로 인해 남녀차별, 신분차별 등 엄격한 법과 관습이 만들어졌다. 출가외인, 친영(시집에서 사는 것), 칠거지악, 입양금지, 종손 등 집안의 위계질서와 남성의 지위를 강화시키는 전통이 이때 강화되었다.

History   *Column*

모내기법과 광작

임진왜란 이후 모내기법(이앙법)이 본격적으로 발달하여 현종 때가 되면 점차 사회적 변화가 두드러지기 시작했다. 모내기법은 중국에서 송나라 때부터 유행한 농법으로, 봄에 모판에 볍씨를 뿌린 뒤 이것이 자라나 모가 되면 논에 옮겨 심는 농법이다. 초기 생장 기간에 집중적으로 관리할 수 있기 때문에 벼의 생존력을 높여 죽지 않고 잘 자라게 한다. 그래서 기존 농법에 비해 생산력은 최대 5배, 노동력은 최대 8분의 1까지 절감할 수 있다. 단지 모내기할 때 물이 많이 필요하므로 저수지 등 물 관리가 필수적이다.

모내기로 노동력이 절감되고 생산력이 증대되자 기존의 소작인을 해고하고 한 사람이 넓은 땅을 경작하거나, 저렴한 노동 비용으로 임노동자를 고용하여 농사짓는 광작이 유행하였다. 이로써 농민은 소수의 부농과 다수의 빈농으로 계층이 분화되었다. 많은 부를 축적한 지주들이 이윤을 위한 농사를 지으면서 농촌에도 경영 개념이 도입되고, 이윤을 창출하기 위한 가혹한 노동착취가 이루어졌다.

18세기에 완성된 《흥부전》은 17세기부터 성장한 경영형 부농(놀부)과 소작인(흥부)의 관계를 빗댄 소설이다. 여기에는 소작인의 고달픈 생활이 시대 상황에 맞게 잘 묘사되어 있다.

"흥부가 품을 파는데 상하전답 김매주고, 보부상단 삯짐 지고, 초상난 집 부고 전하기, 묵은 집에 토담 쌓고, 대장간 풀무 불기, 십리길 가마 메고, 두 푼 받고 똥채 지고, 닷 냥 받고 송장 치기, 이렇게 벌기는 해도 생계가 막막하니…"

제4장

개혁의 시대

조선 후기의 사회변화

최 씨는 새벽이면 잠에서 깬다. 늙으면 새벽잠이 없고 세월에 장사 없다더니 그도 예외가 아니다. 부스스한 얼굴로 일어나니 며느리가 앞치마를 두르고 부엌으로 가다 인사를 한다. 쪽머리를 하고 비녀를 지른 며느리는 가슴까지 내려오는 저고리에 치마를 바짝 올려 묶었다. 시집 온 지 1년이 넘었건만 아직도 어딘가 계면쩍다. 그는 '잘 잤느냐' 같은 의례적 인사 한마디 하지 못하고 고개만 주억거리고는 집을 나섰다.

희부옇게 먼동이 터 길을 비춘다. 뒷짐을 쥐고 천천히 걸어가면 그가 피땀 흘려 일군 논이 드넓게 펼쳐져 있다. 상놈으로 태어나 머슴으로 지내던 젊은 시절, 남들은 그에게 허영에 들떠 농사를 짓지 않는다고 손가락질했지만, 손가락질한 사람 모두 여태껏 땅만 파고 자신은 이제 500석지기 지주로 떵떵거리며 살고 있다. 바보 같은 놈들!

그는 언덕배기에서 잠시 쉬며 산을 올려다본다. 저 산에서부터 인생이 바뀌었다. 한양에서 내려온 사람이 금을 캐 부자가 된 것을 보고 열일곱에 무작정 가출해서 금광을 전전한 지 10년 만에 저 산에서 금맥을 찾은 것이 시작이었다. 저 산의 금이 없었다면 자신도 다른 사람들과 다르지 않았을 것이다.

그는 다른 막장 인생들과 달리 금으로 번 돈을 차곡차곡 쌓아갔다. 대개의 경우 금맥을 찾으면 물주나 덕대가 대부분을 챙기고 그 밑의 사람들에게는 약간의 몫만 돌아가는데 그것을 도박과 술로 탕진하곤 했다. 하지만 최 씨는 그 돈을 새로운 금맥을 찾을 종자돈으로 삼을 뿐 낭비하지 않았다. 마침내 작은 물주가 되어 사람을 모아 저 산에서 금을 찾아 크게 한탕한 뒤 논밭을 사서 지주가 되었다. 돈은 변덕이 심하지만 땅은 정직한 법이다.

내리막길을 가다 정자를 보고는 바닥에 침을 뱉었다. 그곳은 향약 모임을 하는 곳이다. 이곳 양반들은 저기에 모여 나라에서 부과하는 각종 세와 역을 배분했는데, 그것은 항상 자기 같은 평민 몫이었다. 돈을 뼈 빠지게 벌어도 양반들 대신 세와 역을 내면 남는 것이 없었다. 그래서 고을의 몰락 양반 김 진사에게 논마지기를 주고 그의 딸을 아내로 취했다. 어머니가 양반이면 자식도 양반이요, 자식이 양반이면 나도 양반이 아닌가? 그런데 저것들이 양반으로 인정하지 않겠다는 것이다. 나라 법을 따르든 속이든 양반이 되었으면 양반이어야 하는데, 향약은 법 위에 있어 여전히 세와 역을 부과했다. 저 모임에 참여해야 하는데, 저들은 모임에 끼워주지 않는다. 이래서는 이사라도 가야 할 판이다. 하지만 언제 죽을지 모르는 나이에 성공을 안겨준 이 땅을 떠날 생각은 없다. 아마 내가 죽은 후 아들은 떠나지 않을까?

마을을 한 바퀴 돌고 오니 며느리가 아침상을 올린다. 시뻘건 김치만 보면 군침이 돈다. 한양 양반들은 백김치를 먹는다지만, 상것들은 일본인가 어딘가에서 왔다는 고추가 없으면 음식이 맛이 없어 먹을 수 없다. 어디 김치뿐이랴. 고기에도 고추 양념이 으뜸이요, 생선에도 고춧가루를 뿌려야 맛있다. 맵고 얼큰한 맛을 호리호리하고 희멀건 서울 양반들이 알 리 없다. 그런데 여기에 은밀한 비밀이 하나 있다. 고추는 비싸다. 아무나 고춧가루를 음식에 뿌릴 수 없다. 고추에 버무린 음식이야말로 부의 상징인 것이다. 최 씨가 음식마다 고추를 마구 뿌리는 이유가 여기에 있다.

최 씨는 아침을 먹은 뒤 다시 마을로 내려갔다. 소작인들을 감시하기 위해서였다. 잠시라도 한눈을 팔면 농군들은 농땡이를 친다. 그들은 노동의 즐거움을 모르고 그저 게으르다. 그러면서도 일확천금을 노린다. 어떤 놈은 저수지도 없는데 모내기를 하다 그해 농사를 망쳐먹었고, 또 한 놈은 나싸고싸 모리밭을 갈아엎고 고추를 심었는데 장마철 비에 다 썩어버렸다. 심지어 자기 논이

제4장 개혁의 시대 221

금맥이라며 온통 파헤치고 야반도주한 놈도 있었다. 얌전히 농사나 짓도록 감시하지 않으면 내 논에 무슨 짓을 할지 모른다.

"자네 나왔나?"

옆 동네 지주인 한 생원이다. 그도 양반을 돈 주고 샀는데, 담배농사를 지어 돈을 벌었다. 요즘은 굳이 농사짓지 않아도 얼마든 먹고살 수 있다. 하지만 사람 마음이 이상해서, 돈은 금이나 담배 같은 못 먹는 것으로 벌어도 그 돈으로 산 땅에는 꼭 먹을 수 있는 쌀이나 보리를 심는다.

"이거 먹어보게."

누런 떡을 건네준다.

"아침부터 웬 떡?"

"중국 떡이야. 가수… 가수저라?* 그런 이름이라더군."

먹어보니 아주 달고 부드럽다. 눈을 먹는 기분이다.

"중국 떡은 이상하구먼. 어디서 구했나?"

"도시에 간 아들놈이 사왔어. 비싼 거야. 중국에 있는 색목인 떡이라는군."

한 생원은 도시에 가게를 내려는 욕심에 아들을 자주 도시로 보낸다. 그는 최 씨와 동업을 원해 종종 찾아와 소식을 전하곤 한다. 하지만 최 씨는 시치미를 뗀다. 사실 둘째 아들을 이미 도시에 보내 알아보는 중이다.

그날 저녁 최 씨의 아들 동복이는 명월관이라는 술집에서 사람들을 만났다. 가게에 물건을 납품해줄 운송업자들(선상)을 접대하는 자리였다. 하지만 일이 도무지 풀리지 않는다.

"이쪽 시장은 박 첨지네 가게에만 물건을 댈 수 있어요. 다른 데 물건을 댔다가는 죽습니다."

시장은 철저한 독점구조였다. 상인들은 이를 이용하여 가격을 적당히 조정

---

* 카스텔라.《임원경제지》에 그 제조법이 나온다.

해서 이윤을 남겼다. 풍년이 들어도 문을 여는 쌀가게는 하나뿐이고, 가게 주인이 비싸게 팔면 비싸게 사야 하는 것이 이곳 시장의 법칙이다. 그래서 오히려 풍년이 들면 쌀값이 더 비싸곤 했다. 흉년 때는 관에서 쌀 가격 감시를 나오지만 풍년이 들면 덜 나오기 때문이다.

"자자, 일 이야기는 천천히 하시고, 우선 한잔 마십시다. 좋은 술이 앞에 있습니다."

완강한 선상들 때문에 동복이는 애를 먹는다. 담배를 권하고 건배를 하고 연홍이의 가야금 소리를 들으면서도 머릿속으로는 온통 이들을 설득할 궁리뿐이다. 돈을 높여야 하나? 인간적으로 호소할까? 그냥 농사나 지어? 그때 문득 아침에 들른 무당집이 생각난다. 무당 뒤에 사나운 호랑이 그림이 걸려 있었다. 호랑이, 호랑이라? 그는 잠시 나갔다 다시 들어와 호들갑을 떤다.

"자, 오늘 좋은 동무들 만나 즐거운 시간을 보냈습니다. 그런데 저는 나가봐야 할 것 같습니다. 호방 어른께서 부르시네요. 아니, 아니 일어나실 것 없습니다. 오늘 술값은 모두 제가 내겠습니다."

뒤에 권력을 업으면 못할 일이 없다. 저들이 두려워하는 것은 박첨지가 고용한 왈짜(깡패)들이지만, 왈짜들은 관을 무서워한다. 또 이쪽도 얼마든지 왈짜들을 고용할 수 있다. 관에서 눈감아주기만 하면 된다. 동복이는 아버지와 의논할 것을 생각하며 술집에서 나왔다. 밤길을 걷는데 골목에서 남녀 둘이 사라진다. 쯧쯧, 말세다. 도시는 요지경이라 도덕도 없고 예의도 없다. 저들은 필시 광대이리라. 아까 낮에 시장에서 광대들이 산대놀이를 하는 것을 보았다. 가게 주인들은 손님을 끌기 위해 놀이패를 고용하여 탈춤이나 산대놀이 같은 것을 보여준다. 그들은 춤도 추고 놀이도 하고 놀부전이니 춘향전이니 하는 이야기도 들려준다. 가만, 그러고 보니 가게를 열려면 우리도 그런 놀이패들을 끌어들여야 할 텐데, 뭘 하나? 남사당을 불러볼까? 판소리도 좋은데….

도시의 날은 위넝성 밝고 술십들의 소란함은 짐짐 밀어지긴다. 곧 흰기위 보름이 다가온다.

격화되는 당쟁과
환국의 반복

남인과 서인, 노론과 소론 간의 계속되는 환국은
17세기 후반 조선의 정치적 혼란을 가져왔다.

> (상이) 하교하기를, 당론이 선조조부터 성하기 시작하였고, 효종조에 이르러서는
> 송준길·송시열이 두소(斗筲)의 비루하고 미세한 무리로써 유자(儒者)의 이름을 빌
> 려 산림에 물러나 있으면서 조정의 권력을 멀리서 잡고는 인물을 진퇴하거나 크고
> 작은 정사도 반드시 이 두 사람에게 먼저 품의한 뒤 상달(上達)하였으니, 일이 극
> 히 한심스러웠다.(숙종 1년 윤5월 27일)

열세 살 어린 왕의 말이라 생각하기에는 당차기 그지없다. 숙종은 열셋의 어
린 나이에 즉위하였지만 현종이 물려준 왕권과 남인 정권의 도움 속에서 모
후의 수렴청정 없이 친정을 하며 당쟁의 문제점을 지적하고 개혁하려 하였다.
우리는 이때부터 영·정조 시대까지를 탕평 시대라 한다.

그런데 역사가들은 숙종 시대를 탕평 시대라기보다 편당정치 혹은 환국의
시대라고 하며 박하게 평가한다. 환국이란 한 당이 상대 당을 몰아내고 일당독
재하는 정치를 말하는데, 권력이 교체될 때에는 가혹한 정치 보복이 수반되는

것이 특징이다. 숙종은 탕평을 내세웠지만 서인과 남인, 노론과 소론의 정권 교체를 통해 왕권을 유지하는 데 급급했고, 오히려 이 과정에서 당쟁을 더욱 격화시켰기 때문에 이러한 평가를 받는 것이다. 하지만 숙종 시대는 당쟁의 격화라기보다 서인의 권력 독점이 심화된 시기라고 보는 것이 더 정확할 것 같다.

조선은 17세기 들어 엄청난 사회경제적 변화에 직면했다. 이앙법이 전국적으로 퍼져 광작이 시행되면서 부농이 등장하고 상업적 농업이 발달하였다. 경영능력에 따른 부의 축적과 편중은 계층 분화와 부익부빈익빈을 심화시켰다. 상업의 발달은 당연히 공업 발전을 일으켜 관청수공업이 무너지고 민영수공업이 발전하였으며, 공업 원료를 위한 광업도 발전하여 이미 효종 연간에 설점수세제 같은 정책이 시행되었다. 조선사회 전반에 등장한 자본주의의 초기적 모습이 이미 효종, 현종 연간에 제도화될 정도로 성장하였다.

당연히 기존의 봉건세력은 자신들을 지키기 위한 투쟁에 나설 수밖에 없다. 향촌사회의 지배권을 지키기 위해 향약, 서원 등의 지배력을 강화하고, 조세 부담 등 특히 경제적 부담을 가중할 만한 일에는 결사적으로 반대하였다. 이를 위해 권력 장악은 필수적이었고, 이것이 당쟁 강화로 나타났다. 특히 현종이나 숙종처럼 정통성을 갖고 있는 강력한 군주가 등장하자 왕을 자신들의 편으로 하기 위해 외척세력을 강화하였다. 일찍이 서인은 인조반정부터 "왕은 반드시 서인 집안에서 나와야 한다"라고 원칙을 정할 정도였다. 인현왕후와 장희빈의 비극은 바로 이 때문에 일어났다.

치열한 당쟁 과정에서 권력은 사실상 서인에게 넘어갔다. 신하들이 왕에게 보고하는 것이 아니라 서인의 영수 송시열에게 먼저 보고하고 난 뒤 왕에게 보고한다고 개탄하는 목소리가 높았다. 그래서 현종은 말기에 서인을 숙청하고 남인을 등용하였으며 숙종도 이를 계승했다. 남인은 권력 기반을 튼튼히 하기 위해 서인이 장악한 5군영 군사권을 빼앗아 오려고 했는데 이때 나온 것이 윤휴의 북벌론이다. 윤휴는 당시 청에서 삼번의 난이 일어나자 이를 기회로 10만 대군을 양성하여 요동을 정벌하자고 주장했다.

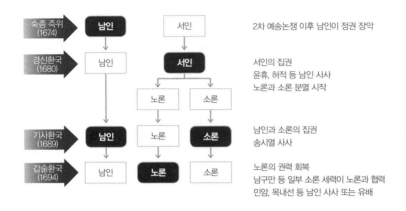

▼ 붕당과 환국

숙종 즉위 (1674)	**남인**	서인		2차 예송논쟁 이후 남인이 정권 장악
경신환국 (1680)	남인	**서인**		서인의 집권 윤휴, 허적 등 남인 사사 노론과 소론 분열 시작
		노론	소론	
기사환국 (1689)	**남인**	노론	**소론**	남인과 소론의 집권 송시열 사사
갑술환국 (1694)	남인	**노론**	소론	노론의 권력 회복 남구만 등 일부 소론 세력이 노론과 협력 민암, 목내선 등 남인 사사 또는 유배

하지만 남인의 군사권 장악 의도는 왕권에 위협이 될 수도 있었다. 숙종은 재위 6년 경신환국을 일으켜 남인을 축출하고 서인 정권을 수립하였다. 공존이 깨지자 당쟁은 집권당의 가혹한 보복을 일으켜 윤휴, 허적 등 많은 남인이 역모죄를 뒤집어쓰고 처형당하였다. 서인에서 보복을 주도한 이는 송시열이었는데, 서인 박세채, 윤증 등이 이에 반발하였다. 평소 송시열이 주자학 이론을 독점하고 이를 비판하는 데 대한 불만이 이를 계기로 터져나온 것이다. 이로써 서인은 송시열계의 노론과 윤증계의 소론으로 분열되었다.

숙종 15년, 노론에 위기가 닥쳐왔다. 남인 계열의 장희빈이 아들을 낳았는데 숙종이 이 아이를 원자로 책봉하려 한 것이다. 왕은 서인 집안에서 나와야한다는 원칙이 깨지게 되자 노론은 격렬히 반발하였다. 예부터 세자 책봉은 왕권과 가장 긴밀한 문제였다. 크게 노한 숙종은 송시열을 사사하는 등 노론을 숙청하고 남인과 소론 중심으로 권력을 재편했다. 또 장희빈을 왕비로 책봉하고 노론의 인현왕후를 폐위했다. 이를 기사환국이라 한다.

하지만 소수파 남인 정권은 오래가지 못했다. 곧 노론의 전면적 반격이 시작되었고, 숙종은 권력투쟁에 점점 지쳐갔다. 마침내 노론이 폐위된 인현왕후를 남인이 암살하려 한다고 고발하자 숙종은 남인을 축출하고 노론을 다시 등용하였다. 이어 인현왕후가 죽자 남인과 장희빈이 인현왕후를 저주해서 죽였다 며 남인을 다시 회복할 수 없도록 숙청하였다. 이를 갑술환국이라 한다.

총 3차의 환국으로 권력은 수구 기득권층인 노론에 집중되었고 왕권은 심 각하게 위축되었다. 결국 숙종의 탕평과 편당정책은 실패했는데, 탕평책이란 것이 이렇게 좋지 않았다. 숙종은 아내를 죽였고, 영조는 아들을 죽였다. 그럼 에도 숙종은 장희빈의 아들을 지켰고 영조는 사도세자의 아들을 지켰다. 역사 의 비극에서 왕조차 벗어나지 못한 것이 아닌가. 노론의 횡포 속에 왕위를 지 키려는 왕들의 노력을 우리는 계속 지켜보게 될 것이다.

숙종과 인현왕후
그리고 장희빈

**노론과 남인은 각기 인현왕후와 장희빈을 통해
정치적 입지를 확고히 하려 했다.**

숙종 시대 장희빈과 인현왕후의 궁중비화는 사극의 단골 소재로서 누구나 한 번쯤 드라마나 영화로 접해본 일화다. 그런데 역사에서는 장희빈을 다양한 각도로 조명하는 데 비해 영화나 드라마에서는 천편일률적으로 악녀로만 그린다. 극에서는 선악구도가 뚜렷한 갈등구조를 선호하는데 인현왕후를 악역으로 그리기가 부담스럽기 때문이다. 하지만 극에서 벗어나 역사적으로 바라보면 인현왕후나 장희빈 모두 당시 정치적 상황에 충실했을 뿐이다.

장희빈의 이름은 장옥정으로, 역관 장경의 서녀다. 장경은 역관 가문인 인동 장씨 출신인데, 이 집안은 장경의 아버지 장응인 이후 역관이 20여 명이나 배출된 명문가다. 장경 역시 사역원 부봉사를 지냈다.

역관은 중인이지만 조선 후기 들어서 상당한 재물을 바탕으로 권세를 누렸다. 그들이 무역과 외교를 담당했기 때문이다. 그러니 지금으로 말하면 삼성물산이나 LG상사 같은 종합상사의 역할을 했다고 볼 수 있다. 가령 변승업은 숙종 때 역관으로 《허생전》 변부자의 실제 모델로 알려진 인물이다. 그가 아내의 장례를 치를 때 왕실에서만 사용할 수 있는 옻칠한 관을 써서 문제가 생겼는데 이를 무마하기 위해 10만 금을 뿌렸다고 한다. 이는 역관이 재력을 바탕으로 정치에도 실력을 행사했음을 보여주는 것이다. 특히 중국어 역관은 청나라와의 외교에 참여하면서 인맥을 폭넓게 쌓아서 청의 눈치를 봐야 하는 조선 정치가들 사이에서는 무시 못할 존재였다.

인동 장씨도 마찬가지였다. 특히 《허생전》 변부자의 또 다른 실제 모델로 일컬어지는 장현은 소현세자의 인질 생활을 6년 동안 함께한 역관으로, 청나라 사정에 능통하고 발달된 문물에 대한 지식도 해박하였다. 그래서 청과 일본 사이 중개무역을 통해 부를 축적하고 청에 대해 개방적 사고를 하는 정치세력과도 밀접한 관계를 맺었다. 변씨 집안이 노론과 밀접했다면, 장씨 집안은 남인과 밀접했다.

그런데 경신환국 때 남인이 축출당하면서 장현도 유배형에 처해졌다. 당시 무역은 청나라에 파견하는 외교 사절들이 중국에 들어가 하는 조공무역이었기 때문에 정치적 억압은 곧 사업에도 영향을 끼쳤다. 장현은 남인 정권의 부활을 위해 종질녀로서 자신이 그동안 돌보던 장옥정을 궁에 들여보냈다. 자식을 보지 못하던 숙종이 장옥정을 총애하여 아들이라도 낳는다면 남인에서 왕이 배출되고 확고한 권력을 얻는 것이었다.

장옥정은 쉽게 숙종의 사랑을 얻지 못했다. 숙종이 장옥정을 가까이한다는 소문이 돌자 서인이 숙종의 모후 명성왕후를 움직여 옥정을 쫓아냈기 때문이다. 하지만 명성왕후가 죽자 옥정은 다시 숙종의 부름을 받았고, 마침내 아들 균을 낳았다. 이 아들이 숙종의 뒤를 잇는 미래의 경종이다.

스물일곱의 비교적 늦은 나이에 아들을 얻은 숙종은 왕비인 인현왕후가 아들을 낳지 못할 것이라 생각하고 서둘러 균을 원자로 책봉하려 했다. 하지만 예상대로 서인, 특히 노론의 반대가 격렬했다. 노론은 이미 장희빈에 대해 집요하게 공격을 퍼부었다. 인현왕후는 장희빈의 종아리를 때렸고 사헌부 관리는 장희빈 어머니의 가마를 때려부쉈다. 심지어 인현왕후는 장희빈이 언젠가 나라를 망칠 것이라고 모함했다.

어느 날 나(숙종)에게 말하기를, '꿈에 선왕과 선후를 만났는데 두 분이 나를 가리
키면서 말하기를 내전과 귀인은 선묘 때처럼 복록이 두텁고 자손이 많을 것이다.
그러나 숙원은 아들이 없을 뿐만 아니라 복도 없으니, 오랫동안 액정(掖庭)에 있게
되면 경신년에 실각한 사람들에게 당부(黨付)하게 되어 국가에 이롭지 못할 것이
라고 했습니다' 하였다.(《숙종실록》 15년 4월 21일)

결국 숙종은 아들을 지키기 위해 장희빈을 왕비로 봉하고 인현왕후를 폐하
였으며 이에 반대하는 노론을 숙청하였다. 이것이 바로 기사환국이다. 하지만
숙종의 아들 지키기는 만만하지 않았다.

인현왕후가 폐위된 이후 정권을 되찾기 위한 노론의 공작이 전방위적으로
펼쳐졌다. 장희재는 인현왕후와 김귀인이 은화를 모으고 있다고 폭로했고, 비
변사에서 변학령 등 역관 부호들이 은을 모으고 있다고 고발했다. 이는 서인
이 정치자금을 대규모로 모으고 있다는 의미였다. 김만중은《사씨남정기》등
소설을 통해, 또 다른 서인들은 민요*를 통해 대중 사이에서 남인 정권을 공
격하는 흑색선전에 나섰다. 더군다나 5군영 등 군권은 여전히 서인에게 있었
다. 숙종 5년 남인 영의정인 허적이 포도청이 자신을 사찰한다고 항의했을 정
도로 서인은 공권력을 장악하고 놓지 않았다. 결국 중종이 훈구의 압박 속에
조광조를 내친 것처럼, 숙종 역시 장희빈과 남인을 내치고 말았다.

숙종은 장희재의 고발이 인현왕후와 노론을 제거하려는 공작이라며 남인
을 역모 혐의로 숙청하고 노론·소론 정권을 수립하였다. 물론 송시열도 복권
시켰다. 이것이 갑술환국이다. 얼마 후 인현왕후가 죽자 노론과 결탁한 후궁
최씨(영조의 어머니)가 장희빈이 저주해서 죽었다고 고발하였다. 이에 장희빈을

• "장다리는 한철이고 미나리는 사철이네."(〈미나리와 장다리〉)

사사하고 다시 남인들을 대거 숙청하였다. 이를 무고의 옥이라 한다. 이 두 사건으로 남인은 두 번 다시 재기할 수 없는 타격을 입었고, 이후 조선은 망할 때까지 서인의 노론과 소론의 세상이 된다.

장희빈이 인현왕후를 저주했는지는 명확하지 않다. 또 궁중 내의 저주 사건은 사사할 정도의 죄도 아니었다. 일반적으로 저주 사건은 폐서인이 가장 큰 처벌이었다. 이는 결국 "서인 집안에서 왕이 나와야 한다"는 노론의 원칙에 희생된 것임을 알 수 있다. 왕의 사랑을 받고 왕자를 낳아도 노론의 미움을 받으면 목숨조차 보존하기 어려운 것이 바로 숙종 시대 말기의 모습이었다.

◉ 역 사 메 모

17세기 후반, 일본 어선들이 독도 근해를 침범하면서 조선 어선들의 어업 활동에 많은 피해가 발생했다. 수군에 복무하며 일본어를 익힌 어민 안용복은 이에 항의하기 위해 1697년 쓰시마 섬으로 건너갔고, 일본 정부(막부)까지 찾아가 독도는 조선의 영토이며 일본 어선들의 조업을 금지시키겠다는 약속을 받아내고 돌아왔다. 조선 정부는 정부 대표를 사칭한 죄로 안용복을 추궁했으나 영토를 지켜낸 점을 참작하여 그를 유배형에 처했다.

빈부격차의 확대와
토지개혁론의 대두

일부 지주들에게 토지가 집중되며 사회 갈등이 커졌고
실학자들은 토지개혁을 통해 이를 해결코자 했다.

17세기 광작의 유행과 이에 따른 계층 분화, 빈부격차는 심각한 사회적 갈등을 일으켰다. 어느 시대든 초기 자본주의 사회의 경영에서 인간적 배려라고는 눈곱만큼도 없는 법이다. 16세기 영국에서 모직물공업이 일어나 양털 가격이 폭등하자 지주들이 소작인을 쫓아내고 농토를 갈아엎어 목초지로 바꾼 인클로저운동이 일어났다. 농토에서 쫓겨난 농민들이 유랑하다 굶어죽자 토머스 모어는 "양들이 사람을 잡아먹는다"라며 격렬하게 비판하였다. 그는 중상주의를 비판하다 결국 반역죄로 헨리 8세에게 처형되고 말았다.

조선에서도 토머스 모어 같은 학자들과 《유토피아》 같은 저작들이 17세기부터 나왔다. 바로 실학자들의 토지개혁론이다. 당시 지주들의 대토지 독점에는 세 종류가 있었다. 하나는 궁방전 등 대규모 면세전을 소유한 왕실인데, 그 면적이 전체 농토의 3퍼센트에 가까운 4만 8,000여 결이었다. 궁방전 등 왕실 소유 토지의 상당량이 인조 이후 늘어난 것이었다. 또 하나는 서인 권세가들의 경우인데, 이들은 권력을 이용하여 힘없는 양인의 토지를 빼앗았다. 마지막으

▼ 토지개혁론

유형원의 균전론	신분별로 차등을 두어 토지 분배
이익의 한전론	매매 가능 여부에 따라 토지를 나누고 매매가 불가능한 영업전만 분배
정약용의 여전제	마을 단위로 토지 분배(공동 생산, 공동 분배)

토지개혁의 공통 목표: 지주·전호제 극복, 자영농 육성

로 광작 등 새로운 농업 경영을 통해 성장한 경영형 부농들의 대토지 소유였다. 실학자들은 이러한 대토지 소유와 일반 농민들의 몰락을 막기 위해 토지국유화나 재분배가 필요하다고 주장했다. 물론 그 주장은 최대 지주인 왕실과 서인 권세가들을 향한 것일 수밖에 없었다.

토지개혁론의 선구자는 효종 – 현종 시기 활동한 유형원이었다. 그는 북인 계열 유흠의 아들인데 두 살 때 유흠이 북인 유몽인의 옥으로 죽임을 당한 이후 관직에 나아가기 어려운 처지가 되었다. 이에 관직 진출을 포기하고 전라도 부안 우반리라는 곳에 낙향하여 학문을 연마하고 제자를 키우며 사회개혁론을 연구하였다. 그 결실이 《반계수록》인데, 거기에 유명한 균전론이 실려 있다. 그의 균전론은 궁방전 폐지 등을 통해 토지를 국유화하고, 이 토지를 양반과 평민에게 각기 차등을 두어 나누어준 뒤 농사를 짓게 하며, 이를 기반으로 병역과 조세 등을 운영하자는 주장이었다. 중국 수·당대 균전제에서 모티브를 얻은 제도로, 시대적으로 떨어지는 느낌이 있지만 지주 소작인 제도가 강화되는 추세에서 청량감 있는 개혁안이었다. 그의 개혁안은 정부에 건의되었으나 무시당하다가, 훗날 영조가 그의 저술에 크게 감동받아 널리 유포하여 영·정조 시대 개혁안에 큰 영향을 끼쳤다.

숙종 시대 활약한 실학자로는 이익, 유수원 등이 있다. 특히 이익은 성호학

파를 형성하여 수많은 실학자를 길러내고 한전제를 주장하였다. 이익은 남인 집안으로, 경신환국으로 아버지가 유배당하고 갑술환국으로 형 이잠이 옥사하면서 권력에서 배제되었다. 이에 경기도 안산에서 개혁론을 연구하고 제자들을 키웠다. 그가 주장한 한전제는 농민들에게 영업전이라는 매매할 수 없는 토지를 지급하고 나머지 토지만 매매할 수 있도록 하여 자영농민을 보호하는 제도였다. 토지가 상품화되는 현실을 일정 부분 수용한 제도로서 상공업을 중시하는 중상학파들에게도 많은 영감을 주었다. 또 이익은 일본의 국력을 인정하고 적극적으로 교류하자는 주장을 펴는 등 대외적으로 개방적인 정책 수행이 필요함을 역설하였다. 그는 노론과의 타협을 거부하여 영조의 부름에 응하지 않았지만 그의 쟁쟁한 제자들인 안정복, 허전, 권철신, 정약용 등은 정조 때 큰 활약을 펼쳤다.

숙종 시대는 정치적으로 노론 일당 독재가 점점 심화되고 봉건적 지배층이 새롭게 일어나는 자본주의의 맹아를 짓밟은 시절이지만, 다른 한편으로 중인 재벌들이 정치에 참여하고 근대사상인 실학이 서서히 성장하면서 조선 근대를 준비하는 역동의 시대이기도 했다. 조선은 역동성이 넘치는 영·정조의 르네상스를 향해 나아가고 있었다.

장길산은 성공했을까

임금이 또 국청에 하교하기를,

"극적(劇賊) 장길산은 날래고 사납기가 견줄 데가 없다. 여러 도로 왕래하여 그 무리가 번성한데, 벌써 10년이 지났으나 아직 잡지 못하고 있다. 지난번 양덕에서 군사를 징발하여 체포하려고 포위하였지만 끝내 잡지 못하였으니, 역시 그 음흉함을 알 만하다."(《숙종실록》 23년 1월 10일)

장길산은 임꺽정, 홍길동과 함께 조선 시대를 대표하는 도적이다. 세 도적 모두 실제보다 소설의 주인공으로 유명한데, 임꺽정이 일제강점기 홍명희의 소설로 유명해졌다면 장길산은 독재정권 시절 황석영의 소설로 유명해졌다. 억압의 시절 저항의 아이콘이었던 것이다.

실제 장길산은 실록의 기록에 보이듯 1680년대 후반부터 황해도와 평안도에서 활약한 도적이다. 여러 차례 정부가 체포하려 했으나 빠져나갔고, 1697년에는 서자 이영창, 승려 운부 등이 장길산과 손잡고 반역을 모의한다 하여 조정에서 큰 소동이 일어나기도 했다. 이 때문에 조정은 대규모 토벌군을 일으켜 잡으려 했지만 끝내 잡지 못했다. 그는 임꺽정이나 홍길동과 달리 체포된 기록이 없는 것으로 보아 성공한 도적이 아닌가 싶다. 그래서 소설에서 그는 장렬한 최후보다 이상향을 향해 사라지는 것으로 그려지고 있다.

어려운 즉위와
또 한 번의 환국

노론과 소론 사이 당쟁의 틈바구니에서 즉위한 경종은
환국으로 왕권을 안정시키고 새로운 정치를 시도했다.

경종은 장희빈의 아들이다. 그는 왕비의 아들이지만 어머니가 후궁으로 격하된 뒤 사사되었기 때문에 적장자라 인정하기도 부정하기도 애매한 상태였다. 또 외가는 중인 집안으로 외척으로서는 권력이 미약하고, 그를 지지하던 남인은 망했기 때문에 지탱해줄 세력이 거의 없었다. 그래서 그가 유일하게 장성한 아들일 때는 세자로서의 지위가 든든했지만, 이복동생 연잉군이 나이가 차자 그 지위가 불안정해졌다.

노론에게 세자는 장희빈의 아들이자 후궁의 아들이었다. 적장자가 아니므로 굳이 그를 왕위 계승자로 고집할 이유가 없었다. 반면 소론은 한번 세운 세자에 대해 신하가 논하는 것은 충의에 어긋난다고 생각했다. 왕위 계승은 왕의 고유 권한이며, 정철의 사례에서 보듯 신하가 개입할 경우 역모로 몰릴 수도 있었다. 소론은 장희빈 사사 때부터 세자의 지위를 지키는 것이 왕권과 국가의 근본을 안정시키는 길이라고 생각했다.

하지만 집권당은 노론이었다. 숙종 역시 노론으로부터 세자를 지키는 것이

어렵다고 생각했을지도 모른다. 더군다나 세자는 나이가 서른이 넘도록 자식을 낳지 못했다. 병약해서 생산능력이 없다는 이야기가 많았다. 마침내 1717년 숙종은 노론 대신 이이명을 독대한 뒤 세자에게 대리청정을 시켰다. 소론은 이것이 세자의 실수를 유도해 폐위하려는 시도라며 강력하게 반대했다. 하지만 숙종은 노론 정권 아래에서 세자에게 계속 정사를 맡겼다.

살얼음판 같은 3년이 흘렀다. 세자는 거의 완벽하리만큼 정사를 보았고, 소론의 견제 때문에 노론은 세자의 지위를 무리하게 위협할 수 없었다. 마침내 1720년 숙종이 죽자 세자가 왕에 즉위하니 그가 경종이다. 경종은 그토록 어렵게 왕위에 올랐다.

하지만 왕위에 오른 뒤에도 노론의 공격은 계속되었다. 노론은 경종이 왕에 오른 지 1년 만에 연잉군을 왕세제에 책봉하라고 요구했다. 왕위의 형제상속은 꺼리는 일이어서 조선에서는 인종이 명종에게 넘겨준 사례밖에 없었다. 더군다나 신하가 왕위 계승자를 지목한 것은 유례없는 일이었다. 이는 노론이 경종을 왕으로 인정하지 않는다는 의미였다. 노론은 한술 더 떠 두 달 뒤에는 왕세제에게 대리청정을 시키라고 주청했다. 경종은 이를 사실상의 양위로 받아들였다.

> 등극하고 나서부터는 밤낮 근심하고 두려워하여 요즘은 증세가 더욱 침고(沈痼)
> 해지고, … 이제 세제는 젊고 영명하므로, … 대소의 국사를 모두 세제로 하여금
> 재단(裁斷)하게 하라.《경종실록》 1년 10월 10일)

대개 왕이 양위 선언을 하면 당사자와 신하들은 석고대죄하며 거두어줄 것을 주청해야 했다. 역대 왕들이 왕권을 확인하고 후계구도를 경계할 때 종종 쓰는 방법이었고, 당장 숙종도 1705년 양위 소동을 벌인 바 있다. 하지만 노론은 경종의 하명을 받아들였고, 왕세제도 상소를 올릴 뿐 석고대죄 같은 것은 하지 않았다.

그러자 경종은 전격적으로 노론을 몰아내고 소론을 등용하는 신축환국을 단행하였다. 아무리 집권당이고 권력이 강해도 왕조국가에서 넘어설 수 없는 선이 있다. 그것을 넘어서면 역모가 된다. 대리청정을 빙자한 양위 강요나 후계자를 신하들이 지목하는 것은 택군(擇君), 즉 신하가 임금을 선택하는 것이라 하여 역모로 치부하는 일이었다. 신축환국에 이어 이듬해 목호룡의 고변 사건이 터졌다. 노론이 경종을 왕에서 몰아내기 위해 음모를 꾸미고 있다는 고변이었다. 이 사건으로 노론 4대신(김창집, 이이명, 조태채, 이건명) 등 60여 명이 죽고 100여 명이 유배형에 처해졌다.

경종은 소론 정권을 중심으로 왕권을 안정시키고 새로운 정치를 시도하였다. 윤증 등 노론에 희생당한 소론 학자들과 박세당 등 개혁사상가들을 복권했다. 계속되는 정치적 혼란과 가뭄으로 흉년이 들고 민란이 일어나자 기아민을 구휼하기 위해 전력을 다하고 양전사업 등 경제정책에도 신경을 썼다. 또 서양의 수총기를 모방하여 무기 제작에도 관심을 보였다.

하지만 그에게 주어진 시간은 너무 짧았다. 그는 병에 시달렸고 아이도 낳지 못했다. 노론은 신축환국에서 피해를 입었지만 여전히 막강했고, 소론은 그들과의 싸움 속에서 오히려 강경파와 온건파로 분열되었다. 온건파가 노론과 타협하기 위해 점점 이탈하면서 경종은 화폐를 주조하다 취소하고, 대동미를 감면했다 취소하는 등 오락가락했다.

1724년 8월 25일, 닷새 전 왕세제가 올린 게장과 생감을 먹고 복통과 설사에 시달리던 경종이 마침내 승하하였다. 서른여섯 살의 장년이었다. 어머니 장희빈처럼 당쟁에 희생되어 뜻도 제대로 펴보지 못하고 비운의 왕으로 마무리한 것이다. 그는 유교적 왕도정치와 백성의 교화를 꿈꾼 성군이 되려 했지만 건강과 짧은 통치 기간으로 인해 뚜렷한 모습을 보이지 못했다. 그리고 그의 실패는 이후 영조 시대에 짙은 그림자를 드리웠다.

증가하는 산송

산송(山訟)이란 묘지를 둘러싼 소송 사건을 말한다. 현종대부터 조정에서 논의되기 시작하였는데, 실록에 보면 현종 5건, 숙종 8건, 영조 19건까지 늘어난다. 영조가 "요사이 상언(上言)한 것을 보건대 산송이 10의 8, 9나 되었다"(《영조실록》 3년 3월 20일)라고 할 정도로 점점 심각해졌다. 이 중에서도 숙종 때 사건이지만 영조 때까지 거론된 사건이 있었는데, 바로 박효랑 사건이다.

박경여가 박수하의 선산에 투장(남의 선산에 몰래 무덤을 씀)하면서 이 사건은 시작되었다. 투장은 유배형에 해당하는 중죄다. 하지만 재판은 박경여의 승리였다. 서인의 권력 독점으로 영남 사림(남인)의 관직 진출이 막힌 가운데 관료 출신에다 노론과 인척관계였던 박경여의 권세가 강했기 때문이다. 이에 박수하가 재판이 불공정하다고 항의했고, 분노한 재판관 이의현이 재판을 모독했다며 형장을 가했는데 그만 다음 날 박수하가 죽고 말았다.

박수하의 딸 문랑은 아버지의 억울함을 풀겠다며 투장한 무덤을 파헤치고 칼을 들어 박경여를 공격하다 오히려 살해되었다. 문랑의 동생 효랑의 주장에 따르면 문랑의 시신은 목에 자상이 세 곳이나 있고 온몸이 멍투성이였다. 그러나 지방관은 이 사건 역시 문랑의 자결로 처리하였다. 그러자 효랑이 남장하고 서울로 올라와 억울함을 호소하였고, 마침내 어명으로 재조사에 들어갔다. 지방 사림들이 진상을 파악하기 위해 엄정한 수사를 촉구하는 통문을 돌리기에 이르렀다.

이 사건은 당시 과학수사 기법을 동원하여 수사했지만 끝내 문랑의 자결로 처리되면서 흐지부지 끝났다. 하지만 《박효랑실기》라는 책이 나오고 영호남 선비들이 효랑의 효행문을 세우자고 합동상소를 올릴 정도로 세상을 뒤흔들었다.

산송이 이토록 격렬해진 이유는 조선 후기 들어 성리학적 질서가 강화되면서 종산, 즉 가문의 무덤을 한곳에 쓰기 시작해서였다. 이때 가문의 묘역을 설정하는데, 대개 풍수지리에 따라 좌청룡 우백호 안까지를 자기 가문의 묘역으로 설정했다. 하지만 이는 너무 넓고 막연한 개념이어서 가문끼리 충돌할 개연성이 높아졌다. 결국 산송 역시 성리학적 질서가 향촌에 확산되면서 일어난 조선 후기의 특징임을 알 수 있다.

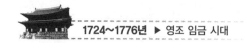

영조는 정말
경종을 죽였는가

경종의 의심스런 죽음으로 즉위한 영조는
민생 안정에 힘쓰며 탕평책을 시행하였다.

약방에서 입진(入診)하고, 여러 의원이 임금에게 어제 게장을 진어하고 이어서 생
감을 진어한 것은 의가에서 매우 꺼려하는 것이라 하여, 두시탕(豆豉湯) 및 곽향정
기산(藿香正氣散)을 진어하도록 청하였다.《경종실록》 4년 8월 21일)

8월 20일 왕세제 연잉군이 진어한 게장과 생감을 먹고는 심한 가슴 통증과 복
통, 설사에 시달리던 경종은 5일 만인 25일 죽고 말았다. 이어 연잉군이 즉위
하니 그가 바로 영조다. 그런데 연잉군, 즉 영조는 어의가 만류함에도 20일에
는 게장과 생감을, 24일에는 인삼차를 경종에게 먹였으니 경종을 죽였다는 혐
의에서 자유롭기 어려웠다.

영조가 경종을 죽였을까? 심증적으로는 확고하다. 2년 전 목호룡의 고변으
로 노론이 숙청당할 때 연잉군은 왕으로 추대되기로 했다고 고발당했다. 조선
역사상 역모에 휘말린 왕족이 살아남은 전례는 거의 없다. 수많은 왕자가 단
지 추대되었다는 이유만으로 죽임을 당했다. 경종이 감싸서 일단 위기를 넘겼

240

지만 노론과 경종의 갈등이 계속되는 한 노론과 연결된 그의 앞날은 장담할 수 없었다. 물론 영조도 노론과 관계를 끊을 생각은 전혀 없었다.

노론이 경종을 제거하려 하고, 영조가 노론과 밀착한 이상 충돌은 불가피했다. 그런데 의원의 만류에도 영조가 진어한 음식을 먹은 경종이 복통을 일으켰고, 역시 의원의 만류에도 영조가 인삼차를 처방했는데 이를 마신 경종이 다음 날 죽었다. 누구라도 의심하지 않겠는가?

영조는 즉위 직후 소론 강경파를 몰아내고 노론·소론 연립정권을 출범시켰다. 이어 신축환국 때 쫓겨난 노론 대신들을 사면복권하고 목호룡의 고변과 관련된 소론들을 처형하거나 유배 보냈다. 일부 소론 온건파가 참여하기는 했지만 사실상 노론 단독정권이었다. 그래서 소론 강경파들과 살아남은 남인들은 경종 독살설을 제기하며 대규모 반란을 일으켰다. 이것이 영조 4년에 일어난 이인좌의 난이다.

이인좌는 남인 집안 출신으로 갑술환국 때 아버지를 잃었다. 영조가 즉위하자 경종이 독살되었다고 믿고 영조를 몰아내기 위해 동조자를 규합하였다. 평안병사 이사성을 비롯해 경상도의 정희량과 전라도의 박필현 등을 모아 지방과 서울에서 동시에 봉기를 해서 서울을 점령하고 영조를 폐한 뒤 소현세자의 증손인 밀풍군을 새 왕으로 추대하기로 했다. 그런데 모의하던 중 영조가 소론을 등용하는 정미환국이 일어나 거사 이후 정치적 지지를 받기 어렵게 되었다. 그러자 이인좌가 오히려 서둘러 거사하였다. 반란군은 청주성을 점령하고 한때 2,000여 명이 서울로 진격할 정도로 세력을 떨쳤으나 안성 등지에서 토벌군에 패하였다. 처음 토벌군은 노론 김중기가 대장 맡기를 꺼려 도망가고 무기도 변변치 않아 고전했으나 오명항 등 정권에 참여한 소론세력이 적극적으로 나서 승리할 수 있었다.

이인좌의 난을 진압한 노론은 소론 전체를 숙청하려 했다. 하지만 영조는 왕권 안정을 위해 노론을 견제할 소론이 필요했다. 이에 정권에 참여하고 있는 소론 온건파를 보호하며 탕평정책을 시행하였다. 그런데 노론과 소론이 탕평

1725년	고문 규제(압슬 폐지)
1729년	사형수 3심제 시행
1732년	담배 재배 금지(식량 증산 유도)
1734년	《농가집성》 보급(농업 기술 보급)
1750년	균역법 시행(군포 부담 경감)
1756년	사대부녀 가채 금지(사치 억제)
1760년	청계천 준설(실업자 구제, 홍수 방지)
1763년	고구마 등 구황작물 재배 장려(식량 증산)

에 적극적이지 않았으므로 탕평을 지지하는 일부 노론과 소론 신하들(탕평파)을 중심으로 이끌어갈 수밖에 없었다. 영조는 이를 바탕으로 유교정치이념을 부활하는 개혁정치를 시행하였다. 이것이 성공해야 재야 남인의 경종 독살설을 차단하여 정국도 안정화하고 왕권도 안정시킬 수 있었다.

영조는 먼저 민생 안정을 위한 정책을 폈다. 청계천 준설 공사를 벌여 실업자를 구제하고, 담배 재배를 금해 상업적 농업으로 곡물 생산이 줄어드는 것을 경계하고 물가 안정을 도모하였다. 대동법을 정비하고 균역법으로 군역 부담도 감면하였다. 노비종모법을 통해 양인 수를 늘려 재정확보를 꾀하고, 양반 여자의 머리 장식을 간소화하고 금주령을 내리는 등 상류층의 사치 풍조를 없애는 데도 힘썼다.

문화적으로 유형원의 《반계수록》을 간행하는 등 실학자들의 저서 출판에 관심을 보이고 《속대전》을 편찬하여 《경국대전》을 시대에 맞게 손질하였다. 사형제도와 고문제도를 손보아 인권에 기초적 관심을 보이고 고구마를 들여와 구황작물로 재배하도록 장려하였다. 하지만 난전을 금하고 향전을 단속하였으며 천주교를 금하는 등 새로운 변화의 흐름에는 보수적 성향을 보였다.

영조 치세는 말년으로 갈수록 한계를 드러냈다. 무엇보다 탕평파의 힘에 한계가 있었고, 노론과 소론의 대립이 갈수록 심해졌으며, 영조 역시 자신의 지지 기반인 노론에 치우친 정책을 포기하지 못했다. 무엇보다 탕평은 왕의 힘을 기반으로 하므로 영조가 노령으로 정치적 능력이 떨어지면 실패할 수밖에 없는 근본적 결함이 있었다. 마침내 탕평이 무너지고 노론 일당 독재 국면이 다시 도래하는데, 이때의 사건이 영조 나이 예순여덟 살 때의 사도세자 사건이다. 이 사건 이후 영조는 미래를 기약하며 세손을 지키고 키우는 데 주력하니, 이 세손이 정조로 즉위하여 새로운 탕평을 추진한다.

탕평책을 통한
당쟁 해결의 노력

**영조는 모든 문제의 원인인 당쟁을 완화하기 위해
탕평책을 시행했으나 그 한계도 분명했다.**

탕평은 《서경》〈홍범편〉* "기울임이 없고 편벽됨이 없으면 왕의 도가 탕탕하고
편벽됨이 없고 기울어짐이 없으면 왕의 도가 평평하리니"에서 따온 말이다. 영
조는 조선사회의 모든 문제의 근원을 당쟁으로 보고 탕평을 통해 이를 해결
하고자 하였다. 그래서 탕평비를 세우고 탕평채라는 음식을 먹으며 재위 기간
내내 탕평을 강조한 것이다.

숙종대 노론과 소론의 싸움이 격화되면서 지배층은 완벽하게 둘로 갈라졌
다. 오늘날 여당과 야당이 '수구 꼴통,' '진보 좌빨' 하며 욕하는 것처럼 노론은
소론을 모기, 소론은 노론을 빈대라고 욕했다. 당이 다르면 결혼도 하지 않았
고 상대 당의 학교도 가지 않았으며 심지어 옷차림도 달랐다. 노론은 옷깃을
길게 하고 여자는 겹족두리를 썼다. 소론은 옷깃을 짧게 하고 홑족두리를 썼
다. 제사상에도 상차림이 서로 달라 가가례(家家禮)가 크게 유행하였는데, 오

• 삼경은 《시경》,《서경》,《주역》을 말하는데, 이 중 《서경》은 요순시대부터 주나라까지의 역사책
이다. 제2편이 〈홍범편〉으로 정치철학을 다루고 있다. 이를 홍범구주라고도 한다.

쌍거호대 정책	노론과 소론의 균형을 맞추는 인사정책
탕평파 대신 등용	노론과 소론 인물들 중 탕평책에 호응하는 인물 등용 홍치중, 김재로(노론), 조문명, 송인명(소론) 등
서원 정리	당쟁의 원인이 되는 서원 정리
탕평비 건립	탕평이 군자의 길이며 붕당은 소인의 길임을 강조

늘날까지 전해지는 좌포우해(왼쪽에 포, 오른쪽에 젓갈)는 노론 계열의 상차림이었다. 학파에 따라 당이 나뉘다보니 같은 집안에서도 형은 노론, 동생은 소론하는 식으로 나뉘었다. 거의 해방 직후 좌우대립 수준이었다.

영조는 태종이나 세종과 비슷하게 유학적으로 뛰어난 왕이었다. 어머니가 무수리라는 출신 콤플렉스를 엄청난 학업과 수양으로 메웠기 때문에 사람들을 가르칠 수준에 이르렀다. 이를 토대로 신하들을 윽박지르거나 훈계하는 경우가 많았다. 그는 카리스마를 앞세워 탕평을 추진하였고 자잘한 부분까지 손대었다. 같은 당끼리 혼인을 금지하고 남인이나 소론에 노론의 옷을 입힌 것이 대표적이다.

또 17세기부터 서원이 비약적으로 증가하여 당쟁의 소굴이 되자 과감하게 서원의 수를 줄였다. 서원의 횡포가 당의 횡포와 동일한 것은, 송시열의 화양서원과 노론 4대신의 사충서원이 악명 높았던 것으로도 알 수 있다. 당이 움직일 때는 서원에 모여 의견을 모았기 때문에 서원 정리는 필수적이었다.

영조의 탕평은 이인좌의 난을 계기로 본격화되는데, 보통 소탕평과 대탕평으로 나눈다. 소탕평은 탕평에 동의하는 노론·소론 온건파를 등용하여 정국을 운영하는 것이다. 하지만 자신만이 군자라고 주장하는 노론이나 경종 독살설을 믿는 소론 강경파는 여전히 반발했다. 이에 남인과 북인까지 등용하여 탕평파의 외연을 넓혔는데 이를 대탕평이라 한다. 정조 때 영의정을 지낸 체제공이나 정약용 등 남인 계열 실학자들이 활약할 수 있었던 것은 이를 배경으로 한다.

한편으로 외척의 힘을 견제하려 했다. 사도세자의 장인인 홍봉한이나 영조의 두 번째 장인 김한구는 모두 백수였다. 하지만 홍봉한이나 김한구 모두 영조의 힘으로 영의정, 어영대장 등 고위관직에 올랐다. 이들이 노론의 영수 노릇을 했기에 영조가 노론과의 관계를 적절히 풀어갈 수 있었다.

하지만 영조의 탕평은 뒤로 갈수록 힘이 빠졌다. 노령으로 인한 통치능력 저하, 노론의 막강한 권력, 탕평파의 역량 부족, 거기다 유교 성리학이 새로운 흐름에 맞춰 변화하는 것도 더디기만 했다. 영조가 조금씩 노론으로 기울자 소론과 남인 강경파에 의해 1755년 3월 나주 벽서 사건이 일어났다. 이는 이인좌의 난 이후 27년 만에 부활한 경종 독살 의혹이었다. 영조는 이 사건을 계기로 소론을 숙청하면서 노론 중심 정치로 넘어갔는데, 사도세자가 이를 만류한 듯하지만 오히려 사도세자의 죽음을 불러오고 말았다(임오화변). 이후 영조의 탕평은 유명무실해졌다.

탕평책에 대한 역사적 평가는 시대적 흐름 속에서 이루어져야 할 것이다. 이는 당시 붕당의 주요 축이었던 노론과 소론(혹은 남인)을 어떻게 볼 것이냐에 달려 있다. 노론을 봉건세력으로, 소론을 근대화세력으로 볼 때 탕평은 보수와 진보의 조화를 통한 점진적 근대화로 높이 평가받을 것이다. 그러나 노론이나 소론이나 결국 같은 봉건 지배세력이라면 탕평은 근대화에 맞선 봉건세력의 총단결을 의미한다. 즉 봉건사회의 수장인 왕이 그들의 사회를 지키기 위해 내부 분열을 수습한 것에 지나지 않으며, 결국 근대화의 걸림돌이 된 것이다. 그런 의미에서 지금까지의 탕평에 대한 역사적 평가는 소론에 대한 과소평가나 탕평에 대한 과대평가로 볼 수 있다.

영조 탕평의 비극적 결말은 그의 탕평이 근대화의 물결 속에 나타난 보수의 몸부림임을 보여주었으며, 이러한 한계는 정조의 탕평에도 동일하게 나타났다.

1724~1776년 ▶ 영조 임금 시대

경제적 개혁을 위한
균역법과 신해통공

영조는 민생을 안정시키고자 개혁적인 정책을 도입했고
이는 조선 후기 사회를 지탱하는 원동력이 되었다.

영조와 정조의 시대는 조선 후기 마지막 태평성대라고 하지만 도도한 시대의
흐름을 거스를 수는 없었다. 사회적으로 신분제가 해체되고 상업경제가 일어
나면서 사회모순은 격화되고 이에 따른 혼란도 가중되었다. 근대로 이행하는
과정에 사회모순이 격화되는 것은 당연한 일인데, 기존 양반과 평민의 갈등에
신흥 부르주아와 노동자 간의 대립, 즉 구체제의 신분제 갈등에 신체제의 노동
자본 대립이 합쳐지기 때문이다. 지방의 평민들은 양반 지주와 신흥 상공업자
들로부터 이중 착취를 당했다.

　예를 들어보자. 1738년(영조 14년) 가뭄이 들어 쌀이 부족해지자 서울의 곡
물을 독점 공급하는 상인들과 유통업자들이 담합하여 쌀 가격을 두 배로 올
려 폭리를 취하였다. 이에 굶주림이 심해진 빈민들이 폭동을 일으켜 상인들
의 집을 습격하는 바람에 계엄이 선포되었다. 한편 1783년(정조 7년) 광주부에
서는 환곡을 나누어주면서 규격보다 작은 말로 곡물을 퍼주었다. 환곡은 봄
에 빌려 가을에 갚는 제도이니 규격보다 작은 말을 사용하면 결국 적게 빌리

고 많이 갚아야 하는 것이다. 이에 분노한 농민들이 서울 창덕궁까지 몰려가 궁궐문에 돌을 던지며 항의 시위를 벌였다. 전자가 신흥 상공업자의 횡포라면 후자는 양반 지배층의 횡포였다.

당연히 저항은 격렬했다. 수십 명에서 수백 명의 도적단이 일어나 약탈과 파괴를 일삼았는데 서울도 무사할 수 없었다.

이때에 관동·관북·관서·해서 4도에 크게 기근이 들어 도적이 여러 곳에서 일어나 각기 단호(團號)를 만들어 노략질과 겁탈을 행했는데, 서울에 있는 것은 후서강단(後西江團)이라 하고, … 기회를 틈타 도둑이 되어 부고(府庫)를 습격하여 탈취하는데, 장리(將吏)가 감히 체포할 수 없었다.《영조실록》 17년 4월 8일)

영조나 정조는 민생을 안정시키기 위해 갖은 노력을 다했다. 민생을 시찰하거나 직접 듣고 많은 개혁정책을 실시하였다. 암행어사의 대명사인 박문수도 이 시기에 활약하였다. 심지어 배고파서 잡혀온 도둑들을 불쌍히 여겨 담금질 등 가혹한 고문을 금지하기도 했다. 이런 정책 중에서 특히 돋보이는 것은 영조의 균역법과 정조의 신해통공이다.

균역법은 군역의 폐단을 시정한 법이다. 임진왜란 이후 조선은 기존의 5위 대신 직업군인 중심의 5군영 체제로 정규군을 개편하였다. 그 대신 일반 평민은 군역으로 성인 남자 1인당 16개월에 2필씩 포를 냈다. 하지만 춘궁기에 굶어 죽는 사람이 속출하는 상황에서 아들 둘만 있어도 아버지까지 포 6필을 내야 하는 평민 집안에 군역은 큰 부담이었다. 특히 18세기 신분제가 무너져 양반의 수가 늘어나고 권세가와 결탁한 신흥 상공업자들의 병역 기피가 더해지면서 평민에 대한 군포 징수는 더욱 가혹해졌다. 5군영을 유지하려면 군포가 꼭 필요했으므로 갖은 방법을 다 써서 거두어들였고, 이 과정에서 미납자의 이웃이나 친척에게 물어내도록 하는 인징과 족징이 유행하였다. 5군영은 서인 정권의 무력 기반이었으므로 당쟁이 치열해질수록 이러한 문제점도 심화되었다.

▼ 조선 군역제도의 변화

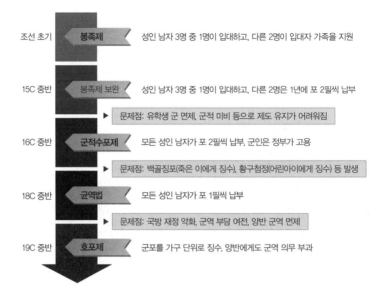

조선 초기	봉족제	성인 남자 3명 중 1명이 입대하고, 다른 2명이 입대자 가족을 지원
15C 중반	봉족제 보완	성인 남자 3명 중 1명이 입대하고, 다른 2명은 1년에 포 2필씩 납부
	▶ 문제점: 유학생 군 면제, 군적 미비 등으로 제도 유지가 어려워짐	
16C 중반	군적수포제	모든 성인 남자가 포 2필씩 납부, 군인은 정부가 고용
	▶ 문제점: 백골징포(죽은 이에게 징수), 황구첨정(어린아이에게 징수) 등 발생	
18C 중반	균역법	모든 성인 남자가 포 1필씩 납부
	▶ 문제점: 국방 재정 약화, 군역 부담 여전, 양반 군역 면제	
19C 중반	호포제	군포를 가구 단위로 징수, 양반에게도 군역 의무 부과

영조는 결단을 해서 군포 2필을 1필로 경감해주었다. 이를 위해 5군영의 규모를 축소하는 군축을 단행했다. 그럼에도 100만 냥 정도 재정 결손이 발생했는데 이를 만회하기 위해 왕실 수입인 어장세, 염전세 등을 국고로 환원하고 고위관료나 양반 지주들에게 포나 곡물을 걷어 만회하였다. 고통을 분담해 백성의 부담을 덜어준 것이다. 균역법은 양반에게도 똑같이 군포를 징수하는 호포제에는 미치지 못하는 법으로 많은 비판을 받았고 국방력도 약화시켰지만 당시 영조의 정권 장악력 수준에서는 최선의 선택이었다.

신해통공은 금난전권을 폐지한 법이다. 16세기부터 활발히 발달한 상업은 전국의 장시들을 발전시켰고, 이와 연계한 도시 상권을 확장시켰다. 17세기 생산력이 발달하면서 상업을 더욱 발전시켰고, 대구 약령시 등 지방 도시 상업과 개성 상인 등 도시 상인들, 책문 후시와 왜관 개시 등 무역업을 발전시켰다. 이로써 정부 권력가들도 과거처럼 무조건 대토지를 소유하고 부를 축적하는 것이 아니라 상권과 결탁해 정치자금을 받아 부를 축적하는 방법을 겸하였다.

17세기부터 몇몇 권력가와 결탁한 상인들이 지금의 남대문시장이나 동대문시장에 해당하는 이현과 칠패에서 상거래를 하였다. 지방에서 상경한 상인들도 이곳에 집결하여 제법 큰 시장을 형성하였는데, 이를 난전이라고 한다. 동인은 일찍이 북인들이 영남 상업에 큰 관심을 보였고 남인들도 난전들과 결탁해 있었다. 숙종 때에는 서인과 결탁한 상인들과 남인과 결탁한 상인들이 패싸움을 벌이기도 했다. 이에 서인(노론) 집권세력이 육의전과 결탁하여 서울 상권을 독점하기 위해 만든 법이 금난전권이었다.

정조는 남인 채제공 등의 건의를 받아들여 1791년 신해통공을 통해 금난전권을 철폐하였다. 물론 노론의 권세 때문에 일부 금난전권을 허용한 불완전한 법이지만 이로써 자유로운 상업 활동에 숨통이 트였다. 이는 성장하고 있는 신흥 상공업 세력의 손을 들어준 법으로, 정조가 오래 살아 계속 이들의 뒷배를 봐주었다면 혹 역사가 바뀌었을지도 모르겠다.

균역법이나 신해통공은 17세기 대동법에 이은 18세기의 대표적 개혁정책이었다. 이러한 개혁정책이 있었기에 조선이 지탱해갈 수 있었고, 영·정조는 오늘날까지 성군으로 칭송받을 수 있었다. 단지 이것이 당시 민생의 해결책이 될 수는 없었다. 특히 균역법은 미봉책이라 해서 실학자들에게 많이 공격당했다. 그래서 19세기에 들어서자마자 1811년 홍경래의 난 같은 혁명에 준하는 민중 반란이 일어난 것이다.

◉ 역 사 메 모 ┊┈┈┈┈┈┈┈┈┈┈┈┈┈┈┈┈┈┈┈┈┈┈┈┈┈┈┈┈┈┈┈┈┈┈┈┈┈┈

영조 시대에는 조선의 실학이 본격적으로 태동했다. 현실을 직시하고 개혁을 구상하는 실사구시의 정신은 예술계에도 많은 영향을 끼쳤는데, 특히 실학자들과 교류가 많았던 정선은 진경산수화를 통해 실사구시의 정신을 그림으로 구현했다. 1734년에는 대표작인 〈금강전도〉를 완성하는데, 조선 풍경의 본질을 그려내기 위해 화면을 재배치하고 색을 과감하게 사용해 중국과 다른 우리만의 풍경을 그려내는 데 성공했다.

비운의 왕세자
사도세자의 죽음

사도세자는 권력을 장악한 노론과 대립했고
결국 비극적 죽음을 맞을 수밖에 없었다.

영조는 무수리의 아들로 태어나 왕위에 올랐다. 숙종의 자식은 경종과 영조 둘뿐이었지만 형제상속을 꺼린다는 점에서 그의 왕위 계승은 장담할 수 없었다. 그렇기에 영조는 왕이 되기 위해 노론과 긴밀한 관계를 유지했고, 즉위 이후에는 나름의 노력으로 왕권을 지키며 무려 52년 동안 재위했다. 많은 역사가가 영조를 자수성가형으로 설명하는 것도 이런 측면 때문일 것이다.

사도세자는 영빈 이씨 소생으로 역시 후궁의 아들*이었다. 장남으로 정빈 이씨의 소생인 효장세자가 있었는데 아홉 살 때 죽어버렸다. 영조는 7년 동안 아들이 없는 상황에서 왕권을 지켰다. 만약 노론 정권의 협조가 없었다면 경종처럼 무슨 수모를 당했을지 모른다. 그래서 1735년 마침내 사도세자가 태어

• 조선 후기에는 이상하리만큼 왕비 소생 아들이 귀했다. 특히 숙종부터 정조까지 무려 120년 긴 곽자기 태어나지 않았다. 단지 왕위에 오르지 못한 사도세자만이 적자를 낳았다. 경종을 제외하고 모두 후궁 소생 아들을 두었으니 왕비들이 석녀였던 셈인데, 왜 석녀들을 왕비로 선택했는지도 의문이다.

났을 때 영조의 기쁨은 이만저만한 것이 아니었다.

하지만 기쁨보다 걱정이 앞서는 것이 현실이었다. 조선의 왕 중 당시까지 60세를 넘긴 왕은 없었다. 그나마 후기 들어 50대 중후반까지 사는 형편이었다(선조 56세, 인조 56세, 숙종 59세). 사도세자를 마흔한 살에 얻은 영조로서는 시간이 많지 않았다. 더군다나 노론의 등쌀에서 왕위를 지키려면 상당한 유교적 지식과 소양이 필요했다. 그래서 영조는 세자가 겨우 두 살 때부터 소학을 시작으로 공부를 시켰다.

영조의 가르침은 혹독했다.

> 금일 주연(胄筵)에서 배강(背講)할 때에 빠뜨린 곳이 있었는데, 강관(講官)이 찌[栍]를 통하였다고 주달하니, … 어찌 구차스레 그 마음을 기쁘게만 할 수 있겠는가? 금일 시강(侍講)한 춘방관을 아울러 중추(重推)하도록 하라.(《영조실록》 20년 11월 3일)

여섯 살 된 세자가 시험을 잘못 보았는데 스승이 잘했다는 의미의 '통'을 주니 이를 처벌하였다. 칭찬은 고래도 춤추게 한다는데, 영조의 혹독한 교육은 세자를 야단칠 뿐만 아니라 그 스승까지 처벌할 정도였다.

훗날 세자의 빈인 혜경궁 홍씨가 《한중록》에서 이 때문에 세자가 정신병이 생겼다는 기록을 남겼지만, 아무튼 그 덕에 세자는 대단히 원숙한 학문의 경지에 올랐다. 이에 영조는 1749년 세자 나이 열네 살에 대리청정을 시켜 일찍부터 정사를 경험하도록 했다. 그리고 영조의 나이가 예순을 넘어서고 세자의 권력 승계가 명확해지면서 세자의 정치적 성향은 초미의 관심사가 되었다.

세자의 정치적 성향은 1755년 나주 벽서 사건에서 드러났다. 세자는 소론의 처벌에 반대하면서 영조의 노론 편향 정책에 반기를 들었다. 노론은 점차 세자를 적으로 간주하기 시작했다. 이후 세자가 뒤주에 갇혀 죽는 1762년까지 7년간 세자는 상당한 곤욕을 치렀다. 《한중록》에서 혜경궁 홍씨는 세자가 열여덟, 열아홉 살 때 정신병이 시작되었다고 했는데, 대략 나주 벽서 사건 전후다. 세자의 정신병은 노론과 영조의 공격을 어린 나이에 감당하지 못해 생겼거나, 아니면 노론의 조직적 모함이었을 개연성이 높다.

혜경궁은 사도세자가 아버지를 두려워하고 마침내 정신병으로 죽었다고 썼지만, 실제로 사도세자는 아버지 영조의 노론 편향 정책에 지속적으로 반기를 들었을 개연성이 높다. 이는 왕조정치에서 매우 위험한 일이었다. 역사 속의 수많은 왕이 정치적 견해가 다른 후계자에게 암살당하거나 축출되었다. 당장 영조도 소론 정권의 경종에게 노론의 지지를 등에 업고 도전했고, 일생을 독살설에 휘말린 채 살아야 했다. 일단 정치투쟁에 휘말리면 부자지간도 안심할 수 없는 것이 왕실이다.

이때 1762년 나경언 고변 사건이 터졌다. 나경언이 궁궐 내에 역모의 모의가 있다고 고변하자 영조가 이를 친히 심문하였는데, 이때 나경언이 사도세자의 비행 열 가지를 고했다. 이에 영조가 크게 분노해 사도세자를 꾸짖었고, 세자는 억울함을 호소하며 시민당 뜰에서 대죄하였다. 하지만 누구도 세자의 대죄를 아뢰지 않아 무려 7일이나 방치되었다가 5월 29일에야 영의정 홍봉한이 아뢰어 영조가 알았다. 하지만 그 7일 동안 이미 노론은 세자의 비행을 영조에게 낱낱이 고해서 영조의 분노를 극에 달하도록 한 상태였다.

세자의 비행이 사실인지 아닌지는 알 수 없다. 하지만 노론이 세자를 용납하지 않는다는 것은 명백해졌고, 말년으로 갈수록 탕평을 버리고 노론에 의존하던 영조로서는 말을 듣지 않는 세자를 어찌할 도리가 없었다. 윤5월 13일, 20여 일을 대죄하여 극도로 쇠약해진 세자를 부른 영조는 자결을 명한 뒤 응하지 않자 뒤주에 가두었다. 결국 나경언 고변 이후 세자는 변변히 변명할 기회도 얻지 못한 채 뒤주에 갇혀 굶어죽고 말았다. 스물일곱의 젊은 나이. 인조에 반했던 소현세자 이후 또 한 사람의 비운의 세자가 죽음을 당한 것이다. 그리고 그의 죽음은 영조 정치의 실패를 상징하는 것이었다.

청계천 준설 사업

1760년 청계천 준설 사업이 있었는데 이를 경진준천이라 한다. 동대문에서 경복궁까지 전 구간에 걸쳤고 57일이나 걸렸는데, 공사 기간에 영조는 여러 차례 작업을 독려하였으며 직접 가보기도 했다.

"대제(大祭)를 마친 후 오간수문에 임하여 준천 공사를 관찰하였다. 이때 비바람이 거세게 몰아쳐서 약원(藥院)·정원(政院)·옥당(玉堂)에서 청대하여 만류하였으나, 임금이 허락하지 않았다."(《영조실록》 36년 4월 9일)

영조는 비바람을 무릅쓰고 공사를 관찰할 정도로 이 사업에 많은 공력을 들였다. 이유가 뭘까? 이는 청계천 준설 사업이 그의 애민정책을 상징하는 것이었기 때문이다. 18세기 들어 도성 인구가 증가하면서 각종 퇴적물로 개천 바닥이 높아졌다. 이로써 여름마다 홍수가 나서 주변 민가가 침수되는 등 고통이 심했다. 숙종 때부터 이를 해결하기 위한 준설 작업 의논이 있었지만 인력과 재정이 많이 들어 시행하지 못했다.

영조는 도성 주민들의 생활상 고통을 덜어주기 위해 준설 작업을 시작했다. 대규모 역사를 일으켜 실업자들을 대거 공사에 투입함으로써 빈민을 구제한다는 의미도 있었다. 재정 낭비라는 비판이 일었지만 영조는 단호히 물리치며 사업을 강행하였다. 준설 사업에는 쌀 2,300석, 돈 3만 5,000냥이 소모되었고 연인원 21만 명이 동원되었다. 그만큼 도성 서민들의 생활이 윤택해진 것이니, 영조가 이 사업을 자신의 최고 업적이라 자랑할 만하지 않겠는가? 이후 청계천 준설 사업은 중요할 때마다 1908년까지 지속적으로 시행되었다.

1776~1800년 ▶ 정조 임금 시대

왕권의 추락과
사도세자의 아들 정조

세자의 죽음 이후 나이든 왕 영조가 택할 수 있는 길은
어린 세손의 지위를 지키는 것뿐이었다.

사도세자의 죽음 이야기는 크게 두 부분으로 나뉜다. 하나는 사도세자가 정신
병에 시달려 기이한 행동을 하다 영조의 분노로 죽었다는 것, 또 하나는 영조
가 세자를 죽인 것을 크게 후회하였다는 것이다. 아버지가 아들을 죽였으니
당연히 그러할 것 같지만, 사실 앞뒤 이야기는 서로 모순된다. 왜냐하면 영조
가 세자에게 사도라는 시호를 내리고 세자 지위를 회복시킨 것은 세자가 죽은
당일의 일이었기 때문이다. 아무리 영조가 변덕스러워도 불과 하루 사이에 자
식 목숨에 대한 태도가 바뀐다는 것은 있을 수 없다. 결국 세자의 죽음은 영
조의 의도와 다르게 철저히 신하들이 주도했거나, 정반대로 철저하게 영조의
의도대로 진행된 사건으로 보아야 한다. 요즘은 후자에 대한 이야기도 많은데,
바로 세손을 위해 세자를 제거했다는 주장이다.

하지만 어느 쪽이든 사도세자의 아들인 세손이 대단히 위험하게 되었다. 인
조는 소현세자를 폐한 뒤 봉림대군에게 왕위를 물려주기 위해 소현세자의 세
아들을 모두 제주도로 유배 보내 그중 둘을 죽게 하였다. 만약 영조에게 아들

이 하나라도 더 있었다면 세손도 같은 운명이었을 것이다. 하지만 조선 후기 왕손은 대단히 귀했다. 효종 이후 후궁 소생까지 포함해도 장성한 아들은 왕위를 이은 현종, 숙종, 경종, 영조를 제외하고는 거의 없었다. 정조 이후 고종까지 모든 왕이 사도세자 소생이었고, 노론이 정조를 죽이고 추대하려 했다는 은전군조차 사도세자의 아들(경빈 소생)이었다.

영조로서는 왕위를 안정적으로 계승하기 위해서는 세손을 지켜야 했다. 그래서 세손을 일찍 죽어 후사가 없는 장남 효장세자의 양자로 삼고 사도세자의 흔적을 지우려고 노력했다. 하지만 현실은 그리 만만하지 않았다.

임금이 이르기를, "신기(神氣)가 더욱 피곤하니 비록 한 가지 공사를 펼치더라도 진실로 수응하기 어렵다. … 어린 세손이 노론을 알겠는가? 소론을 알겠는가? 남인을 알겠는가? 소북을 알겠는가? 국사를 알겠는가? 조사를 알겠는가? 병조판서를 누가 할 만한가를 알겠으며, 이조판서를 누가 할 만한가를 알겠는가? 이와 같은 형편이니 종사를 어디에 두겠는가? 나는 어린 세손으로 하여금 그것들을 알게 하고 싶으며, 나는 그것을 보고 싶다. … 경 등의 생각은 어떠한가?" 하니, 홍인한이 말하기를, "동궁은 노론이나 소론을 알 필요가 없고, 이조판서나 병조판서를 알 필요도 없습니다. 더욱이 조사까지도 알 필요가 없습니다" 하였다.(《영조실록》 51년 11월 20일)

임금이 승지 이명빈을 앞으로 나오라고 명하여 전교를 쓰게 하며 이르기를, "긴요하지 않은 공사는 동궁이 달하하는 데 들여보내고 상소에 대한 비답이나 시급한 공사는 내가 세손과 더불어 상의하여 처리하겠다. 며칠을 좀 기다려 그 일 처리하는 솜씨가 익숙하여지는 것을 보아가며 마땅히 여기에 추가하는 하교가 있을 것이다" 하였다. 이때 홍인한이 승지의 앞을 가로막고 앉아서 다만 승지가 글을 쓰지 못하게 할 뿐 아니라 또한 임금의 하교가 어떻게 된 것인지도 들을 수 없게 하였다. … 이명빈이 마침내 전교를 써내지 못하였고 대신들이 또 우러러 대답할 말의

내용을 알지 못하였다.(《영조실록》 51년 11월 30일)

영조의 권위는 말년이 되면 몸이 아픈데도 대리청정을 시키지 못하고 심지어 노론 벽파의 영수 홍인한이 왕의 말을 승지가 받아 적지 못하게 할 정도로 땅에 떨어졌다. 사도세자를 죽이는 데 앞장섰던 노론 벽파는 세손이 왕위 계승자임을 인정할 수 없다고 여든두 살의 영조 앞에서 공공연히 떠들어댔다. 그 앞에서 사도세자를 동정하고 세손을 지지했던 노론 시파와 일부 소론 신하들은 무기력했다.

그랬다. 연산이 그랬던 것처럼, 경종이 그랬던 것처럼 신하에게 부모를 잃은 왕이 무슨 짓을 할지 뻔히 알면서 노론 벽파가 세손의 왕위 계승을 두고 볼 수는 없었다. 영조는 경호부대를 동원하고 마지막 기력을 짜내서야 겨우 세손의 지위를 지켜낼 수 있었다. 그리고 얼마 후 영조가 죽고 세손이 즉위했다. 바로 정조다.

하지만 곧 정조에게 위기가 닥쳐왔다. 노론 벽파인 홍계희 집안에서 정조를 암살하기 위해 자객을 궁에 보낸 것이다. 자객을 보냈을 뿐 아니라 무당에게 저주를 시키고, 궁녀로 하여금 독살하도록 사주하였다. 가까스로 목숨을 구한 정조는 왕위를 지키고 나라의 앞날을 열어가기 위해 과감한 개혁정책을 시도하였다. 조선 후기 최고의 역사적 쟁점인 정조 르네상스가 일어난 것이다.

먼저 정조는 개혁을 뒷받침할 인재를 모았다. 즉위년에 확대 개편한 규장각과 초계문신제도가 그것이었다. 노론·소론·남인·북인을 가리지 않고 다양한 인재를 배치하였는데, 정약용 같은 걸출한 실학자가 있는가 하면, 유득공, 박제가 같은 서얼 출신도 있었다. 당파와 중인을 포괄하는 폭넓은 인재 등용, 그리고 왕의 개혁을 뒷받침하는 두뇌집단의 역할은 유교국가에서 정조가 정치사상적으로 노론에 우위를 점할 수 있는 기반을 마련했다.

암살 사건을 계기로 군사권을 장악하는 것이 중요하다는 것을 깨닫고 친위부대인 장용영을 양성하였다. 장비와 재정면에서 5군영을 능가하고 유사시

▼ 정조의 인재 등용

남인, 소론	노론	실학자	서얼	예술
채제공 등	심환지 등	정약용 등	유득공, 박제가 등	김홍도 등

5,000명 이상을 능히 동원할 수 있는 왕의 친위부대는 신권으로부터 왕권을 지키는 가장 강력한 현실적 힘이 되었다.

그의 웅장한 국가 개조의 이상은 수원성 건설로 나타났다. 천도까지 생각했는지는 미지수지만, 장용영 외영의 주둔, 자급자족이 가능한 농업과 상공업 기반, 1만 명 이상의 인구, 근대전을 수행할 수 있는 과학적 성곽, 건설에 투입된 다양한 첨단기술과 정책은 근대 지향적 성격을 일정 부분 담고 있었다.

정조는 재위 24년 만인 1800년 종기가 악화되어 죽고 말았다. 정조 사후 남인들을 중심으로 독살설이 유포되고 일부에서 반란을 일으키기도 했지만 지금으로서는 진실을 알 수 없다. 정조는 정치적으로 붕당의 존재를 인정하지 않고 강력한 왕권으로 신권을 억압하려 했다. 수원성이 완성된 1790년대에는 오히려 노론 벽파와 손을 잡고 정국을 운영할 정도로 특정 당파에 얽매이지 않았다. 그는 조선의 건국이념인 왕권과 신권의 조화로운 정치와는 거리가 있었다.

정조의 죽음은 19세기 조선 정치의 붕괴 때문에 역사적으로 많은 아쉬움을 남겼다. 이 때문에 많은 가설이 난무하고, 정조는 점점 신비로운 왕으로 과장되기도 했다. 18세기의 왕에게 15세기 유행한 르네상스 군주라는 어울리지 않는 호칭을 붙인 것도 그 때문이다. 하지만 정조 시대에 대해 우리는 조금 더 냉정하게 보고 평가할 필요가 있다. 역사에 가정은 무의미하기 때문이다.

왕권 강화를 위한
규장각의 개편

정조는 규장각을 개편하고 초계문신제도를 도입하는 등
추락한 왕권을 다시 세우기 위한 노력에 매진했다.

1776년부터 1800년까지 이어지는 정조 시대는 세계사적으로도 매우 중요한 시기였다. 1776년 미국에서는 혁명이 일어나 세계 최초로 공화정부를 수립하였고, 영국에서는 산업혁명이 시작되었으며, 1789년 프랑스는 시민혁명이 일어나 루이 16세가 처형당하고 자코뱅의 제1공화정을 수립하였다. 바야흐로 봉건적 왕정체제가 무너지고 근대 국민국가의 시대가 온 것이다. 우리가 정조 시대를 평가하려면 바로 세계사적 근대 국민국가 수립의 흐름 속에서 할 필요가 있다.

그런 측면에서 정조의 두뇌집단인 규장각은 매우 중요한 가치를 갖는다. 정조는 즉위하자마자 존재할 뿐 별 볼일 없었던 규장각을 확대 개편하였는데, 그 규모가 홍문관을 능가할 정도여서 가히 정조의 집현전이라 할 수 있었다. 여기에는 당파와 상관없이 정조의 취지에 동의하고 사상적·학문적으로 뒷받침할 학자들은 모두 등용되었다. 초기 규장각은 노론 홍국영과 남인 채제공이 책임자를 맡아 왕을 위한 연구기구임을 명확히 하였다.

박제가	유득공	이덕무
북학파, 《북학의》 집필, 소비 장려, 청과 서양 문물의 수용 주장	실학자, 역사학자, 《발해고》 집필, 민족사학 주장	북학파, 《청장관전서》 집필, 백과사전 편찬, 청 문물 수용 주장

정조 3년에 이덕무, 박제가, 유득공, 서이수 등이 등용되었다. 이들을 규장각 4검서라고 불렀는데, 노론 계열이지만 서자 출신이기에 파격적 등용이었다. 이들은 박지원의 동지 혹은 제자로서 북학파 계열의 실학자들로 성장하는데, 상공업 발달과 서양 문물의 수용을 강조했다. 심지어 중국의 서양 기술자들을 고용하여 부국강병을 도모해야 한다고 주장하였다.

정조는 한 걸음 더 나아가 초계문신제도를 만들었다. 따로 선발한 관료들을 3년간 학문에 전념하도록 하여 수준 높은 측근 신하로 키우려는 것이었다. 이때 등용된 이가 유명한 정약용이다. 정약용은 남인 계열이지만 성호학과의 태두 이익 밑에서 배웠고 형제들과 함께 천주교에 입문할 정도로 서양사상과 문물에 밝았다. 1784년 20대 생원 시절 정조 앞에서 중용을 강의한 이래 정조의 총신으로 형조나 홍문관 등에서 맹활약을 했다.

규장각 각신이나 초계문신은 모두 정조의 친위세력이었다. 정조는 이들을 청나라 사절단에 포함하여 중국의 문물을 보고 배우도록 배려하고, 수령으로 파견하여 전국의 실태를 속속들이 파악하여 보고하도록 했으며, 암행어사로서 지방 관리와 사족들의 횡포를 엄중하게 징벌하도록 했다. 각신이나 초계문신 역시 이를 영광스럽게 여겨 유득공은 3품 부사 시절에도 5품 규장각 검서임이라고 자신을 소개할 정도였다.

노론 등 기득권층이 반발한 것은 당연했다. 공조참의 이택징의 상소가 대표적이다.

규장각은 곧 전하의 사각(私閣)이 되는 것이요 나라 안의 공공의 각이 아닌 것이며, 이 신하는 곧 전하의 사신(私臣)인 것이요 조정에 있는 인신(隣臣)이 아닌 것입니다.《정조실록》6년 5월 26일)

이택징이 규장각을 나라를 위한 것이 아니라 왕의 개인적 기구이자 개인적 신하라고 비판한 것은 왕을 능멸하는 짓이었다. 이에 일제히 이택징을 규탄하여 결국 두 달 뒤 이택징은 죽고 말았다. 목숨을 걸고 왕을 모욕할 정도로 노론에게 규장각은 두려운 것이었다.

규장각이나 초계문신은 그 자체로 당파와 적서를 가리지 않고 인재를 등용하는 정조의 통치 스타일을 대표하는 것이었다. 하지만 정조는 이들을 엄격히 관리하여 나태해지거나 실력이 떨어지면 가차 없이 교체하였다. 정조도 영조처럼 유교와 성리학에 높은 수준을 갖추어 신하들을 가르치거나 꾸짖을 정도였다. 그래서 규장각 검서들은 정조에게 꾸지람을 듣고 벌벌 떨 정도였으며, 거리의 패관류 문체를 쓴다고 하여 박지원의 문체를 금지하기도 했다.

정조의 규장각은 정조의 죽음과 함께 유명무실해졌고, 각신들은 흩어져 재야의 실학자가 되었다. 이들 중에는 이가환 같은 천주교인도 있었고, 박지원, 박제가처럼 서양문물의 수용을 주장하여 고종 시대 개화파의 단서를 열기도 했으며, 정약용처럼 실학을 집대성하기도 했다. 그들은 통일되지는 않았지만 근대사상의 토대를 구축한 중요 인물들이었다. 그들의 업적이야말로 정조가 일으킨 새로운 학문 개혁의 결과물이다.

◉ 역 사 메 모 ┊--

정조 시대는 김홍도와 신윤복이 활약한 풍속화의 전성기였다. 풍속화는 기존의 관념적이고 귀족적인 종앙화풍을 벗어나 서민의 생활을 신빨하고 역동식으로, 때로는 해학식으로 그린 것이나. 두 사님은 도화서 화원으로서 정조의 명을 받아, 혹은 개인적 열망으로 농촌과 도시의 생활을 진술하게 그려냈다. 그들이 남긴 작품은 당대 화풍의 백미를 보여준다.

군사권의 확립과
수원성 건설

무력 기반을 확보한 정조는 수원성 건설을 통해
근대적 도시 건설의 청사진을 제시했다.

사도세자의 복권을 주청하는 영남 만인소의 소두*를 만나 정조는 이렇게 말했다.

> 역적 구선복으로 말하면 홍인한보다 더 심하여 손으로 찢어 죽이고 입으로 그 살점을 씹어 먹는다는 것도 오히려 헐후(歇後)한 말에 속한다. 매번 경연에 오를 적마다 심장과 뼈가 모두 떨리니, 어찌 차마 하루라도 그 얼굴을 대하고 싶었겠는가마는, 그가 병권을 손수 쥐고 있고 그 무리가 많아서 갑자기 처치할 수 없었으므로 다년간 괴로움을 참고 있다가 끝내 사단으로 법을 적용하였다.(《정조실록》16년 윤4월 27일)

• 만인소는 1만 명이 연명으로 올린 상소를 말하며, 소두는 그 주동자를 말한다. 권력에서 소외된 영남 남인들이 정조를 지지하기 위하여 처음 만인소를 올렸으며, 이후 몇 차례 더 있었다. 역사적으로 유명한 만인소는 고종의 개화정책에 반대하는 1881년의 영남 만인소다.

조선의 정규군인 5군영이 노론의 사병이자 권력의 방패로 전락한 것은 이미 북벌이 정권 유지 수단이었을 때부터이니 오래된 일이었다. 이 때문에 역대 왕들은 항상 서인이나 노론의 눈치를 보며 전전긍긍했고 일시적으로 노론을 제거해도 곧 반격을 당했다. 강력한 왕권을 구축하려던 정조에게도 이것이 가장 큰 난관이었다.

영조와 정조의 가장 큰 차이는 숭무, 즉 무의 숭배였다. 일찍이 사도세자도 젊을 때 후원에서 무예수련을 했듯이, 정조도 어릴 때부터 자기 몸을 지키기 위한 무예수련을 게을리하지 않았다. 정조는 영화 〈역린〉에서처럼 특히 활을 잘 쏘았는데, 50발을 쏘아 49발을 맞추고 한 발을 겸양하여 쏘지 않을 정도였다. 그리고 전략에도 능해 친히 진법서를 편찬하고 무예서 편찬에 참여하였다. 규장각 각신들을 불러다 활을 쏘게 해 심신을 단련케 하고 직접 가르치기도 했다. 정조는 강인한 근력을 과시하는 왕이었다.

정조는 3대 모역 사건 등 자신에 대한 암살 음모가 일어나자 이를 핑계로 주변 경호병력을 증강하였다. 이어 정조 9년에는 개인 경호부대인 장용위를 설치하였다. 장용위 설치 직후 구선복 일가가 은언군의 아들 상계군을 왕으로 옹립하려 한다는 고변이 들어와 그들을 처단하고 5군영을 무력화했다. 이어 장용위를 장용영으로 확대 개편하고 5군영의 예산을 돌려 필요한 재정을 확충하였다. 이로써 장용영은 서울의 내영과 수원의 외영 두 곳에 1만여 명의 병력을 운영하며 왕과 수도권을 방어하는 최고 부대로 활약하였다.

무력 기반을 확보한 정조는 새로운 거점의 건설에 공을 들였다. 바로 수원성 건설이다. 사도세자는 죽어서도 노론의 저주 속에서 험악한 곳에 묻혔다. 얼마나 험악한 곳인지 이장하기 위해 파보니 관이 물에 잠겨 있었다. 그래서 정조는 즉위 후 사도세자 무덤 이장을 추진했는데, 그 과정에서 자신의 새로운 거점이 될 만한 곳을 아울러 조사하였다. 왕실에서 왕릉을 조성하기 위해 선점해둔 길지가 수원에 몇 군데 있었는데, 이 중 한 곳을 점찍어 이장과 함께 신도시 건설까지 추진한 것이다.

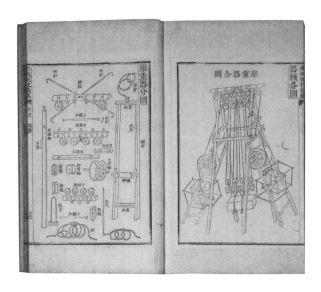

◀《화성성역의궤》에
실린 거중기 설계도.

수원성 공사는 1794년에 시작되었다. 30만 냥 이상의 예산에 10년 정도의
공사 기간을 염두에 둔 대역사였다. 그런데 공사 과정을 보면 정조의 국가개조
상을 엿볼 수 있다. 먼저 정조는 백성들을 동원하기보다 임금을 주고 고용하
여 노동력을 확보했다. 이는 영조의 청계천 준설공사 같은 실업자 구제책이기
도 하지만, 또 한편으로는 임금 노동의 시대를 수용하는 측면도 있었다. 그리
고 만석거 등 저수지를 축조하여 대규모 농토를 확보하고, 한성의 난전을 유치
하여 규모가 큰 상업단지도 조성하려 했다. 이는 봉건시대 행정적 성격의 도시
에서 근대적인 자립적 상공업 도시를 만들려 했던 것으로 볼 수 있다.

수원성은 정약용의 거중기 등 첨단 공사기술을 동원해 공사 시작 34개월
만인 1796년 초겨울 완공되었다. 정조는 거중기만으로 공사비 4만 냥을 절약
했다고 칭찬했는데, 이는 정약용의 천재적 작품이 아니라 청나라에서 들어온
서양의 발달된 공업 기술로 보인다. 당시 북학파들이 적극 주장했던 서양 기술
수용이 수원성 공사 기간과 예산 단축으로 현실화된 것이다.

1795년 윤2월 14일, 어머니 혜경궁의 회갑연을 위해 수원성을 찾은 정조는
장용영을 동원하여 대규모 군사훈련을 실시하고 이를 대신들과 백성들에게

▼ 수원성 건설의 의미

정치적	개혁 도시, 정조의 거점 도시
경제적	대규모 저수지와 농토, 시장 등 상업지구 확보 → 신계획도시
군사적	화포 이용을 감안한 근대적 설계 수비, 공격이 동시에 가능한 성곽
기타	벽돌 사용, 거중기 이용 등 근대적·과학적 신공법 도입

공개하여 왕의 무력을 과시하였다. 실록에는 정조가 매화포(폭죽의 일종)를 관람했다고 간단히 기록했지만 《일성록》에서는 이날 정조가 황금갑옷을 입고 직접 훈련을 진두지휘하였다고 기록했다. 《일성록》은 규장각이 작성한 기록이므로 정조의 견해를 좀더 충실히 반영하였을 것이다.

장용영과 수원성은 정조의 죽음과 함께 빛을 잃었다. 순조 즉위 직후 장용영 예산이 다시 5군영 예산으로 돌려지면서 장용영은 무력화되었다가 얼마 후 폐지되었다. 수원성 역시 상공업적 기반 유치에 실패하면서 근대도시로 성장할 동력을 잃고 경기도의 거점 도시 수준에 머무르고 말았다. 하지만 조선 후기 유례없는 정조의 권력과 개혁을 가능하게 한 물질적 기반이었다는 점에서 역사적 의의와 아쉬움을 동시에 남긴다고 하겠다.

3대 모역 사건과 영화 〈역린〉

"대내(大內)에 도둑이 들었다. … 존현각에 나아가 촛불을 켜고서 책을 펼쳐놓았고, 곁에 내시 한 사람이 있다가 명을 받고 호위하는 군사들이 직숙하는 것을 보러 가서 좌우가 텅 비어 아무도 없었는데, 갑자기 들리는 발소리가 보장문 동북 쪽에서 회랑 위를 따라 은은하게 울려왔고, 어좌의 중류쯤에 와서는 기와 조각을 던지고 모래를 던지며 쟁그랑거리는 소리를 어떻게 형용할 수 없었다. 임금이 한참 동안 고요히 들어보며 도둑이 들어 시험해보고 있는가를 살피고서, 친히 환시(宦侍)와 액례(掖隸)들을 불러 햇불을 들고 중류 위를 수색하도록 했는데, … 도둑질하려 한 것이 의심할 여지가 없었다."《정조실록》 1년 7월 28일)

자객이 존현각까지 들어와 지붕을 뚫고 들어가 정조를 암살하려다 실패하고 달아난 것이다. 궁 내에 침투했다가 감쪽같이 사라졌으니 분명 안에 내통한 자가 있었다. 정조는 경호병을 교체하고 경계를 엄중히 하였는데 8월 11일 자객이 다시 들어왔다가 체포되고 말았다. 자객의 이름은 전흥문이었다. 정조가 그를 국문하니 사도세자 사건의 주역이었던 홍계희의 손자 홍상범이 시켰으며, 정조의 호위무관 강용휘와 조카 대궐별감 강계창, 그의 딸인 궁녀 강월혜, 강월혜의 상관이자 정순왕후의 측근인 고수애 상궁 등이 연루되었다고 실토했다.

연루자들을 잡아와 문초하는 과정에서 두 역모가 또 발각되었다. 홍상범의 어머니 이효임이 정조를 저주하여 죽이려 무당을 시켜 굿을 했고, 사촌 홍상길이 무수리 이영단을 매수하여 정조를 침실에서 암살하려 했다. 세 번의 정조 암살 시도라 해서 3대 모역이라 하며, 홍계희의 자손들이 모두 연루된 치밀하고 심각한 반역 음모였다. 당시 시파의 정조 암살 음모를 대표하는 사건으로, 정조의 처지를 웅변한다.

2014년 개봉한 〈역린〉은 바로 이 3대 모역 사건을 다룬 영화다. 영화에 나오는 고 상궁, 궁녀 강월혜, 훈련대장 구선복은 모두 실제 사건 연루자이며, 을수는 전흥문을 모델로, 갑수는 사건 당일 정조 옆에 홀로 시립했던 내시를 모델로 하였다. 물론 영화 속 우정이나 사랑 이야기는 모두 영화적 상상력이며, 사건의 전개 과정도 실제와 많이 다르다. 하지만 1995년 〈영원한 제국〉 개봉 이후 정조를 다룬 영화들이 여러 편 나왔는데 거듭될수록 점점 역사적 사실에 근접해간다는 느낌이다.

실학자들의 활약과 18세기 조선의 한계

**실학이 꽃을 피운 조선은 근대사회의 문을 열었지만
봉건적 사고방식을 넘어서지 못한 것이 한계였다.**

18세기 프랑스는 부르주아와 귀족 사이의 충돌이 점점 격화되었다. 특히 귀족의 영지가 있는 지방에서 각종 이권과 관련하여 갈등이 잦았는데 이를 해결하는 과정에서 법률과 철학이 발전하였다. 당연히 대학에서 철학과 법률을 연구하는 지식인 집단이 나타났고 이들이 계몽주의를 발전시키면서 프랑스혁명의 사상적 토대가 만들어졌다. 이들 중 프랑스 북부 아라스 지방의 변호사가 프랑스혁명의 지도자로 부각했는데, 그의 이름은 로베스피에르였다.

같은 시기, 조선의 지방 사회는 이미 자본주의의 소용돌이에 휩쓸려 있었다. 돈을 벌어 족보를 사서 양반으로 신분 상승을 하는 자들이 늘어났고, 이 때문에 원조 양반(구향)과 새로운 양반(신향) 간의 갈등이 향전으로 나타났다. 양반들이 늘어나 평민의 수가 줄자 영·정조 시절부터 점차 노비 등 천민을 양인으로 승격시켜 조세 부담자를 늘리려는 정책을 펼 정도였다.

조선을 뒤흔드는 경제와 사회의 변화를 연구하는 지식인 십난이 나타나는 것은 필연이었다. 이들이 바로 실학자들이다. 혹자들은 실학이 유교나 성리학에서 벗어나지 못하여 한계가 많았다고 비판하지만 꼭 그런 것도 아니다. 일본의 예를 살펴보자. 임진왜란 이후 일본에 전파된 주자학은 주군에 대한 충의 이데올로기로 일본에 유행하였다. 그래서 다른 신앙이나 학문에 비해 막부에서 적극 장려하였다. 이 과정에서 여러 다양한 유학의 흐름이 탄생했는데, 이들은 대개 근대로 갈수록 천황 숭배나 국가신도의 초기적 형태를 띠어간다.* 메이지 천황의 권력을 강화하여 메이지유신이 순조롭도록 사상적 기반을 제공한 것이 일본 주자학자들임을 감안한다면 실학자들이 성리학에서 벗어나지 못했다고 무조건 비판하는 것은 옳지 못한 일이다.

정조 시대 실학에서 주목할 점은 북학파들의 적극적인 활약이다. 박지원과 그의 제자로 규장각 검서관인 박제가 등이 대표적이다. 노론 집안에서 태어난 박지원은 과거에 낙방한 후 부정부패에 얼룩진 과거시험을 포기하고 오직 학문 연마에 뜻을 두었다. 한성 백탑 근처, 지금의 탑골공원 인근으로 이사와 살면서 동네 청년들과 교유했는데 이때 사귄 제자들이 박제가, 유득공 등이다. 노론 집안 출신**이지만 노론과 다른 생각을 하거나 서자여서 왕따당한 이들이었다.

북학파들이 추구한 것은 부국강병이었다. 박지원은 1780년에, 박제가와 이덕무는 1778년에, 홍대용은 1765년에 청나라에 다녀왔다. 또 청나라를 오고가는 역관들을 통해 많은 지식을 얻었다. 청의 사정에 능통한데다 막대한 부를 축적한 부르주아 역관들과 밀접한 연관을 맺은 그들이 근대적 사상을 발전시키는 것은 당연했다. 후대이기는 하지만 추사 김정희는 역관 이상적에게

• 대표적 인물이 야마자키 안자이로서, 관련된 유명한 일화가 있다. 하루는 그가 제자들을 모아놓고 이런 질문을 했다. "만약 공자와 맹자가 군대를 이끌고 일본에 쳐들어오면 어떻게 해야 하나?" 제자들이 답을 하지 못하자 이렇게 대답했다. "우리는 군대를 이끌고 나가 공자와 맹자의 군대를 물리치고 일본의 은혜를 갚아야 한다. 이것이 바로 공맹의 가르침이다."

•• 조선 붕당은 학파적 성격을 띠기 때문에 혈연적 성격은 부차적이다. 같은 집안에서 노론과 소론이 나오기도 했기 때문이다.

서 귀중한 청나라 서적을 얻고서 그 유명한 〈세한도〉를 그려주기도 했다.

앞에서도 언급했듯 조선 후기 부르주아의 성장과 관련해 가장 주목되는 존재는 역관이다. 장현이나 변승업이 지금의 삼성물산이나 LG상사에 버금가는 종합상사의 역할을 했다는 이야기는 이미 했거니와, 중인은 정치와 외교에도 상당한 영향력을 끼쳤고 심지어 스파이 노릇도 했다. 장현은 청의 주요 문서를 가져왔다는 이유로 관직을 받았고, 김경문은 백두산정계비를 세울 때 청나라 관헌과 협상을 잘하여 관직을 받았다. 그래서 18세기부터 무역 주도권이 개성 상인 등 상업자본에 일부 넘어갔음에도 불구하고, 역관을 중심으로 한 중인들은 영·정조 시대부터는 더욱 정치적 발언권을 증대하여 19세기에는 중인 폐지를 주장하기에 이르렀다. 이 운동은 비록 실패했지만 이후 개화파나 독립운동에 큰 영향을 끼친다. 예를 들면 해주 오씨 집안도 유명한 역관 집안인데, 추사 김정희에게서 실학을 배우고 초기 개화파의 주요 인물로 성장한 오경석이 이 집안 출신이며 그 아들 오세창은 3·1운동 민족대표 33인 중 하나였다.

부국강병을 추구하며 상공업과 무역을 장려하고 서양의 문물 수용을 주장하는 흐름이 존재할 때, 또 한편에서는 이를 뒷받침할 민족주의 사상이 발전하고 있었다. 바로 유득공과 안정복이었다. 유득공은《발해고》를 저술하여 잊혔던 발해사를 재정립했다. 이는 청나라가 지배민족인 만주족의 역사를 편찬하며 발해사를 만주사로 편입한 데 반발하여 편찬한 것이어서 오늘날 동북공정에 대한 우리 역사학계의 대응에 비견할 수 있다. 안정복은《동사강목》을 저술하여 실증주의를 민족사에 도입하였다. 또 중국에 정통을 두는 기존 조선 역사서에 반발하여 삼한 정통론을 주장하며 역사의 정통이 민족사에 있음을 명확히 하였다. 이는 신채호의 사관으로 계승되어 근대 민족사학의 토대가 되었다.

영·정조 시대는 실학이 만개하며 근대로 나아갈 사상적 토대를 이룬 시기다. 그렇기에 역사가들이 이 시기를 '르네상스'로까지 표현하는 것이나. 그렇다면 빛나는 별같이 쟁쟁한 실학자들 중 정조 르네상스를 대표할 이는 누구일

▼ 정약용의 활동

관직	→	초계문신, 암행어사, 동부승지, 형조참의
토지개혁론	→	여전제, 정전제
행정개혁론	→	《목민심서》
제도개혁론	→	《경세유표》
경제개혁론	→	《전론》
의학	→	《마과회통》
지리	→	《아방강역고》

까? 당연히 정약용이다. 그는 이익을 스승으로 하는 성호학파 좌파 출신이다. 정조의 총신으로 수원성 건설 등 1790년대 중요한 업적을 함께했으며 배다리와 거중기 등 과학기술 발전에 지대한 공헌을 하였다. 그는 여전제나 정전제 같은 유교 공산주의 사상을 주창하였고 공무원제도 개선, 경제제도 개혁, 일본의 국력을 인정하고 외교관계를 맺자는 외교 주장 등 여러 분야에 걸쳐 혁신적 안을 갖고 있었다. 그의 주장들을 모아 보면 당대 유럽의 계몽주의나 공산주의 사상가들에 비해 결코 손색이 없다는 것을 알 수 있다.

하지만 그의 정치 인생은 순탄하지 않았다. 1795년 천주교인으로 탄핵받아 수원성 건설 도중 지방으로 좌천되었고, 정조 승하 이후 다시 천주교인으로 탄핵받아 18년간 유배생활을 했다. 정조 시절 유력한 차기 정승 후보였지만 그의 급진 개혁론은 환영받지 못했다. 결국 정조의 죽음과 함께 그의 개혁사상도 좌절되었다

정약용의 실패, 그리고 정조 시대 실학자들의 실패는 어쩔 수 없는 것이었을까? 정조 시대 사회경제적 토대가 좀더 면밀히 계산되어야겠지만, 꼭 그런 것은 아니었다고 생각한다. 정조가 많은 노력을 했지만 구체제의 모순으로 인한

사회 갈등은 고조되고 있었다. 외부적으로도 서양의 침투가 노골화되어 안으로 천주교가 확산되고 밖으로 서양의 함대가 접근하여 1782년에는 프랑스 함대가 제주도와 울릉도를 측량하고 돌아갔다.

17세기 영국은 성장하는 부르주아와 엘리자베스를 계승하여 절대왕정을 유지하려는 왕의 갈등이 심화되었다. 부르주아들은 왕권을 제한하기 위해 권리청원을 제출했고, 이를 거부하는 찰스 1세에 저항하여 청교도혁명을 일으켜 마침내 왕을 처형하고 공화정을 수립하였다. 프랑스는 18세기 구체제의 모순에 따른 사회갈등의 고조 속에 지식인과 부르주아가 시민과 결합하여 마침내 프랑스혁명을 일으켰다. 그리고 혁명은 루이 16세의 처형과 공화정의 성립으로 이어졌다. 영국과 프랑스의 공화정을 주도한 이가 크롬웰과 로베스피에르였다.

왕은 봉건체제의 수호자라는 기본 한계를 갖는다. 그래서 근대 국민국가로 나아가는 과정에서 결국 목숨을 잃거나 추방당하고 마는 것이다. 그렇다면 정약용이 꿈꾸어야 했던 것은 결국 왕에 대한 도전이었어야 한다. 혹자는 정약용을 '농민혁명의 이념에 충만한' 혁명가라고 극찬했지만, 정약용은 로베스피에르로 발전하지 못했다. 이것이 프랑스와 조선의 결정적 차이였다.

18세기 말 조선에 필요한 것은 정조의 개혁이 아니라 정조의 목이었다. 만약 정조의 개혁이 전적으로 옳고 충분한 것이었다면 그가 죽은 후 그렇게 허무하게 무너졌을 리 없다. 실학의 한계는 유교도 아니고 실천의 부족도 아니었다. 왕에 대한 의리와 왕을 통한 개혁이라는 봉건적 사고방식을 극복하지 못한 것이었다. 그래서 실학자와 조선은 순조도, 고종도 처단하지 못했고, 시민혁명을 이루지 못하고 비극적인 19세기를 맞이하게 된 것이다.

제5장

근대를 향하여

근대의 생활변화

어제 과음으로 늦잠을 잔 〈황성신문〉 기자 정 씨는 아침 출근을 위해 서둘러 전차역으로 나갔다. 걸어가면 꽤 되는 거리지만 전차로는 10분이면 신문사까지 갈 수 있다. 마침 전차가 도착해 헐레벌떡 올라탔다. 양복을 멋지게 빼입은 정 씨는 안주머니에서 회중시계를 꺼내 시간을 맞춰본다. 다행히 지각은 면할 것 같다.

1898년 창간한 〈황성신문〉은 자강개혁을 주장하는 개혁적 유학자들이 내는 신문이다. 그리고 몇 년 전 〈독립신문〉이 폐간된 이후로는 제국의 실정을 가장 강력하게 비판하는 신문이다. 물론 유학자들 신문답게 황제 비판은 극도로 자제하지만, 러시아와 일본이 이리와 늑대처럼 제국을 둘러싸고 전쟁 분위기를 고조하는 상황에서 무조건 정부가 잘했다고만 할 수는 없는 일이다.

신문사에 출근해 책상에 앉아 글을 쓰기 위해 안경을 썼다. 100년 전 정조대왕도 안경을 썼다지만 안경은 아직도 비싸고 도수 맞추기가 만만치 않아 돈보기나 다름없다. 신세대 청년 지식인답게 펜에 잉크를 찍어 어제 구상한 기사 몇 줄을 끄적이는데 어딘가 찬바람이 이는 듯해서 돌아보니 단재 신채호 선생이 들어섰다. 성균관 박사 출신인 단재 선생은 대쪽 같은 성격에 말과 행동이 거침없어 모두 무서워했다. 고개를 꼿꼿이 들고 인사도 받는 둥 마는 둥 사장실로 들어갔다. 아무래도 오늘 뭔가 정부를 비판할 기사거리가 생기는 듯싶다.

잠시 후 사장이 문을 열고 나와 총무에게 가서 묻는데 그 소리가 여기까지 들린다.

"OO양행이 광고를 끊겠다던데 사실인가?"

"익문사에서 양행을 내사한다는 소문입니다."

익문사라면 황제의 정보기관으로 알려진 언론사이다. 우리 신문이 정부를 비판하니 광고를 끊어 고사시킬 생각인가? 하지만 제국을 지지하는 유림들의 신문에 그럴 리가? OO양행은 학질에 특효약인 금계랍(키니네)을 팔아 돈을 번 회사다. 수많은 어린아이의 목숨을 구한 회사가 우리에게 이러면 안 된다.

점심을 먹고 기사를 대략 마감하는데 외근을 나간 강 기자가 들어온다. 그는 YMCA에서 야구단을 창단한다는 소식을 취재하고 돌아왔다.

"야구? 그게 뭡니까?"

유럽에서 축구나 테니스가 유행한다는 이야기는 들었어도 야구는 금시초문이다.

"미국 운동인데, 미국 목사들이 가르쳤다네. 작은 공을 던지고 그것을 방망이로 치는 경기라는군."

"작은 공을 던지고 방망이로 쳐요? 유학자가 할 짓은 아닌 것 같은데요."

"큰 공을 차고 다니는 건 유학자의 행동인가? 서양 운동이 다 그렇지. 주먹만 한 공을 던지는데 방망이로 힘껏 치면 아주 멀리 나가고, 그걸 호… 뭐라 한다네. 그러면 점수가 나. 점수를 많이 내는 쪽이 이기는 거야."

"미국 말고 다른 나라는 안 합니까?"

"일본도 하네."

"러시아는요."

"안 한다네."

"그럼 그 운동 저는 싫습니다."

정 씨는 러시아보다 일본이 더 싫었다.

퇴근길에 강 기자와 한잔하기로 했다. 종로의 저녁거리는 가로등이 환히 밝히고 있다. 제국의 주요 사업인 한성의 가로 정비사업으로 길도 넓어지고 가로등도 생겼다. 전등 가로등은 선진국에서도 보기 드문 것이다. 종로를 지나가는 전차도 마찬가지다. 전차는 일본 도쿄보다 먼저 생긴 문명시설이고 지금도 일본에는 교토와 도쿄에만 있다. 그래서 일본인들도 신기해서 자주 타고, 일본인 거주 지구인 용산에서 종로 사이 전차 노선에서는 일본인들을 많이 볼 수 있다.

명동성당에서 울리는 저녁 종소리가 어렴풋이 들리고 거리에는 한복을 입은 여자 둘이 지나간다.

"이화학당 여학생인가 봅니다."

"세상 좋아졌어. 여자들도 교육을 받고."

처음 이화학당이 생겼을 때 신학문을 배운 여자를 며느리로 들일 수 없다 해서 수업 중에 학생을 업어가는 일도 있었지만 이제 제법 여학생들이 많다. 미국에 유학한 여학생도 있다고 한다.

그들은 유성기에서 나오는 바흐의 음악을 귓전으로 흘리며 종로의 어느 술집으로 들어갔다. 이 집에서는 위스키를 판다. 안주는 고기 부침 같은 한식이지만 술은 용케 인천에서 구해와 팔고 있다. 하지만 조만간 치즈 같은 양식 안주도 나올 것이다.

"이 집은 비싸지 않습니까?"

"응. 그렇지만 아들놈이 병이 다 나았지 뭔가. 기분이 좋아서 한잔 사겠네."

"열병이라고 하지 않았습니까?"

"응. 그런데 광혜원에 갔더니 금세 고치더군. 서양 의학은 약이 아주 좋아."

주인이 따라주는 위스키 한 잔씩을 받아들고 조금씩 마셨다. 과일향이 강한 것이 이국적인 맛이었다. 강 기자가 손으로 머리카락을 쓰다듬는다. 단정하게 잘라 가르마를 탄 머리가 눈에 띈다.

"이발은 직접 하십니까?"

"아니. 이발관에 가서 깎아. 잘하더라고. 들기로는 폐하 머리도 잘랐다던데."

"상투는 언제 자르셨습니까?"

276

"단발령 때 그냥 잘랐네. 그때 너무 아까워서 사진관에 가서 마지막 상투 차림 사진을 찍었지. 그때 왜 그리 반대했는지 모르겠어."

"단발령의 본질은 우리 민족의 자존심을 꺾으려는 것이었잖습니까?"

"그렇긴 하지만, 좋은 것은 알아서 먼저 했어야 하지 않았을까 하는 생각도 들고."

노론 명문가 도련님 출신이라는 강 기자의 말에 술맛이 싹 가셨다. 하지만 배울 것이 많은 선배 기자이기도 해서 화제를 돌렸다.

술집에서 나오니 취기가 도도했다. 기생집에 가서 한잔 더 하자는 말에 도리질을 했다. 어제도 그제도 술인데, 이러다간 피를 토할 것 같다.

"인력거를 타고 가게. 조심해서 들어가야지."

"술을 적당히 마시면 되지요. 돈이 이중으로 들어가지 않습니까?"

"내가 술을 먹나? 가슴이 술을 먹지. 세상이 술을 먹이는데, 어찌 내가 거부하겠나?"

그러고 보면 〈독립신문〉 시절부터 활약한 대선배가 존경스럽기도 하다.

"먼저 들어가십시오. 저도 인력거 탈 돈이 있습니다. 오늘 잘 먹었습니다."

"알았네. 내일 보세."

부연 가로등 불빛 속에 선배의 인력거가 사라져간다. 1월 말, 어쩌면 마지막 겨울의 눈이 올지도 모르겠다(1904년 2월 8일 러일전쟁이 일어났다).

안동 김씨의
세도정치

갑작스러운 정조의 죽음 이후
조선은 세도정치의 시대를 맞이했다.

정조의 죽음은 갑작스러운 일이었다. 조선 후기 들어 종종 50대를 넘긴 왕들이 나왔기 때문에 마흔여덟 살이라는 나이는 아까웠다. 더군다나 정조는 평소 무예 수련을 꾸준히 한 건강 체질이었다. 하지만 아무리 육체적으로 튼튼해도 정신적으로 힘든 것은 어쩔 수 없었다. 사도세자, 정조, 순조 모두 우울증(화병)을 호소할 정도로 이 시절 왕 노릇은 하기가 어려웠다.

조선 후기 여느 왕들처럼 정조도 적장자를 얻지 못했다. 그러나 후궁인 선빈 성씨와 수빈 박씨에게 아들 하나씩을 두었다. 장자는 선빈 성씨의 아들(문효세자)이었지만 네 살이라는 어린 나이에 죽었고, 생모 역시 반년 뒤 죽었다. 그래서 정조의 후사는 서른여덟의 늦은 나이에 얻은 아들이 유일했다. 정조는 세자로 책봉한 뒤 세자빈 간택을 추진하였다. 세자빈은 삼간택을 하는데 안동 김씨 김조순의 딸이 두 번째 간택까지 마치고 세 번째 간택을 눈앞에 둔 상황에서 그만 정조가 승하하였다. 그래서 세자는 결혼하지 못한 채 왕위에 올랐다. 그가 바로 순조다.

열 살의 어린 왕이 즉위하자 영조의 비인 정순왕후가 노론 벽파의 지지를 받아 대리청정을 맡았다. 그녀는 심환지 등 벽파들과 함께 정조의 정책을 뒤집는 데 앞장섰다. 규장각과 장용영을 유명무실화하고 규장각 각신들을 천주교도로 몰아 축출하였다. 이로써 정조가 등용한 신하들 중 정약용 같은 강경파는 제거되고 김조순 등 온건파들만 남았다.

1804년 순조의 친정이 시작되었고 1805년 정순왕후가 죽자 김조순을 중심으로 한 정조 측근들의 반격이 시작되었다. 심환지와 벽파 대신들이 숙청당하고 박제가 등 각신들이 유배지에서 풀려났다. 1818년에는 정약용을 풀어주었고 1823년에는 정조가 추진하던 서얼허통을 허용하였다. 순조 역시 정조의 정책을 계승하여 규장각을 강화하고 암행어사를 파견하여 지방관의 부패를 감시하였다.

하지만 순조 시대는 김조순을 비롯한 안동 김씨 외척세력의 세도정치로 최악의 상황에 직면하였다. 정조의 강력한 왕권 강화로 붕당이 무너지면서 노론이든 소론이든 모두 약화된 상태에서 외척인 안동 김씨와 풍양 조씨, 반남 박씨 등의 몇몇 유력 가문이 연합하여 권력을 장악한 것이다. 이들은 초계문신이나 탕평파 출신들로서 영·정조 개혁정치의 계승자를 자처하며 권력 독점을 정당화하였다.

조선 후기 비변사는 문무 주요 신하들이 모인 합좌기구로서 국가 최고의 의사 결정 기구가 되었는데, 이 세 가문이 비변사를 완전히 장악하여 정책 논의, 결정권을 모두 가져갔다. 또 규장각을 세도정치를 위한 반동적 두뇌집단으로 개조하고 김조순이 어영대장이나 훈련대장을 맡는 등 군권도 장악하였다. 정조가 산림을 약화시키고 향전을 막기 위해 지방 수령의 권한을 강화한 점을 이용하여 친인척들을 수령으로 파견하여 지방을 장악하고 부정부패를 일삼았다. 이 시기에는 수령을 감시하는 암행어사도 세도가들이 임명하여 오히려 부정부패에 동참하였다. 김조순 등 세도정치의 지도부들은 온건 개혁적 성향을 갖고 있었지만 여러 차례의 천주교 박해에서 보이듯 근대적 개혁론은 완강

▼ 조선 후기의 세도정치

하게 거부하였고, 권력이 가문 연합에서 나왔기 때문에 가문 내부의 부정부패에 무기력했다.

　조선이 세도정치에 의해 총체적 난국에 빠졌지만 순조는 무기력했다. 좌의정인 연안 김씨 가문의 김재찬은 종종 순조의 학문 없음을 비판했는데, 가뭄의 원인을 묻는 왕에게 이렇게 대답했다.

> 가만히 전하의 요즈음 정령을 보면 일으키고 중지시키는 데 일정함이 없어서 명령이 나오는 데도 윤발(綸綍)과 같지 않으며, 시행하고 조치하는 즈음에 더러는 빠르거나 더러는 늦음을 모면하지 못합니다.《순조실록》 11년 4월 7일)

　세도정치에 점점 왕으로서 무기력함을 느낀 순조는 화병이 나서 정사를 돌보기 어려울 지경이었다. 마침내 1827년 열여덟 살이 된 효명세자에게 대리청정을 시켰다. 효명세자는 숙종 이후 140여 년 만에 태어난 적장자였다. 정조를 빼어 닮았다는 말을 듣던 세자는 풍양 조씨 조만영의 딸을 세자빈으로 맞아들였다. 그는 외척 풍양 조씨의 중용을 통해 안동 김씨를 견제하며 개혁정치를 시도하였다.

　이때 그의 측근으로 활약한 네 명의 신하가 김로, 홍기섭, 이인부, 김노경이다. 이 중 김노경의 아들이 19세기 조선의 실학을 대표하는 인물인 김정희였다. 또 박지원의 손자이자 후계자였던 박규수도 이때 세자의 사랑을 받았다.

　하지만 권력에 기댄 개혁의 한계는 이미 뻔한 것이었다. 4년 만에 효명세자가 피를 토하고 죽자 네 신하 모두 귀양 가고 개혁은 중단되었다. 순조는 효명 세자의 아들인 세손을 보호하며 무기력한 세월을 보내다 1834년 마흔네 살의 나이로 쓸쓸히 죽고 말았다.

조선왕조를 뒤집고자 한 홍경래의 난

홍경래의 난은 최초의 근대적 봉기이자
19세기 농민 반란의 도화선이 되었다.

1811년 일어난 홍경래의 난은 최초로 조선왕조를 부정한 반역이었다는 데 역사적 의의가 있다. 정약용 등의 실학자들이 왕에 대한 의리를 저버리지 못해 혁명의 길로 가지 못한 한계를 민중이 극복하고 나선 것이다.

홍경래는 1780년 몰락 양반 집안에서 태어난 것으로 알려진다. 하지만 집안이 워낙 가난해서 평민이라는 주장도 있다. 아마 몰락 양반이어도 몰락한 지 오래되어 별 차이는 없었을 것이다. 정조 말년 과거에 실패했는데 급제자들이 서울 세도가의 자식들인 것을 보고 나라의 꼴을 한탄하며 역모를 진행하였다. 학문이 능하고 평소 무술을 단련해 문무를 겸한 데다 술법을 익혀 점복과 풍수에도 능했다. 그는 풍수쟁이를 가장해 묏자리를 봐주며 세상을 두루 익히고 동지들을 모았다. 위로 백두산부터 아래로 부산까지 돌아다니며 순조 즉위 후 본격적으로 터져나오는 불만과 변혁의 분위기를 파악했다.

그가 끌어모은 동지들은 다양했다. 먼저 암행어사의 대명사인 박문수의 손자 박종일에게 서울의 봉기를 맡겼다. 홍경래의 참모인 우군칙은 지방 양반의 서자로서 뛰어난 학식과 경륜을 갖고 있었다. 재정 담당 이희저는 금광으로 큰돈을 번 부호인데 광산 노동자를 봉기에 참여시키는 역할도 맡았다. 선봉장 홍총각은 상인 집안 출신 천하장사였다. 봉기군 부원수 김사용은 향리, 부참모 김창시는 양반이었다. 이외에도 개성 등지의 유력 상인들이 참여했다. 홍경래의 난은 서북 지방을 중심으로 한 지식인과 부르주아의 주도 아래 농민과 광산 노동자들이 참여하여 일으킨 근대적 형태의 봉기였던 것이다.

마침내 1811년 12월 18일, 평안도 가산 다복동에서 봉기하였다. 홍경래는 서북 지방 차별, 세도정치의 폭정을 명분으로 새로운 나라 건설을 내걸었다. 봉기군은 남진군과 북진군으로 나뉘어 각각 1,000여 명 정도의 병력으로 북으로 의주, 남으로 평양으로 진군했다. 봉기 소식에 놀라 서울에서는 양반들이 피난을 가려 서대문으로 몰려들고 각지에서 나라가 뒤집어진다며 농민들이 관아를 습격하는 등 대혼란이 일어났다.

하지만 조선을 부정하는 봉기에 대한 지배층의 결속은 신속했다. 정부는 지방군으로는 진압이 어려울 것이라 생각하고 2,000여 명의 정부군을 파견하였다. 한편 북진군은 철산, 용천 등을 점령하고 정주 이북 지방을 완전히 석권한 다음 1월 6일 의주를 지키는 허항 부대와 격렬한 전투를 벌였는데 그만 실패하고 말았다. 북진군이 남쪽으로 후퇴하자 허항 부대가 추격하여 큰 타격을 입혔다. 남진군은 12월 20일 박천을 점령한 뒤 안주와 송림 둘 중 어느 곳을 공격할 것인가를 놓고 다투다가 내부 분열이 일어나 같은 편끼리 싸우는 사태가 발생했다. 이로써 사기가 떨어진 남진군은 12월 29일 안주 인근 송림리에서 평안병사 이해우가 이끄는 평안도 관군과 싸워 크게 패하였다. 결국 남진군과 북진군은 정주성으로 후퇴하여 1월 17일부터 농성에 들어갔다.

반란군의 농성은 100일 가까이 이어졌다. 주민들의 협조와 정부군의 사기 저하로 포위망이 느슨해서 반란군은 춘궁기를 어렵게 버텨냈다. 초조해진 정부군은 4월 17일 성수성 동문과 북문 밑에 화약을 쏙말시켜 성을 무너뜨리고 마침내 진압에 성공하였다. 정부군의 보복은 잔인하고 무서웠다.

생포한 남녀 2,983명 중에서 여자는 842명이고, 남자는 열 살 이하가 224명이니, 다스리지 않는 데 부쳐 모두 풀어주었습니다. 그외 1,917명은 … 결코 한 시각이라도 천지간에 살려둘 수 없는지라, 모두 진 앞에서 효수하였습니다.(《순조실록》 12년 4월 27일)

홍경래는 탈출하다 사살되었고, 김창시, 이희저, 김사용 등은 전사했으며, 홍총각, 우군칙 등은 체포되어 능지처참되었다. 이외의 연루자들도 모두 전사하거나 처형당했다. 하지만 홍경래가 살아서 탈출했다는 소문이 돌면서 홍경래를 자처하는 반란 사건이 연달아 터지는 등 그 후유증은 한동안 지속되었다.

홍경래의 난은 그 역사적 의의에도 불구하고 실패했으며 후대에 끼친 영향도 크지 못했다. 그 이유는 봉기의 명분에서 기인한다. 난의 1차적 명분이 서북 지방 차별이었다. 근대 시민혁명으로 나아가기 위해서는 조선 전체를 아우르는 문제의식과 비전을 제시해야 하는데 그렇지 못함으로써 스스로 지방 반란의 틀 속에 가두고 말았다. 하지만 이런 한계는 조금씩 극복되어 마침내 80여 년 뒤 동학농민운동에서 반봉건·반외세라는 보편적 시대 목표를 내걸고 전국적 봉기를 일으키는 것으로 나타난다.

과거제의 타락

"옛 임금이 나라를 다스릴 때에는 응시한 유생이 400여 명이 넘는다고 축하를 받은 일이 있었다. 지금은 그 100배가 넘는 유생들이 들어오는데, 심한 경우에는 마치로 상대를 치고, 막대기로 상대를 찌르고 싸우며, 문에서 횡액을 당하기도 하고, … 하루 안에 과거를 보게 되면 머리털이 하얗게 세고, 심지어는 남을 살상하는 일까지 발생한다."(박제가, 《북학의》)

격투기 대회가 열리는 체육관을 묘사한 것이 아니다. 이것은 과거시험장에 대한 묘사다. 무과 시험장도 아니다. 문과 시험장을 묘사한 것이다. 경쟁 상대를 물리치기 위해 시문과 경전을 시험하는 과거시험장에서 망치로 내려치고 각목으로 상대를 패서 죽이기까지….

하지만 이것이 18세기 과거시험장의 실체였다. 나라의 핵심 인재를 양성하는 과거시험장이 이 정도로 난장판이 되었다면 볼 장 다 본 것 아니겠는가? 박지원, 홍경래 등이 과거를 포기하고 자기 길을 가려 한 것이 결코 핑계가 아니었다.

조선에 닥친
총체적 위기

헌종 시대의 조선은 전염병, 수재, 화재 등은 물론이고
민란 등이 빈번하게 일어나던 혼란의 시기였다.

1834년 순조가 마흔넷에 죽었다. 그리고 효명세자의 아들이 새로운 왕으로 즉위했다. 바로 헌종이다. 그런데 헌종은 겨우 일곱 살이어서 수렴청정을 해야 했다. 수렴청정은 대왕대비인 순조의 비 순원왕후가 했는데 그녀는 안동 김씨 김조순의 딸이었다. 그래서 헌종 초기까지는 안동 김씨의 위세가 대단했다.

헌종 6년부터 헌종이 친정을 시작했다. 헌종은 어머니 집안인 풍양 조씨를 중용하여 안동 김씨를 견제하려 했다. 이때 풍양 조씨 세도를 주도한 인물은 헌종의 외조부인 조만영과 그 동생 조인영, 조만영의 조카 조병헌과 그의 아들 조병구 등이었다. 과거 효명세자의 개혁을 적극 뒷받침했던 풍양 조씨 가문역시 온건 개혁파에 속했지만 실제 정치에서는 안동 김씨와의 권력투쟁에 역량을 대부분 소진하고 말았다. 1846년 조만영의 죽음을 계기로 권력은 다시안동 김씨에게 넘어갔고 이후 철종대까지 안동 김씨 세도는 계속되었다.

이 시기 두드러진 활약을 보인 이로 추사 김정희를 꼽을 수 있다. 김정희는효명세자의 개혁을 뒷받침한 네 신하 중 한 명인 김노경의 아들이었고, 박제가

의 제자로서 북학파의 맥을 계승하였다. 그는 특히 오경석 등 중인 역관들을 제자로 두어 근대 개혁사상이 부르주아들에게 퍼져나가는 데 공헌하였다. 또 조인영과 밀접한 관계를 맺어 금석문 연구에 많은 도움을 받았으며, 헌종이 즉위한 직후 종2품 병조참판의 고위직에서 활약하였다. 정약용 이후 실로 오랜만에 실학자가 권력에 근접한 것이었다. 하지만 불과 4년 만에 제주도로 유배되어 9년 동안 세상과 단절되었다. 유배에서 풀려난 뒤 권력에 뜻을 접고 학문에 매진하였다. 초의선사 같은 승려와 사귀고 역관을 제자로 두는 등 현실에 구애받지 않고 세상과 인물에 두루 통달하였다.

이상적은 이 시기 대표적 역관이다. 순조 말년부터 철종 때까지 열두 차례나 청나라를 왕래하며 아편전쟁과 태평천국의 혼란에 빠진 중국의 현실을 국내에 전달했고, 서양의 동태를 살폈으며, 청의 중요한 문물을 수입해 조선에 선진 사상이 들어오는 데 기여했다. 그 자신도 유명한 시인으로 청나라에서 문집을 간행할 정도로 국제적 명성을 얻었고 국내에서는 중인 이하 신분의 문학인 위항문학의 대표자였다. 김정희의 제자이자 친구로서 〈세한도〉를 중국에 알린 것으로도 유명하다.

헌종 시기 조선의 총체적 위기 상황이 본격적으로 도래했다. 국가의 의료체계가 무너지면서 전염병이 창궐하여 1841년에는 한겨울인 12월에도 전염병이 전국적으로 돌았다. 또 수재도 빈번하여 1845년에는 4,000여 호, 1847년에는 1,600여 호가 침수되는 등 큰 피해가 일어났다. 큰 화재도 종종 발생했는데 이는 국가의 안전관리체제가 무너졌음을 의미한다. 그러니 민란의 발생은 당연한 것이었다. 홍경래의 난 같은 대규모 조직적 저항은 일어나지 않았지만 거의 모든 지역에서 괘서, 항조 등 선동이나 소규모 충돌 사건들이 빈번하게 일어났다. 천주교의 확산도 정치권에서는 심각한 문제였다. 특히 이 시기 천주교는 학문적 틀(서학)에서 벗어나 내세의 구원을 희구하는 본격적 신앙의 형태로 변화해 많은 순교자를 낳았다.

혼란스러운 시대 모든 권력은 세도가에게 넘어갔고 왕이 할 일은 별로 없었다. 야사에는 이런 이야기가 전해온다. 조씨 집안의 횡포가 하도 심해 마침내 헌종이 폭발하고 말았다. 조병구에게 말하기를 "외삼촌의 목에는 칼이 들어가지 않소?"라고 했는데, 조병구가 이에 놀라 집에 가는 길에 초헌이 엎어지는 바람에 땅에 떨어져 죽었다. 실록에서는 한창 나이에 조병구가 죽자 그 아버지 조만영이 슬퍼하다 1년 만에 죽었다고 한다. 헌종은 조만영과 조병구 모두에게 시호를 주고 극진히 제사지내게 했다. 종합해보면, 임금은 모든 권력을 농단하는 세도가에 기껏 짜증이나 내고 그래도 혹 저들이 잘못되면 부랴부랴 달래는 그런 처지였던 셈이다.

그래서인지 헌종은 정치에는 관심이 많지 않았던 것 같다. 학문을 일으키려 노력했다는 기록과 달리 야사에는 여색을 밝혔다는 이야기가 많고, 재위 15년 만인 스물두 살 젊은 나이에 죽었는데 죽음에 대한 별다른 이설들이 없는 것을 보면 몸가짐을 제대로 하지 않은 듯하다. 실록에 따르면 5월 14일 의원에게 부기가 있다며 치료를 받았는데 그로부터 한 달 만에 죽었다. 그는 후사를 남기지 못하였는데, 이로써 조선은 유례없는 왕위 계승을 경험하게 된다. 강화도령이 등장한 것이다.

19세기의 사회변화와 세도정치의 성격

**조선은 느리게나마 근대로 나아가고 있었고
그 과정에서 엄청난 사회적 혼란이 뒤따랐다.**

19세기의 사회모순은 세도정치에 따른 혼란만은 아니었다. 오히려 시대적 모순이라고 할 수 있다. 독점자본으로 성장한 대상인 집단은 유통구조를 장악하고 가격을 조작해 서민생활에 타격을 입혔다. 한강을 무대로 활약한 경강상인은 쌀을 매점매석하여 쌀값을 폭등시켜 한양의 영세민들이 폭동을 일으키기도 했다. 대동강물을 팔았다는 봉이 김선달 이야기가 유행한 것도 이 시기로, 상인들이 물건을 미리 사들여 독점하고서 가격을 조작해 폭리를 취하는 것은 흔한 일이었다.

대상인들은 선대제를 통해 수공업도 장악했다. 선대제는 영세한 기술자에게 먼저 재료값과 돈을 약간 얹어주고 싼값에 물건을 확보한 뒤 이를 비싸게 파는 것으로, 물건을 만드는 기술자들은 대부분 손해를 입었다. 하지만 자체적으로 상품을 유통시킬 능력이 없는 기술자들은 울며 겨자 먹기로 당해야 했다. 대상인들은 가내수공업도 이런 식으로 장악하였는데, 이로써 기술자들의 불만은 매우 고조되었다.

토지가 없어 지주의 토지를 빌려 농사짓고 비싼 지대(소작료)를 내는 소작 농민들은 지대 내는 방법으로 지주와 충돌하였다. 기존의 지대는 3분의 1에서 2분의 1 정도 비율로 내는 정율지대였는데, 흉년에는 유리하지만 풍년에는 불리했다. 오히려 농업 기술 혁신을 통한 생산량 증대의 이익이 고스란히 지주에게 돌아갔다. 그래서 일정한 액수를 내는 정액지대를 원했지만 지주들은 경영상 어려움을 들어 정율지대를 고집했다. 이를 둘러싼 갈등이 무력충돌로 이어졌는데 이를 소작쟁의라 한다. 소작쟁의는 19세기 농촌의 주요 갈등 요인이었다.

상공업 등 자본주의적 요소의 발전에 따른 신분제 붕괴도 심각한 지경이었다. 특히 근대적 특징인 도시 발전이 두드러지면서 도시는 신분제로부터 상당히 자유로워진 모습을 보였다. 가령 19세기 중엽 대구와 인근 지역은 양반이 70퍼센트, 평민이 28퍼센트, 천민이 1~2퍼센트의 비율이었다. 사실상 이 지역은 신분제가 유명무실해진 것이다. 당연히 신분제가 유지되는 농촌과 붕괴된 도시 사이의 갈등도 만만치 않았다.

세도정치기 정부의 부정부패나 수령의 부정부패 역시 단순한 권력형 부패가 아니었다. 독점자본과 결탁하여 자본의 이윤을 보장하고 노동자나 농민에 대한 착취를 뒷받침해주는 것이 많았다. 의주상인 임상옥이 반남 박씨와 결탁하여 인삼무역을 독점해 엄청난 부를 축적한 것이 대표적이다. 환곡의 폐단도 마찬가지다. 환곡은 구휼제도인데도 실제로는 고이율의 대출제도로 활용되었다. 어려운 서민을 대상으로 하는 악덕 대부업인 셈인데, 환곡을 통한 횡포는 조선이 멸망할 때까지 해결되지 않았다. 자본사회에서 대부업이 사라질 리 없기 때문이다.

그렇다면 이 시기 유럽 나라들은 어땠을까? 먼저 산업혁명을 추진한 영국, 프랑스, 미국 등은 부르주아 민주주의가 성장하고 있었다. 영국에서 왕은 '군림하나 통치하지 않는다'는 원칙 아래 내각책임정치가 발전했는데, 19세기 빅토리아 여왕 시절에는 자본 축적을 주장하는 자유당 정부의 정책에 노동자들이 참정권운동(차티스트)으로 맞서며 노동과 자본의 대결이 본격화되었다. 또

	1840	1850	1860	1870	1880	1890
조선	세도정치 시대		1863 대원군 개혁정치		1880 개화정책 적극 시행	1894 동학 농민운동
중국	1840 아편전쟁(개항)		1861 양무운동 시작			1894 청일전쟁
일본		1854 개항		1868 메이지유신		1889 입헌군주제 도입 1895 청일전쟁 승리
유럽	산업혁명 빈 체제	1848 프랑스 2월혁명		1871 독일 통일	제국주의 시대	

국내시장의 포화로 더는 성장이 어려워지자 자본투자 시장으로의 식민지 개척에 나서 19세기 중엽 이후 제국주의시대가 왔다. 미국 역시 멕시코와 전쟁을 벌이며 텍사스, 캘리포니아 등 남부와 서부로 팽창하면서 시장 확대를 꾀했다. 이 과정에서 농업 중심의 남부와 공업 중심의 북부가 노예제를 둘러싸고 대립하다 마침내 남북전쟁이 일어났다. 전쟁에서 승리한 북부 공화당 정부는 노예제를 폐지해 저임금 노동력을 확보하고 산업혁명을 추진하여 19세기 후반에 영국 이상의 생산력 발전을 이룩하였다.

한편 중부 유럽은 봉건제와 자본주의가 충돌하여 혼란스러웠고, 이에 동진하는 프랑스와 서진하는 러시아 사이에 끼어 심각한 위기가 닥쳐왔다. 19세기 초반 유럽을 주도하던 오스트리아가 약화되자 중부 유럽을 하나로 통일하고자 하는 노력이 본격화되었다. 이때 등장한 인물이 프로이센의 재상 비스마르크였다. 그는 철혈정책을 통한 힘을 앞세운 통일정책만이 살길이라고 주장하며 민족주의를 내세워 독일제국을 건설하였다. 하지만 성장에 한계를 느낀 독일 자본이 비스마르크의 보수적 정책에 반발하여 결국 독일제국 빌헬름 2세가 주도하는 제국주의 정책이 시작되었다. 이는 20세기 제1, 2차 세계대전으로 이어져 독일을 패전의 수렁으로 몰아넣었다.

이토록 19세기 유럽은 산업혁명과 함께 자본주의가 고도로 성장하면서 부르주아 민주주의를 기반으로 대외팽창을 이룩하였다. 따라서 19세기 조선은 왕과 봉건지배층(양반)으로부터 상공업자들(특히 대상인들)이 권력을 쟁취하고, 왕은 타도되거나 조정자 혹은 국민 통합의 상징적 존재로 남아야 했다. 그렇다면 순조 이후 왕권이 유명무실해진 상태에서 안동 김씨나 풍양 조씨가 독점 부르주아로 권력을 장악했다면 어땠을까? 하지만 19세기 조선 근대 세력의 성장은 더뎠고, 정치권은 기존 체제를 지키는 데 더 유능했으며, 당시 정치권의 사상적 동향은 부르주아 민주주의와는 거리가 있었다. 세도정치 시기의 혼란은 바로 이런 느린 변화에 기인한 것이었다.

◉ 역 사 메 모

16세기 말의 임진왜란과 17세기 소현세자의 귀국 등으로 조선에 들어온 천주교는 17세기까지는 발달된 서양 문명에 대한 탐구욕에 힘입어 학문처럼 여겨졌다. 하지만 18세기부터는 신앙으로 자리를 잡으며 여성 등 소외계층을 중심으로 확산되었고, 1831년에는 교황청에서 조선 교구를 설치하기에 이른다. 하지만 기존 신앙이나 지배체제와 충돌하며 엄청난 갈등을 불러일으켰고 1845년 김대건이 순교하는 등 19세기에는 수많은 고난을 겪었다.

하루아침에 왕이 된 강화도령

세도정치 시대, 허수아비 왕을 원한 외척들은
강화도의 농사꾼 철종을 왕으로 앉혔다.

헌종이 후사를 남기지 못하고 죽으면서 정조의 후손이 끊어지고 말았다. 영·정조의 핏줄로는 사도세자와 후궁 사이의 아들 혈통뿐인데, 그나마 이런저런 역모 사건에 연루되어 모두 죽고 강화도에 유배되어 있던 이경응과 이원범 형제만 살아남았다. 이에 순조비인 순원왕후가 이원범을 후사로 결정하니 그가 바로 철종이다.

철종은 강화도령이라는 별칭으로 불렸다. 어린 나이에 강화도에 유배되어 농사를 지으며 생계를 유지했기 때문이다. 당연히 학문이나 정치적 감각은 전혀 없었다.

(영부사) 정원용이 아뢰기를, "신은 이틀 동안 모시고 오면서 전일에 무슨 책을 읽으셨는지 알고 싶었으나 노차(路次)라서 감히 여쭈어보지를 못했는데, 이제는 여쭈어볼 수 있습니다." 하니, … 임금이 답하기를, "일찍이 《통감》 두 권과 《소학》 1, 2권을 읽었으나, 근년에는 읽은 것이 없소" 하였다.(《철종실록》 즉위년 6월 9일)

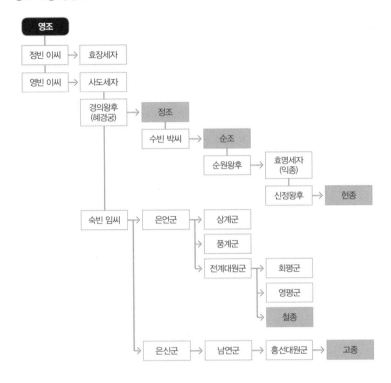

《소학》은 사도세자가 세 살 때 읽은 책이니 철종의 학문 수준을 알 수 있다. 조선 역사에서 기를 펴고 임금 노릇을 한 왕들은 모두 학문이 높아 사대부 신하들을 논쟁으로 누른 경우였다. 역으로 학문이 얕은 왕들은 연산군처럼 패도로 몰리거나 효종처럼 계속 도전을 받았다. 철종은 처음부터 왕 노릇을 제대로 하기 어려운 처지였다. 혹자들은 안동 김씨가 일부러 무식한 왕을 들였다고 하지만 그보다는 왕실이 손이 귀했는데도 왕권이 위축되어 제대로 관리하지 못한 탓이라고 생각된다.

철종의 할아버지인 은언군은 여러 차례 역모와 비리 관련 탄핵을 받아 죽을 고비를 숱하게 넘기다가 순조 1년 신유박해 때 결국 사사되었다. 철종은 즉위 직후 은언군을 신원했는데, 자연히 과거사 정리로 가면서 역사 논쟁을 유발했다. 철종은 사도세자의 증손이기 때문에 영남에서 또다시 만인소를 올려 사도세자의 추증을 주장했다. 그러자 반대편에서 명예회복된 남인이나 소론 인사들의 죄를 다시 물을 것을 요구하는 상소가 올라왔다. 부질없는 역사논쟁으로 정치권이 정력을 허비한 꼴이다.

철종은 초기에는 순원왕후의 대리청정을 받다가 1852년부터 친정을 했지만 안동 김씨의 세도정치가 절정에 달하면서 할 수 있는 일이 거의 없었다. 《철종실록》은 《정조실록》의 9분의 1정도밖에 되지 않을 정도로 양도 적고 내용은 더욱 부실하다. 정치의 부재, 희망이 부재한 시대임을 말해주는 것이다. 그 덕에 실록에 나타나는 철종에 대한 기록은 그리 나쁘지 않다. 무력한 왕은 비판받을 자격조차 없었던 것일까?

철종은 재위 14년 만인 서른두 살의 젊은 나이에 죽었다. 후궁을 무려 7명이나 두고 후사를 생산하려 노력했지만 모두 어려서 죽고 장성한 자식은 영혜옹주 하나뿐이었다. 옹주를 반남 박씨 가문의 박영효에게 시집보냈지만 겨우 열세 살에 죽고 말았다. 이로서 철종은 후사가 끊겼다. 비운의 시대 비운의 왕의 슬픈 마지막이었다.

1849~1863년 ▶ 철종 임금 시대

조선의 붕괴를 알린
임술농민봉기

**전국 각지에서 심각한 민란이 발생했고
조선 사회는 점차 끝을 향해 가고 있었다.**

유럽은 절대왕정 시절 의회를 통해 부르주아와 봉건귀족의 갈등을 봉합했다.
부르주아가 세금을 내서 귀족의 특권을 경제적으로 보장하는 대신 정부는 중
상주의를 통해 부르주아의 이익을 보존해주었다. 하지만 절대왕권도 신분제
의회도 18세기 들어 더는 양자의 이익을 절충해내지 못했다. 그것이 프랑스혁
명 같은 시민혁명으로 나타났다.

하물며 양자를 조절해줄 왕권도 의회도 없는 조선에서 양자의 갈등은 폭
발하지 않을 수 없었다. 권력을 앞세워 무자비하게 수탈하는 봉건 양반들에게
지방의 중소 지주나 상공업자들은 권력층과 결탁한 소수 대상인을 제외하고
대부분 속수무책으로 당했다. 더군다나 정조 시대 수령권이 강화되면서 부패
한 수령과 그와 결탁한 향리의 수탈도 더욱 심화되었다. 그것이 바로 삼정문란
이었고, 이것이 계기가 되어 폭발한 것이 1862년 임술농민봉기였다.

임술농민봉기는 하루아침에 일어난 것이 아니었다. 19세기 초부터 곳곳에
서 민란이 일어났는데, 특히 홍경래의 난 이후 조직적이고 무력을 앞세운 지역

296

민란이 빈번해졌다. 1817년 전주 고변, 1836년 동래 고변, 1851년 해서 고변의 경우처럼 대규모 봉기를 계획하다 밀고로 일망타진되는 경우가 있는가 하면, 1826년 장기 봉기, 1831년 영광 봉기, 1840년 안달원 봉기 등 관청을 습격하고 수령을 폭행하는 사건도 자주 일어났다.

19세기의 봉기는 세도정치의 가혹한 수탈도 원인이지만 민중의 사상적·문화적 역량이 높아진 탓도 있었다. 서당이 널리 보급되어 일정한 경제력을 갖춘 서민들의 교육 기회가 많아졌다. 미륵사상이나 비결 등 조선왕조를 부정하고 개벽을 예언하는 혁명사상도 널리 유포되었다. 사설시조, 한글 소설, 판소리, 마당극 등 서민의 정서와 비판의식을 담은 문학과 공연이 널리 퍼져 사람들을 선동했다. 서민의 비판의식과 잦은 소규모 봉기들이 마침내 1862년 대규모 항쟁으로 폭발한 것이다.

임술농민봉기는 그해 2월 일어난 진주 봉기에서 비롯되었다. 농민들을 자극한 봉기의 직접적 원인은 도결이었다. 도결은 환곡의 부족분을 토지에서 세금처럼 징수하는 것이다. 원래 환곡은 춘궁기에 곡식을 가난한 농민에게 꿔주고 가을에 약간의 이자와 함께 돌려받는 것인데, 재정이 부족해진 정부가 이 이자를 재정으로 활용하면서 준조세적 성격을 띠었다. 그러자 수령이 환곡을 횡령하고서 환곡의 결손을 도결로 채웠다. 도결은 마을 단위로 부과하므로 수령의 횡령이 심할수록 마을 전체의 부담이 심해진다. 지방 단위의 봉기가 일어날 조건으로는 완벽한 셈이다. 진주의 경우 총 4만 석의 환곡 중 3만 석이 횡령으로 결손상태였다.

가혹한 도결로 지역 경제 전체가 어려워지자 진주의 서민들은 향회에 모여 대책을 의논했다. 사족들은 수령에게 연명으로 건의하여 바로잡아줄 것을 탄원하자고 했으나 서민들은 반대했다. 전자를 대표하는 이가 홍문관 교리까지 올랐다 낙향한 이명윤이고, 후자는 몰락 양반으로 농사꾼인 유계춘이었다. 결국 1862년 2월 14일 유계춘의 뜻에 따라 장날에 모여 봉기를 일으켰다. 진수 봉기는 단순히 농민들이 봉기를 일으키는 것뿐만 아니라 상인들이 철시하고

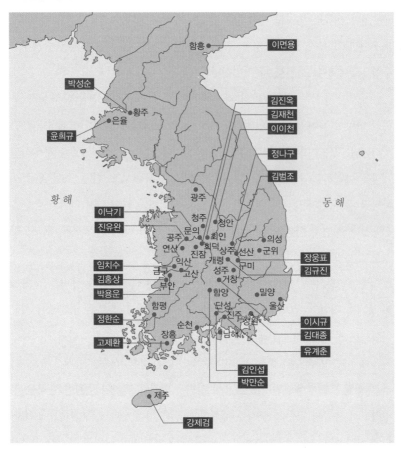

초군들이 조직적으로 앞장서는 등 다양한 계층의 지역민이 모두 참여하였다.
궁지에 몰린 진주목사는 이명윤의 중재로 도결 혁파를 약속하여 겨우 위기를
넘겼다.

정부는 진주 봉기의 심각성을 인식하고 박규수를 안핵사로 파견하여 수습
에 나섰다. 박규수는 봉기의 원인이 삼정에 있다고 보고하고 진주의 수령들을
모두 잡아들이고 유계춘 등 봉기 주동자들도 처형하였다. 이에 따라 정부는
삼정이정청을 설치하고 삼정문란을 시정하기 위한 개혁안 마련에 나섰다. 하지

만 이때 마련된 개혁안인 삼정이정절목은 최소한의 개혁안인데다 그마저도 시행되지 않아 오히려 민중의 분노를 샀다.

진주 봉기의 소식이 전해지자 경상도의 다른 지역에서도 봉기가 일어났다. 이어 봉기는 전라도와 충청도로 확산되었고, 가을에는 경기와 함경도에서도 봉기가 일어났다. 민란이 확대되자 정부는 '선참후계(先斬後啓)', 즉 먼저 처형하고 후에 보고하라는 강경책으로 나갔다. 전국적으로 1,000여 명 이상의 봉기 지도자들이 처형당하여 산하가 붉게 물들었다.

진주 봉기에서 시작하여 1년 내내 지속된 임술농민봉기는 조선왕조의 종말을 예고하는 신호탄이었다. 지역의 틀을 넘지 못하고 산발적으로 일어나 정부군에 진압되었지만, 역으로 분산된 농민과 서민들을 하나로 묶을 수만 있다면 조선은 그날로 끝인 것이다. 그런 의미에서 임술농민봉기는 30년 뒤 일어날 동학농민운동의 예고편이었다. 또 세도정치 시대에 왕과의 의리에 얽매여 혁명으로 나아가지 못하고 있던 실학자들의 한계가 점차 서구식 입헌군주제 주장으로 변화하는 기로에 섰다는 것도 큰 의미라 할 수 있다. 삼정개혁을 주창한 안핵사 박규수가 이후 제자들을 키워내는데, 이들이 바로 갑신정변의 주역 박영효와 김옥균이었다. 이제 조선은 종말로 가는 마지막 길을 걷기 시작했다.

◎ 역 사 메 모

임술농민봉기가 일어지기 몇 년 전인 1855년에 지석영이 종두법을 시행하였다. 당시 천연두는 높은 치사율과 전염력으로 전 세계를 공포에 떨게 했는데, 영국의 의사 제너가 발견한 천연두 백신을 지석영이 도입한 것이다. 이처럼 발달된 현대의학의 수용은 조선 사람들의 건강과 수명에 큰 영향을 끼쳤다.

방랑시인 김삿갓

김삿갓은 철종대를 장식한 유명한 방랑시인이다. 김삿갓의 이름은 김병연으로 순조 때 태어났다. 그의 할아버지는 안동 김씨 가문의 김익순으로 세도정치의 주인공 김 조순과 같은 항렬이었다. 일찍이 출세하였으나 홍경래의 난 때 반군에 항복한 죄로 처형당하고 집안이 풍비박산이 나자 병연의 아버지 김안근은 황해도에서 은둔했다.

야심만만한 김병연은 집안을 일으키고자 과거 공부에 열성을 다했다. 하지만 그의 열성은 충직한 사대부를 자처하는 또래들에게 비웃음을 샀다. 어느 날 한 친구가 그의 면전에 시 한 수를 던졌다.

"대를 이어온 나라의 신하, 너 김익순아/가산군수 정공은 가난한 시골 벼슬아치였다."

반군에 저항하다 죽은 정공과 항복한 할아버지를 빗댄 시에 김병연은 피를 토하고 말았다. 집안의 수치와 자신의 빗나간 야망에 부끄러워진 그는 얼굴을 삿갓으로 가리고 방랑생활을 하며 안동 김씨 세도정치 시대 온갖 부조리에 대한 풍자시를 짓다 객사하고 말았다.

그의 재치 있고 통렬한 시는 유행이 되어 갓을 쓰고 김삿갓을 자처하며 방랑하는 자들이 많았다고 한다. 답답하고 암울한 시대, 사연은 달라도 얼굴을 가리고 세상을 향해 소리 지르고 싶은 이들이 많았던 철종 시대였던 것이다. 그의 시는 얼굴을 붉힐 만한 것들도 있지만, 개중 점잖고 재미있는 시도 많다.

天長去無執(천장거무집)	하늘은 멀어 가도 잡을 수 없고
花老蝶不來(화로첩불래)	꽃은 시들어 나비도 오지 않네.
菊樹寒沙發(국수한사발)	국화는 찬 모래밭에서 피었는데
枝影半從池(지영반종지)	나뭇가지 그림자가 반이나 연못에 드리웠네.
江亭貧士過(강정빈사과)	강가 정자에 가난한 선비가 지나다
大醉伏松下(대취복숭아)	크게 취해 소나무 아래 엎드렸네.
月移山影改(월리산영개)	달이 기우니 산그림자 바뀌고
通市求利來(통시구리래)	시장을 통해 이익을 챙겨 오네.

대원군과 고종의 개혁정치 그리고 조선의 마지막

**근대화와 구체제의 심각한 갈등 속에서
조선의 500년 역사는 막을 내릴 수밖에 없었다.**

1863년 철종이 후사 없이 죽자 왕실의 큰어른인 신정왕후 조대비에게 후사를 결정할 권한이 주어졌다. 조대비는 사도세자의 자손 중 철종의 은언군 계열이 아닌 은신군 계열에서 후사를 결정하니, 그가 바로 고종이다. 은신군이 죽은 지 40여 년 뒤 후사를 잇기 위해 인조의 후손을 양자로 입적하여 남연군에 봉했는데, 남연군의 아들이 흥선군, 흥선군의 아들이 고종인 것이다. 고종은 즉위 당시 열한 살에 불과했기에 섭정이 불가피했다.

대리청정은 마땅히 조대비가 해야 하지만 조대비는 이를 흥선대원군에게 넘겼다. 이 때문에 안동 김씨 세도정치를 개혁하기 위해 풍양 조씨 조대비와 흥선대원군이 밀약을 맺었다는 주장이 설득력을 얻고 있다. 아무튼 대원군은 이때부터 10년간 강력한 개혁정치를 실시하였다.

대원군의 개혁정치는 크게 왕권 강화, 민생 안정과 재정 확충, 쇄국정책으로 구분할 수 있다. 먼저 왕권 강화를 위해 세노성지 기수로 선탁한 미번사를 익파하고 의정부의 권한을 되살렸다. 또 남인과 북인 등 소외된 당파를 비롯해

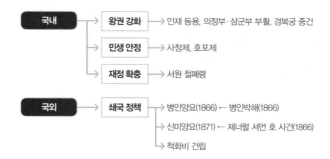

인재를 두루 등용함으로써 세도정치를 끝냈다. 이어 민생 안정책으로 임술농
민봉기의 직접적 원인이 된 삼정을 개혁하기 위해 모든 양반에게 군역을 부담
시키는 호포제와 환곡을 주민자치적으로 운영하는 사창제를 실시하였다. 지
방 사족 횡포의 근거지이자 국가재정의 큰 부담거리 중 하나였던 서원을 철폐
하였다. 대외적으로는 국방을 강화하고 서구 열강의 통상 압력을 거부하는 쇄
국정책을 폈다. 프랑스와 미국이 이를 힘으로 분쇄하고자 1866년과 1871년에
각각 강화도를 침략했으나 모두 물리쳤다.

하지만 대원군의 개혁정치는 봉건적 신분제와 지주제를 지키기 위한 지배층
의 대동단결에 지나지 않았다. 그의 민생 안정책도 전통적인 유교적 교화정책
의 일환일 뿐으로, 15세기 세종의 정책을 19세기에 옮겨놓은 것에 지나지 않
았다. 이는 근대화의 물결 속에서 위기를 더욱 심화시켰다. 청에 조공을 바치
는 변방의 국가들이 베이징조약 이후 속속 열강의 식민지로 넘어가고 청나라
도 서양 문물 수용에 나서는 상황에서 유교적 왕도정치의 부활은 어울리지
않았다.

1873년 대원군을 몰아내고 친정을 개시한 고종은 1876년 강화도조약을 체
결하고 개혁에 나섰다. 하지만 고종은 기존 체제를 지키고자 하는 척사파와
왕권을 위협하는 급진 개화파 사이에 끼이고 말았다. 여기서 고종은 봉건 왕
정의 본질적 한계, 즉 왕은 봉건제의 토대 위에서만 존립할 수 있다는 한계에

부딪힌다. 그 역시 외척에 의존해 왕권을 지키며 점진적 개혁을 추진했지만 서양의 민주제도를 수용하기는 어려웠던 것이다.

고종과 명성황후는 내부적으로 외척과 일부 온건 개화파와 손을 잡고, 외부적으로 반일을 내세운 청이나 러시아와 연합하였다. 그리고 근대적 개혁을 시도하는 한편 일본 등 해양세력의 침략을 막고자 했지만 그 한계는 명확했다. 입헌군주제를 요구하는 급진 개화파와 충돌하여 일어난 갑신정변과 반봉건·반외세를 주장하는 동학농민의 봉기를 모두 청나라의 군대를 불러들여 진압한 것이 이를 증명한다.

청일전쟁에서 일본이 승리하면서 우방마저 잃고 을미사변으로 정치적 동지인 명성황후마저 잃었지만 고종은 나라를 지키는 데 전력을 다했다. 하지만 고립된 왕이 왕권을 고집하며 할 수 있는 개혁에는 한계가 있었다. 재조지은을 강조하며 관왕묘를 복구하는 시대착오적 행태가 덧붙여졌을 뿐이다. 마침내 1907년 헤이그 밀사 사건을 계기로 고종은 왕위에서 쫓겨나고 말았다.

민심은 일제에 의해 왕에 오른 순종을 인정하지 않았다. 고종이 살아 있는 한 조선이라는 봉건국가는 생존해 있는 것이다. 독립의군부의 임병찬 등 고종을 복위하고 조선을 부활시키려는 복벽파들이 1910년대에 계속 활동했다. 이들은 의병전쟁을 계획하는 한편 고종을 망명시켜 임시정부를 해외에 수립하려 했다. 헤이그 밀사였던 이상설도 러시아령 연해주 블라디보스토크에서 망명정부를 세울 준비를 하라는 밀명을 받았다며 1914년 대한광복군 정부를 세웠다. 고종은 척사파 계열 독립운동의 핵심이었다.

고종은 1919년 1월 21일 오전 1시 15분에 갑자기 죽었다. 사인은 뇌일혈이었다. 고종의 죽음은 조선왕조 500년 역사의 종지부를 의미했다. 그의 장례식날인 3월 1일 전 민족적 저항이 일어났고 이어 상하이에 국내외 독립운동가들이 모여들어 대한민국임시정부를 수립하였다. 임시정부는 공화정이었다. 왕정체제가 종지부를 찍고 공화정의 시대가 비로소 열린 것이다.

갑신정변과
급진 개화파의 꿈

서양의 산업 시스템을 수용하고자 한 급진 개화파는
갑신정변을 통해 조선의 변화를 도모했다.

1842년 청나라가 아편전쟁에서 패하고 영국과 난징조약을 체결했을 때 이미 유럽 열강의 침략은 피부로 느껴지고 있었다. 하지만 당사자인 청은 이를 심각하게 인식하지 못했다. 청나라 정부는 아편전쟁을 지방의 국지전으로 인식했고 난징조약을 오랑캐의 불만에 대한 대국적 포용으로 합리화했다. 이러한 청 정부의 안이한 현실 인식은 헌종, 철종대 조선에도 그대로 들어왔고, 청과 조공 질서를 맺은 나라들 대부분이 비슷한 실정이었다.

하지만 1860년 제2차 아편전쟁에서 베이징이 함락되고 청이 굴욕적인 베이징조약을 체결하자 조선 정부의 인식도 급격히 달라졌다. 대원군은 집권하자마자 국방을 강화하고 특히 두만강을 경계로 국경을 접한 러시아를 막기 위해 동맹국을 확보하려고 노력했다. 하지만 동맹에 실패하자 오히려 천주교를 탄압하는 등 쇄국을 강화하였다. 제2차 아편전쟁 당시 유럽 군대의 길 안내를 프랑스 선교사들과 일부 추종자들이 했다는 사실은 국방과 천주교가 상극으로 치닫도록 했다.

▼ 1880년대 한·중·일 삼국의 개혁정책

	조선	청	일본
개혁운동	고종의 개화정책	양무운동	메이지유신
정치체제	왕정	왕정	입헌군주제
추진 세력	온건 개화파	양무파	존왕파
권력	고종	서태후(섭정)	메이지 천황
반대 세력	척사파	만주족 관료	막부파
성과	개화파 집권	서양식 군대 창설	징병제, 산업화
한계	정치·사회 변화 없음 개화파 내부 분열	정치·사회 변화 없음	민주주의 발전 지체

대원군의 쇄국은 프랑스와 미국의 침략(병인양요, 신미양요)을 막아냄으로써 일시적으로 성공한 것처럼 보였다. 당시 서양 군대를 물리친 나라는 조선이 유일했다. 하지만 이 승리는 오히려 조선의 고립과 시대적 역행을 강화하였다. 자의든 타의든 이 시기 개국한 나라들은 서양식 근대화의 기회라도 얻었지만 조선은 그 기회를 스스로 차버린 꼴이었다.

친정에 나선 고종은 개화파를 등용하면서 비로소 정확한 현실 인식을 갖춘 왕이 되었다. 하지만 조선은 여전히 고질병을 앓고 있었다. 그것은 중국 정부와 현실 인식을 같이한다는 것이었다. 명나라 조정과 같은 인식을 갖고 친명반청을 주장하다 병자호란을 겪은 것처럼, 고종 역시 청의 조정과 같은 중체서용의 인식을 했다. 당시 청 조정은 서양의 힘은 기계에서 오므로 이를 취하면 제도와 문화에서 우월한 청이 금방 대국의 지위를 회복할 것이라고 생각했다. 이에 섭정중인 서태후가 한인 관료 이홍장을 등용하여 양무운동을 추진하였다. 고종도 양무운동을 모델로 하여 서양의 무기와 기계를 도입하는 온건 개화운동을 펼쳤다.

하지만 현대전은 생산체제와 전쟁이 연결된 것이 특징이었다. 즉 과학기술 개발을 통한 상품 혁신, 기계를 이용한 대량생산, 교통을 이용한 대량 운송, 소비자에게 많은 상품을 빠르게 제공하는 것이 바로 자본주의의 대량생산 대량소비 체제다. 이것이 전쟁에도 응용되어 과학을 통한 신무기 개발, 군수물자 대량생산, 교통수단을 통한 인력과 물자의 대량 투입, 전쟁의 물량화가 현대전의 요체가 되었다. 아무리 서양의 무기를 들여와도 생산과 소비 시스템이 갖춰지지 않으면 적군의 물량 공세를 당할 수 없다. 19세기 남북전쟁 전사자 70만 명, 20세기 제1차 세계대전 전사자 2,500만 명의 엄청난 차이가 바로 여기에 기인한다.

따라서 청의 양무운동이나 고종의 온건 개화정책은 군사력을 앞세운 약육강식의 시대에 실패가 필연적이었다. 반면 발 빠르게 산업 시스템을 구축하고 이를 국민개병, 징병제로 연결한 일본의 메이지유신은 성공적이었다. 겉보기에 국력과 군대 모두 열세였던 일본이 청일전쟁과 러일전쟁에서 승리한 이유가 여기 있었다. 실제 전선에 투입된 군인과 물자는 모두 일본이 우세했던 것이다.

그렇다면 조선에서 이런 시스템을 이해하고 수용할 것을 주장한 이들이 누구인가? 바로 급진 개화파였다. 급진 개화파는 계동에서 탄생했다. 박지원의 후계자로 북학파의 학풍을 전수받은 박규수의 사랑방에 그의 친척인 박영효와 동네 친구 김옥균 등이 드나들었는데, 이 과정에서 이들은 박규수의 동지인 역관 오경석을 만나게 되고, 그의 가르침을 통해 19세기 세계정세에 눈을 뜨게 되었다. 더군다나 박영효는 반남 박씨 집안에다 철종의 사위, 김옥균은 안동 김씨, 홍영식은 대원군의 측근으로 영의정을 지낸 홍순목의 아들, 서광범은 외가가 반남 박씨요 처가가 안동 김씨였다. 명문거족의 청년들인데다 세도정치의 주요 가문 출신이기에 왕권으로부터 자유로웠고, 북학의 영향으로 강한 개화사상을 취하게 되었다. 이들이 서양의 정치경제사상에 매력을 느끼는 것은 자연스러운 일이었다.

	출생연도	집안 배경	관직 경력	갑신정변 이후의 행적
박영효	1861년	철종 부마(사위)	판의금부사(종1품)	일본 망명, 제2차 갑오개혁 때 내무대신 임명 한일합병으로 후작 작위
김옥균	1851년	안동 김씨 세도가	호조참판(차관급)	일본 망명, 암살
서광범	1859년	반남 박씨 외손	동부승지(정3품)	미국 망명, 제2차 갑오개혁 때 법무대신 임명 을미사변 연루, 미국에서 병사
서재필	1864년	안동 김씨 세도가의 외손	사관학교 교관	미국 망명, 독립신문 사장, 항일독립운동

이들은 고종이 개화정책을 추진하면서 두각을 나타내기 시작했다. 특히 1882년 임오군란으로 청의 내정간섭이 심해지고 개화가 위기에 처하자 서구 문물 수용이 아닌 민주제도 수용을 주장하면서 왕정을 지지하는 고종은 물론 온건 개화파와 대립하였다. 하지만 이들의 반청·반왕권적 주장은 청과 집권세력의 위기감을 높였다. 급진 개화파에 대한 숙청 이야기가 돌자 마침내 정변을 통한 입헌군주제 수립을 시도하게 되었다. 그것이 바로 갑신정변이다.

1884년 양력 12월 4일 저녁, 우정국(우체국) 개국 축하연이 열렸다. 당시 우정국은 현 종로구 견지동 조계사 옆 체신기념관에 있었는데, 고종이 있는 창덕궁까지는 불과 몇백 미터에 지나지 않았다. 김옥균 등은 인근 주택에 불을 질러 혼란을 일으키고 그 틈을 타 민씨 척족의 중진 민영익을 칼로 찔렀다. 이어 지령을 받은 궁녀 고대수에 의해 창경궁 통명전에서 폭탄이 터졌다. 모두 당황해서 허둥대는 사이에 김옥균은 급히 "청군이 반란을 일으켰다. 경우궁으로 거처를 옮겨야 한다"라고 고종을 설득해 고종과 명성황후의 신병을 확보하는 데 성공했다. 고종과 명성황후를 모신 뒤 경우궁을 80여 명의 급진 개화파 병력과 150여 명의 일본군으로 장악하였다. 순조 생모의 사당이던 경우궁은 좁아서 소수 병력으로 장악하기에 좋았다. 이어 김옥균 등은 대신들을 처형하고 정권을 장악하였다.

고종과 명성황후는 몇몇 사건을 통해 급진 개화파가 정변을 일으켰음을 알아챘다. 고종이 이들에게 대신들을 죽이지 말라고 명령했으나 이들은 듣지 않고 처형했으며, 명성황후가 창덕궁으로 돌아가자고 주장하자 그녀의 환관 유재현을 처형했기 때문이다. 특히 민씨 척족을 제거하면서 고종보다 명성황후가 더 빨리 사태를 파악했다. 그녀는 비밀리에 청군 출동을 요청하는 한편 고종을 움직여 창덕궁으로 돌아가자고 계속 주장했다. 김옥균은 개혁정강 14개조를 반포하는 등 개혁을 위해 노력했지만 고종과 명성황후가 협조하지 않아 애를 먹었다. 더군다나 반란의 주요 무력은 일본군이었는데, 일본이 정변에 대해 회의적으로 나오자 사실상 무장해제 상태가 되고 말았다. 명성황후는 이 틈을 놓치지 않고 일본 공사를 다그쳐 창덕궁 환궁을 약속받았다.

거사 다음 날 저녁 마침내 고종과 명성황후가 창덕궁으로 돌아갔다. 창덕궁은 소수 병력으로 방어하기에 너무 넓었다. 더군다나 일본군이 철수 의사를 밝히면서 거사의 실패가 자명해졌다. 하루가 더 지난 6일 오후 3시경 청군 1,500여 명이 창덕궁을 공격하자 일본군은 달아나고 급진 개화파 병력만이 맞서 싸우다 결국 진압되었다. 지도부 중 박영효의 형 박영교, 홍영식 등은 처형되고 김옥균, 박영효 등은 일본으로 망명했다. 분노한 서울 백성들은 일본인과 일본 공사관 등을 습격했다.

갑신정변은 엄청난 한계를 가진 운동이었다. 하지만 앞에서 지적한 근대적 정치경제체제를 최초로 이루려 했다는 점에서 역사적 의의가 매우 크다. 즉 한계가 정변을 일으킨 개개인들의 몫이었다면, 의의는 역사적 흐름 속에 있는 것이다. 박은식이 《한국통사》에서 "그들은 우리나라의 혁명가들이다"라고 높이 평가하면서도 정변의 무모한 급진성을 비판한 것이 이를 의미한다. 이토록 정변의 주장과 정신은 많은 후대 혁명가들에게 영감을 주어 1890년대 이후 근대적 개혁의 주체로 나서도록 하였다.

근대국가 건설을 열망한
동학농민운동

동학농민운동은 단순한 민중 봉기를 넘어서
근대국가를 세우기 위한 전 국민적 몸부림이었다.

대원군의 삼정개혁으로 1860년대 민란은 소강상태에 들어갔다. 하지만 대원군 말기 경복궁 중건에 따른 물가 폭등과 인플레에서 보이듯 본질적 문제해결은 요원했다. 게다가 고종 친정 이후 서민 경제정책이 실패하면서 상황은 더욱 악화되었다. 비록 근대화정책을 추진했지만 외척과 소수 측근에 의존하는 세도정치의 틀을 답습한 고종의 한계였다.

먼저 곡물을 일본에 수출함에 따라 곡물가격과 물가가 폭등하여 19세기부터 계속된 도시민들의 삶이 더욱 피폐해졌다. 또 값싼 서양 면직물을 수입함으로써 농촌 가내수공업이 붕괴되었다. 농가 여인들이 생산해내는 포는 농가의 주요 소득이자 세금을 내는 주요 수단이었으므로 일반 농민 경제에 직접 타격을 주었다. 민씨 척족의 부정부패에 따른 지방 수령들의 삼정문란도 되살아나 상황을 더욱 심각하게 했다. 특히 개화정책을 추진하기 위한 재정을 확보하려고 조세 징수를 강화했기 때문에 이를 악용하는 사례가 빈번했다.

이에 따라 1880년대부터 민란이 다시 빈번하게 일어났다. 특히 갑신정변을 진압한 청나라가 내정간섭을 강화하고 조선에 대한 이권 확보에 열을 올려 정치경제가 문란해지면서 민란은 점점 기하급수적으로 증가했다. 마침내 1889년 즈음에는 임술농민봉기 수준의 전국적 민란이 일어났다. 특히 그 이전까지는 몰락한 양반이 봉기를 주도하면서 온건한 방식에서 무력봉기로 나아가는 방식인 데 반해, 이 시기 봉기는 처음부터 농민들이 무력을 내세울 정도로 과격해졌다.

이제 민란은 전국적인 조직만 갖추면 그대로 민중혁명으로 분출할 기세였다. 때마침 동학이 심상치 않은 기세로 확산되고 있었다. 동학은 1860년 경주에서 최제우가 창시한 민족종교로 평등사상을 내세우고 있었다. 정부는 동학을 사이비 종교로 간주하여 교주 최제우를 처형하였다. 하지만 2대 교주 최시형이 교단을 정비하고 봉건적 억압에 고통받는 민중이 참여하면서 동학은 남부 지방에 급속도로 확산되었다. 특히 교단 정비 과정에서 만들어진 조직 형태인 포접제가 농민들을 단결시키면서 종교조직이 점차 정치조직으로 발전해 갔다.

1892년 동학 합법화 운동, 즉 교조신원운동이 시작되었다. 하지만 주문을 외우고 부적을 태우며 종말론적 주장을 하는 동학은 유교든 불교든 천주교든 누가 봐도 사이비성이 강했다. 내면을 보지 못하고 겉만 본 정부는 동학 합법화를 거부했고, 1893년 3월 보은에서 불만에 찬 동학교도와 농민 2만여 명이 모여 척왜양창의, 보국안민 등 정치적 주장을 내세우면서 동학의 집단행동은 혁명운동으로 바뀌기 시작했다. 더군다나 1893년에는 한 해에만 전국적으로 민란이 65건 일어날 정도로 민심이 폭발지경이었다.

1894년 1월, 전라도 고부에서 수령의 횡포에 분노한 농민이 봉기하였다. 새로 부임한 군수 박원명이 농민의 편을 들어 수습되는 듯했으나 정부가 파견한 안핵사 이용태가 민란이 동학에 의해 일어났다고 판단하고 가혹하게 탄압하면서 일이 확대되었다. 이용태는 고종의 개화정책에 따라 외교관으로 양성된 인물로 1887년에 공사관 참찬관으로 활동하다 내직을 맡아 1894년에는 고부

인근의 장흥부사를 맡고 있었다. 그의 행동은 당시 동학과 농민에 대한 정부의 인식 수준을 보여준다.

고부민란의 주동자이자 동학 강경파 지도부 중 하나였던 전봉준은 전라도의 접주들에게 사발통문을 보내어 대규모 항쟁을 일으키자고 제안했다.

3월 말, 수만 명의 동학교도와 농민이 전북 부안의 백산에 집결하였다. 백산은 원래 이름 없는 얕은 구릉인데 흰옷을 입은 수만 농민이 모여들면서 '白山'이란 이름이 붙었다. 동학군은 4대 강령을 내걸었는데 왜양과 조정의 간신들을 몰아내고 나라를 보전하자는 것이었다. 전봉준, 김개남, 손화중이 대표적인 인물이었다. 전봉준은 몰락 양반, 손화중과 김개남은 부르주아 출신이었다. 이외에도 김덕명, 최경선 등이 모두 부잣집 출신으로, 동학농민운동이 단순한 민란이 아닌 부르주아 혁명의 성격을 띠고 있었음을 알 수 있다.

동학군은 4월부터 전라도 일대를 석권하며 행정 중심인 전주로 향하였다. 관군이 맞섰지만 황룡촌과 황토현 등 곳곳에서 패하였다. 동학군은 화승총과 죽창, 관군은 소총으로 무장했지만 가난한 농민 출신인 관군의 사기 저하와 지휘부의 혼란으로 동학군의 기세를 당하지 못했다. 당시 정부군의 실정을 알려주는 일화가 있다. 정부에서 홍계훈을 토벌군 대장으로 임명하고 전주로 내려보냈다. 홍계훈은 전라도 관군 책임자 중 하나인 김시풍에게 중군을 맡겼는데, 김시풍이 거절했다. 임오군란 때 피난 가는 명성황후를 호위한 일을 계기로 일약 출세한 홍계훈을 인정하지 않았기 때문이다. 그러자 화가 난 홍계훈이 김시풍을 쏘아 죽이고 말았다. 민씨 세도정치의 혼란이 토벌군 내에서도 계속되고 있었다.

고종과 명성황후는 전주성이 함락되자 청군에게 진압을 요청했다. 몇몇 신하들은 텐진조약에 따라 일본군이 들어올 수 있음을 경고하였다. 《매천야록》에 따르면 명성황후는 화를 벌컥 내며 "차라리 왜놈의 포로가 될지언정 임오년의 일을 당하지 않겠다"라고 했다고 한다. 임오군란 때 반란군을 피해 홍계훈의 등에 업혀 궁궐에서 달아난 일을 말하는데, 나라의 일보다 왕실의 안전

▼ 동학농민운동의 전개

원인	정부의 수탈 · 양반의 횡포 · 외세의 경제 침략

계기	고부민란 · 조병갑(수령)의 횡포 · 민란 발생 · 안핵사의 횡포

1차 봉기	전라지역 동학교도 및 농민 봉기 → 4대 강령(반봉건, 반외세)

충돌	농민군 ↔ 정부군 · 황룡촌 전투 · 황토현 전투 · 전주성 점령

정부 대응	청군 지원 요청 · 청군과 일본군의 출동 → 전쟁 위기

타협	전주 화약 체결 · 농민군 해산 · 집강소 설치

개혁	폐정개혁안 · 노비제 폐지 · 반외세 · 지주전호제 폐지 · 봉건 악습 타파

청일전쟁	일본군의 경복궁 점령 · 동학 토벌 의지

2차 봉기	충청(북접)—전라(남접) · 반외세(농민군 ↔ 일본군+정부군) · 우금치 전투 패배 · 대토벌

결과	국민적 개혁·독립운동 좌절 · 이후 의병운동 등으로 계승

을 우선하는 봉건적 사고방식을 버리지 못했음을 알 수 있다.

결국 5월 2일 청군이 인천과 아산으로 들어왔다. 그러자 9일 일본군이 인천으로 들어왔다. 일본군은 특히 청과의 전쟁에 대비하여 인천과 서울 사이 주요 도로망에 군대를 배치하는 등 의도를 드러냈다. 정부군이 전주에 내려가 있는 상황이어서 정부는 크게 당황하였다. 마침 5월 7일 홍계훈이 전봉준과 전주화약을 체결하여 농민 주도 개혁을 약속하는 대신 농민군 해산에 합의하자 정부는 이를 승인하고 정부군에게 상경하라고 지시를 내렸다.

5월 20일 전봉준은 전라관찰사 김학진과 집강소 설치를 합의하였다. 이로부터 100여 일간 집강소가 주도하는 폐정개혁이 실시되었다. 신분제 폐지, 삼정개혁, 봉건 악습폐지를 골자로 하는 폐정개혁은 봉건지배층의 권력을 해체함으로써 근대 국민국가로 나아갈 토대를 이룩하고자 했다. 하지만 이에 대한 봉건 지배층의 저항도 완강했다. 지방 양반들은 민보군 등 의병을 일으켜 동학군과의 싸움에 나섰고 정부도 다른 지역으로 확산되는 것을 경계했다. 누구보다 일본이 이를 가장 경계하며 예의주시하고 있었다.

그러던 6월 21일 일본군이 경복궁을 무력 점령하고 고종과 명성황후를 감금하였다. 일본은 친청파를 숙청하고 반청적 개화파를 등용하여 새 정부를 수립한 뒤 7월 1일 청일전쟁을 일으켰다. 청군은 일본의 위협에 안이하게 대처하다 전격적인 공격에 수세로 몰려 일방적으로 두들겨 맞고 만주로 쫓겨났다. 승기를 잡은 일본은 조선에 대한 지배를 확고히 하기 위해 동학 토벌 준비에 나섰다. 이에 동학군이 일본으로부터 나라를 구하기 위해 2차 봉기하였다.

10월 논산에 집결한 10만 이상의 농민군은 10월 23일 공주의 정부군·일본군 연합부대를 공격하였다. 정부군 2,000여 명, 일본군 2,000여 명에 양반들이 동원한 민보군 등 4,000~5,000명 정도가 공주 우금치고개에서 동학군에 맞섰다. 농민군은 10만 이상의 병력으로 20여 일간 줄기차게 공격을 퍼부었다. 하지만 고지를 선점한 잘 훈련된 일본군 정예부대의 공격에 농민군은 끝내 패배했고, 이후 정부군·일본군 연합군의 동학군 추격과 토벌전이 전개되었다.

일본군은 작전명령에서 동학교도는 모조리 살해하라는 지시를 내렸다(남부병참감부 〈진중일지〉). 그들이 두려워한 것은 동학으로 묶여 있는 조직된 농민으로서, 아예 동학을 뿌리째 들어내려 하였다. 이를 통해 향후 조선 병합에 저항할 민중 저항의 싹 자체를 없애려 한 것이다. 근대 국민국가를 경험한 일본이 우리보다 더 민중의 무서움을 알고 있었기에 가능한 일이었다. 실제 〈진중일지〉에는 "훗날 다시 일어날 가능성을 제거하기 위해"라고 목적을 명시하고 있다.

대학살이 일어났다. 연합군은 동학군을 삼면으로 포위하여 해남 땅끝마을까지 토끼몰이하듯 몰아냈고, 점령한 마을에서는 동학교도를 색출하여 모두 처형하였다. 짚으로 만든 우지개를 머리에 씌워 태워죽이고 작두로 목을 잘라 죽이는 잔인한 학살이 일어났다. 전남 장흥군 용반리에서는 토벌군이 불을 질러 300채의 가옥 중 3채만 남고 모두 불에 탔다. 학살은 일본군만 한 것이 아니었다. 정부군도 마찬가지였는데, 세 살 난 아이를 화형에 처하려다 수령이 차마 죽이지 못해 살려주기도 했다. 동학은 일본과 정부, 봉건 지배층 모두의 적이었다.

1895년 초까지 진행된 대학살로 10만 명 이상의 동학교도와 농민 지도자가 죽었다. 아래로부터의 역량을 잃은 가운데 위에서부터 진행된 갑오개혁은 지지부진할 수밖에 없었다. 동학농민운동이 실패한 것은 근대국가 건설을 위한 전 국민적 운동이 실패한 것이었다. 이로써 조선은 망국의 길을 피할 수 없게 되었다.

대한제국의 선포와
고종의 광무개혁

조선은 대한제국으로 변모했고 고종은 황제에 올랐지만
전제왕권은 이미 낡은 패러다임이 된 지 오래였다.

동학농민운동이 실패한 이후 일부 개화파는 일본과 손을 잡고 근대적 개혁을 추진하였다. 이것이 2년여 동안 추진된 갑오을미개혁(갑오경장)이다. 신분제 폐지, 봉건폐습 타파, 재정 일원화 등 동학농민운동과 갑신정변 당시 제기된 개혁안이 일부 수용된 획기적 개혁이었다. 그러나 이 개혁에는 근대적 개혁의 목표이자 근대 국민국가의 핵심인 '국민'이 없었다. 개화파 주도 아래 그나마 일제의 감시 속에 진행된 갑오을미개혁은 시작부터 명백한 한계가 있을 수밖에 없었다. 그 한계를 보여준 대표적 사건이 개혁 1년 만에 터진 을미사변이다. 제 나라 왕비, 그것도 궁궐 안에 얌전히 있는 나라의 지도자 하나 지켜주지 못하는 개혁을 개혁이라 할 수는 없을 것이다.

 1896년 2월 11일 새벽, 고종이 경복궁에서 러시아공사관으로 탈출하는 아관파천이 일어났다. 친미파 이완용 등은 을미사변 직후부터 일제와 친일 관료들로부터 고종을 탈출시키기 위한 공작을 진행하여 석 달 전 춘생문 사건을 일으켰는데, 당시의 실패를 거울삼아 마침내 아관파천을 성사시킨 것이다. 러

◀ 〈독립신문〉.

시아공사관으로 탈출하는 데 성공한 고종은 김홍집 등 친일 관료들을 처형하고 이완용, 박정양 등을 주축으로 하는 친러·친미 정권을 수립하였다.

고종은 〈독립신문〉을 만들어 민중을 계몽하고 러시아를 이용하여 일본을 견제하려 했다. 하지만 "국익을 위해서는 어제의 적도 오늘은 친구"라는 변화무쌍한 근현대 국제관계에서 누구도 믿을 수 없었다. 러시아는 고종을 보호하는 대가로 조선에서 많은 이권을 가져갔고, 최혜국대우에 따라 다른 열강들도 이권을 가져가면서 조선은 경제가 거덜날 지경이었다. 내부적으로는 을미사변을 계기로 일어난 을미의병에 참여한 생존 동학교도들이 고향으로 돌아오면서 농민봉기의 가능성이 높아졌고, 정치적으로는 척사파와 개화파, 친러파와 친일파 등 다양한 정치세력이 대립했다.

1897년 2월 경운궁(덕수궁)으로 환궁한 고종은 강력한 왕권을 토대로 혼란을 수습하고 국정을 개혁하기로 마음먹었다. 그는 반년간의 물밑작업으로 여론을 일으킨 후 마침내 10월 12일 대한제국을 선포하고 황제에 올랐다. 칭제건원으로 영국, 일본의 황제나 천황과 동격이 된 것이다. 황제국가들은 강한 거부감을 표명했지만 곧 국익을 위해 승인하였다. 허울뿐인 황제 칭호를 승인하는 대신 경제적 이권을 좀더 챙기는 쪽으로 방향을 선회한 것이다.

조선		대한제국
왕정	⇒	전제왕정
왕권과 신권 조화	⇒	왕 독재
유교 정치	⇒	근대국가 성립
농업 중심	⇒	자본주의 도입
사대교린	⇒	자주독립

　황제권이 강화되면서 당시 개혁의 핵심세력이었던 독립협회는 둘로 분열되었다. 박영효, 안경수 등 입헌군주제나 공화정을 주장하는 세력은 황제권 강화는 물론 친러정책에도 반대하였다. 반면 박정양 등 온건파들은 황제와의 타협을 주장했다. 이 과정에서 독립협회 회장 이완용 등 정부 측 인사들이 빠져나갔다. 1898년 1년 동안 독립협회는 강경파와 온건파가 대립했는데 대체로 강경파가 우세한 분위기였다. 주장의 선명성이 현실성을 압도하였기 때문이다. 마침내 고종은 독립협회를 해체하고 지도부를 체포하였다.

　독립협회를 부정한 것은 입헌군주제를 부정한 것이었다. 결국 고종은 1899년 8월 17일 대한제국의 헌법에 해당하는 국제를 반포하고 전제왕정을 선언했다. 그로부터 5년간 고종은 일련의 개혁을 추진하는데, 이를 광무개혁이라고 한다.

　먼저 황제권을 강화하기 위해 군 통수 기구인 원수부를 설치하여 군권을 장악하고 왕실의 업무를 총괄하는 궁내부를 기존의 3배 이상 규모로 확대하였다. 또한 익문사라는 언론사를 운영하며 황제에게 필요한 정보를 수집해 보고하도록 했다. 왕실 재정 역시 1897년 11만 냥에서 1904년 3,000만 냥으로 엄청나게 늘어났다. 이어 산업과 기술인력 양성에 나섰다. 정부 차원에서 기업 활동을 지원하고 실업학교를 세웠다. 근대적 토지소유권제도를 만들어 무분

별한 토지거래를 막고 소유권을 속여 세금을 기피하는 것도 없애려 했다. 철도와 전신을 가설하여 유통의 근대화도 추진하였다.

대한제국이 가장 관심을 기울인 것은 국방이었다. 군권을 장악한 뒤 서울의 시위대와 지방의 진위대를 황제와 나라에 충성하는 군대로 재편했다. 과거 군대가 친일 관료들에 장악당해 을미사변 당시 근위병인 훈련대가 오히려 명성황후 시해에 가담한 전철을 밟지 않으려 한 것이다. 또 해군을 양성하기 위해 3,000톤급 화물선을 들여 전함으로 개조했다. 간도에 관료를 파견하고 독도를 우리 영토로 확정한 것도 큰 업적이다.

하지만 광무개혁에는 근본적 한계가 있었다. 역시 국민이 빠진 것이 가장 컸다. 농지개혁을 하지 않아 농업 중심 경제구조와 이를 토대로 한 봉건적 사회관계를 혁신하지 못했다. 이로써 지난 세월 자생적으로 성장하던 상업·산업 자본이 완전히 뿌리내리지 못한 채 일제의 공격으로 무너지고 말았다. 근대 산업을 위한 자금을 조달하려고 무리하게 세금을 걷어 농민의 불만이 커졌고 외국에서 부채를 들여와 재정이 악화된 것도 문제였다.

개혁은 전체적으로 산만했다. 황제가 몇몇 측근의 도움만으로 개혁을 실행하기에는 문제가 산적해 있었다. 예를 들어 1899년에는 서울 시내에 전차가 개통되었는데 이는 일본 도쿄보다도 3년이나 앞선 것이었다. 과연 전차가 그토록 중요했을까? 제국의 개혁에는 다분히 전시용 사업이 많았음을 알 수 있다. 고종은 산업화와 의회 민주주의 등으로 내실을 기하기보다 도로를 정비하고 가로등을 가설하고 전차를 운행하는 등 눈에 보이는 것에 치중했다. 이를 통해 대외적으로 조선의 국력을 과시해 독립을 지키려는 의도였겠지만, 서구 열강이 그렇게 어수룩한 실력으로 세계를 제패했을 리 없다.

독일의 경우 비스마르크, 일본의 경우 이토 히로부미라는 걸출한 재상이 왕을 적절히 등에 업고 반대파를 정부의 힘으로 억누르며 근대국가를 수립하였다. 하지만 비스마르크와 이토가 죽고 황제와 천황이 권력을 잡은 후 결국 무모한 대외팽창으로 패전의 비운을 맞이한 역사적 경험을 우리는 알고 있다.

19세기 전제왕권이란 시대에 어울리지 않는 것이었다. 어진 군주가 강력한 왕권으로 세상을 바꿀 수 있다는 낡은 유교식 통치이념은 수명이 이미 끝나 있었다.

◎ 역 사 메 모

철도와 기차는 서양 근대 문물의 상징으로, 근대적 개혁의 주요 지표였다. 고종 황제 역시 1890년대 후반부터 해외 자본을 유치하여 철도 건설에 전력을 다했다. 그 결과 1899년 우리나라 최초의 철도인 경인선이 개통되었다. 하지만 여러 이유로 철도 부설권은 일본에 넘어갔으며, 결국 우리나라 근대화의 상징은 일본 침략의 도구로 전락하고 말았다. 이에 우리 국민들은 선로와 전차를 파괴하며 저항하기도 했다.

조선의 마지막과
대한민국의 태동

**일본은 을사조약을 통해 한일병합을 이뤄냈고
조선은 역사 속으로 사라졌다.**

1890년대 이후 나라가 위기에 처하면서 애국지사가 많이 나왔다. 김구 선생은 열여덟의 나이로 동학농민운동에 뛰어들었고, 명성황후 시해범을 처단한 뒤 1900년대에는 교사로 애국자들을 양성하다 신민회에 가입하였다. 머슴 출신인 홍범도는 스물여덟 살에 을미의병에 참가한 뒤 사냥꾼으로 산생활을 하다 정미의병에 참가하였다. 역시 머슴 출신인 신돌석도 동학농민운동에 참가한 이후 을미·을사 의병전쟁에서 지휘관으로 활약하였다. 안동 김씨 김좌진은 농지개혁의 필요성을 절감하고 집안의 토지를 소작인들에게 나눠준 뒤 신민회에서 안창호와 함께 활동하였다. 1897년 열아홉 살에 독립협회에 가입한 안창호는 미국 유학을 떠났다가 신민회에 가입하였다. 역시 열여덟의 나이로 독립협회에 가입한 신채호는 성균관 박사가 되었지만 유교의 혁신을 부르짖으며 뛰쳐나와 언론사 주필로 활약하며 이후 신민회에 가입하였다.

비록 동학농민운동과 독립협회는 실패했고 많은 이들이 죽임을 당했지만 조선 후기부터 면면히 성장해온 근대 세력은 꿋꿋이 생존하고 있었다. 이들은 대한제국 시대에 의적, 사냥꾼, 언론인, 학자, 교사 등으로 묵묵히 자기 역할을 해오면서 근대적 개혁과 나라의 자주독립에 대한 열망을 가슴에 품고 있었다.

물론 그들이 갑자기 하늘에서 뚝 떨어진 것은 아니다. 실학으로 대표되는 유학 혁신의 흐름은 계속되었다. 전라도의 기정진과 이항로는 기존 성리학을 비판하고 새로운 성리학을 주창하여 척사파의 지도자가 되었다. 비록 근대적 개혁에는 반대했지만 그의 제자 최익현과 유인석 등은 항일의병전쟁을 일으켜 나라를 되찾는 데 목숨을 바쳤다.《매천야록》의 황현처럼 온건 개혁이나 온건 개화에 찬성한 인물들도 적지 않았다. 17세기 이후 양명학의 흐름은 이건창, 박은식 등을 거쳐 유교 구신론으로 이어졌는데, 이건창이 기정진을 높이 평가하기도 했다. 척사든 개화든 기존 성리학으로는 안 된다는 공감대가 광범위하게 형성되어 있었고, 각자 치열한 고민 속에 성리학 개조부터 서양 민주주의 사상까지 다양한 사상을 실천하는 흐름이 나타났다. 그것이 1890년대부터 본격적으로 터져나온 것이다.

1904년에는 러일전쟁이 일어났다. 38도선 분할 점령 등 이미 1896년부터 러·일 양국은 조선 문제를 평화적으로 해결하기 위해 여러 차례 협상을 했지만, 산업화를 위한 투자시장이 절실한 일본에게 한반도는 최소한의 땅이었다. 결국 모든 협상이 결렬되고 전쟁이 터진 것이다.

군사력은 일본이 러시아보다 열세였다. 따라서 일본은 승리하기 위해 두 가지가 필요했다. 한반도의 군사적 선점과 우방의 적극적 원조였다. 그래서 러일전쟁이 터지자마자 일본은 한일의정서를 강요하였다. 고종은 러시아에 러일전쟁이 일어나면 연합하자고 제안할 정도로 일본을 경계했지만 막상 일본군이 서울을 점령하자 의정서를 승인하고 말았다. 곧이어 일본은 영국과 미국의 동아시아 이권을 보장하는 대가로 전쟁 지원을 약속받았다. 반면 러시아는 국제적으로 고립된 데다 내부 혼란으로 전쟁에 집중하기 어려웠다.

1년여 전쟁을 벌였지만 러시아는 만주와 동해에서 패배하였다. 일본은 동남아시아의 영국 이권과 필리핀의 미국 이권을 보장하는 조약을 맺은 뒤 미국의

▼ 신민회

성격	•을사조약 이후 독립운동 지도자 결집

목표	•국권 회복, 근대 국민 국가(공화정) 결성

특징	•실력 양성과 무장 투쟁 준비 병행

참가 인사	•이회영: 신흥무관학교 설립, 임시정부 의원, 아나키스트 지도자 •이시영: 신흥무관학교 설립, 임시정부 재무부장·법무부장, 대한민국 부통령 •김구: 임시정부 주석, 한국독립당 당수 •안창호: 흥사단, 임시정부 국무총리(대리) •신채호: 임시정부 발기인, 민족사학자, 무정부주의 동방연맹 조선 대표

중재로 러시아와 포츠머스조약을 체결하여 한일병합을 국제적으로 승인받았다. 그리고 대한제국의 외교권을 박탈하는 내용의 을사조약을 강제로 체결하였다. 이로써 한일병합은 시간문제가 되었다.

고종은 을사조약을 무효화하기 위해 외교적 노력을 펼쳤다. 헐버트를 미국에 특사로 보냈고, 헤이그에 밀사를 보내 만국평화회의에서 을사조약의 부당성을 호소하려고 했다. 하지만 미국, 영국은 말할 것도 없고, 러시아마저 철도와 어업 등 만주의 이권을 약속받는 대가로 돌아서고 말았다. 힘이 없는 나라가 외교만으로는 아무것도 얻어낼 수 없다는 교훈만 얻고 처절하게 실패한 것이다. 일본은 헤이그 밀사 사건의 책임을 물어 고종을 강제로 퇴위시키고 순종을 그 자리에 앉혔다. 하지만 외세에 의해 추대된 왕은 정통성이 없었다. 조선왕조 500년의 맥이 끊어지고 만 것이다.

이제 근대 개혁운동은 고종을 복위시킬지, 아니면 공화정으로 나갈지 기로에 섰다. 20세기 초 공화정은 미국 공화정이 성공한 것을 계기로 세계적 흐름 중 하나가 되어 있었다. 남미 제국들이 속속 왕정에서 공화정으로 돌아섰고, 필리핀도 1899년 스페인으로부터 독립하면서 공화정을 선포했으며, 유럽도 프랑스가 1871년 공화정을 수립하였다. 왕이 나라를 지키는 데 실패한 이상 왕의 존재에 연연할 이유가 없었다.

1907년 설립된 신민회는 국체를 공화정으로 결정하였다. 마침내 지난한 왕에 대한 의리를 털고 근대 정치사상을 받아들이는 일을 본격화한 것이다. 김구, 안창호, 이승만, 신채호, 박은식, 김좌진 등 대단한 인물들이 여기에 참여하여 공화정을 중심으로 한 새로운 나라의 길에 나섰고, 한일병합 이후 국내외독립운동을 주도하며 마침내 해방과 함께 대한민국 정부를 수립하였다. 조선후기에 시작된 기나긴 근대화 여정이 마침내 종착점에 이른 것이다.

조선왕조실록의 끝

《고종실록》과 《순종실록》은 일제에 의해 편찬되었기 때문에 공식적으로 조선왕조실록은 《철종실록》을 끝으로 한다. 단지 여기서는 《순종실록》의 마지막 장을 소개하여 망국의 마지막을 살펴보기로 한다.

　　황제는 다음과 같이 말한다.
　　"짐이 부덕으로 간대(艱大)한 업을 이어받아 임어(臨御)한 이후 오늘에 이르도록 정령을 유신(維新)하는 것에 관하여 누차 도모하고 갖추어 시험하여 힘씀이 이르지 않은 것이 아니로되, 원래 허약한 것이 쌓여서 고질이 되고 피폐가 극도에 이르러 시일 간에 만회할 시책을 행할 가망이 없으니 한밤중에 우려함에 선후책(善後策)이 망연하다. 이를 맡아서 지리함이 더욱 심해지면 끝내는 저절로 수습할 수 없는 데 이를 것이니 차라리 대임을 남에게 맡겨서 완전하게 할 방법과 혁신할 공효(功效)를 얻게 함만 못하다. 그러므로 짐이 이에 결연히 내성(內省)하고 확연히 스스로 결단을 하여 이에 한국의 통치권을 종전부터 친근하게 믿고 의지하던 이웃 나라 대일본 황제 폐하에게 양여하여 밖으로 동양의 평화를 공고히 하고 안으로 팔역(八域)의 민생을 보전하게 하니 그대들 대소 신민들은 국세(國勢)와 시의(時宜)를 깊이 살펴서 번거롭게 소란을 일으키지 말고 각각 그 직업에 안주하여 일본제국의 문명한 새 정치에 복종하여 행복을 함께 받으라.
　　짐의 오늘의 이 조치는 그대들 민중을 잊음이 아니라 참으로 그대들 민중을 구원하려고 하는 지극한 뜻에서 나온 것이니 그대들 신민들은 짐의 이 뜻을 능히 헤아리라."《순종실록》 3년(융희 4년) 8월 29일)

마치며

일제에 의해 즉위한 정통성 없는 왕, 순종
그는 왜 저항하지 못했나

1907년 7월 19일. 해괴한 즉위식이었다. 선위하는 왕의 자리도, 선위받는 왕의 자리도 비어 있는, 왕이 없는 왕의 즉위식이었다. 바로 일제에 의해 강제로 치러진 순종 즉위식이었다. 헤이그 밀사 사건으로 강제 퇴위당한 고종이 순순히 왕위를 물려주었을 리 없다. 하지만 일제는 아랑곳하지 않고 순종을 창덕궁으로 옮겨 황제로 즉위하게 했다.

순종은 명성황후의 유일한 아들이었다. 명성황후는 여러 번 임신했지만 모두 유산하거나 태어나자마자 죽고 오직 장남 순종만 살아남았다. 하지만 순종은 어릴 때부터 병약하였다. 《매천야록》에서는 고종이 직접 옷을 입혀줄 정도로 애지중지한 데 비해 명성황후는 조금만 거슬려도 꾸짖고 때려서 어머니를 몹시 무서워했다고 한다. 하지만 명성황후는 아들의 건강을 걱정하여 무당을 불러 굿을 하고 금강산 1만 2,000봉에 쌀 1만 2,000가마를 뿌릴 정도로 지극정성이었다. 왕으로 키워야 하나 병약한 순종이 제대로 따라주지 못해 황후가 안달복달한 것이나.

1898년 9월 11일에는 고종 독살 미수 사건이 일어났다. 고종이 평소 커피를 즐기는 것을 이용하여 러시아 통역관 김홍육이 아편을 다량 타서 바친 것이다. 고종은 커피 향이 평소와 다르다며 조금만 마셨지만 황태자 순종은 모두 마셔 이틀간 혈변을 누고 이가 빠질 정도로 고통을 받았다. 순종은 판단력이 흐려질 정도로 머리에 충격을 받았다고 한다.

순종은 황제 직무를 정상적으로 수행하기 어려웠다. 그래서 강요에 따른 왕위에 저항하는 데 한계가 있었다. 어릴 때부터 순종을 지극히 사랑한 고종 역시 순종에 해가 갈 정도의 저항은 요구하지 않았다. 물론 순종을 왕으로 인정하지도 않았다. 고종은 오직 자신만이 대한제국의 황제라 생각하고 복위운동을 계속하였다. 망명을 추진한 것도 그 일환이었다.*

그러던 중 1919년 1월 22일에 고종의 사망 발표가 나왔다. 이에 대한 일본 측 견해는 궁내부 관료였던 곤도 시로스케의 회고록《대한제국 황실비사》에 잘 나와 있다. 당시 일본은 많은 비난 속에서도 왕세자 영친왕과 일본 여인**의 결혼을 강행하여 마침내 1월 28일(혹은 25일)로 결혼 날짜까지 잡았다. 그런데 갑자기 고종이 죽자 결혼식이 연기될까 고종의 죽음 발표를 결혼식 이후로 미루자는 의견이 나왔다는 것이다. 하지만 오히려 더 큰 혼란이 올 것이라며 22일 오전 8시에 공식 발표했다. 사망 시각은 22일 오전 6시 50분으로 했다.

하지만 건강하던 고종의 급작스러운 죽음에는 석연치 않은 점이 있었다. 특

---

* 고종은 파리강화회의에 특사를 보내 윌슨의 민족자결주의에 의거하여 독립을 호소하려는 계획도 세웠다. 이를 위해 고종의 이복동생 의친왕과 하란사라는 여인이 파견되었다. 하지만 의친왕은 체포되었고 하란사는 중국에서 독살된 것으로 추정된다. 하란사는 한국 최초의 미국문학 학사학위 소유자로 독립운동에 가담하였고 고종 등과 친분이 있었다.

** 나시모토노미야 마사코, 이방자 여사를 말한다. 메이지 천황의 조카딸로서 다이쇼 천황 시절 황태자 히로히토의 배우자 후보였으나 불임 가능성 때문에 간택되지 못했고 대신 영친왕의 비로 선정되었다. 조선 왕실에 일본 피가 섞인다는 거부감에 왕실의 대를 끊으려 한다는 의혹까지 더해져 결혼 반대가 극심했다.

*** 민병석의 후손은 법조계에서 두각을 드러냈다. 그의 차남 민복기는 박정희 정권 시절인 1963년부터 1976년까지 대법원장과 법무부 장관을 역임하는 등 박정희의 사법부 핵심 측근이었다.

히 죽기 직전 마신 식혜에 의혹이 쏠렸다. 망명을 시도하는 등 적극적으로 저항하는 고종이 일제 지배에 악영향을 끼칠 것을 우려하여 일제가 윤덕영, 민병석을 시켜 식혜에 극약을 타서 독살했다는 주장이 강력하게 대두되었다. 민병석은 민씨 세도정치의 일원으로 임오군란 때 명성황후를 호위하여 총애를 받았지만 을미사변 이후 이완용 등과 친하게 지내다 함께 친일파로 변절하여 한일병합에 큰 공을 세운 인물이다.*** 윤덕영은 순종비 순정효황후의 큰아버지로서 한일병합 당시 순정효황후가 옥새를 끌어안고 날인을 방해하자 이를 빼앗아 옥새를 찍은 당사자다.

고종의 죽음은 3·1운동과 공화정을 표방하는 임시정부로 이어졌다. 반면 병약한 순종은 왕으로 인정받기 어려웠고, 어떤 역할을 하기도 힘들었다. 그것을 극명히 보여주는 것이 장례식이다. 고종 장례식에 맞춘 3·1운동은 두 달간 연인원 수백만 명이 국내외에 걸쳐 일어났지만, 순종 장례식의 6·10만세운동은 서울을 중심으로 며칠간 산발적 시위가 일어났을 뿐이었다. 순종이 승하한 이후 일본에 의해 조선 왕에 봉해진 영친왕은 인질 겸 일본의 꼭두각시 노릇을 하다 해방을 맞이했다. 1963년 박정희에 의해 귀국했지만 지도자가 아니라 동정받는 불쌍한 인간일 뿐이었다.

조선과 대한제국으로 이어지는 500년 역사는 사실상 1907년 고종의 퇴위로 끝났다. 고종은 나라 잃은 책임을 다하려 노력했지만 결국 뜻을 이루지 못했고, 그 후손은 생존에 의미를 둘 뿐이었다. 그렇게 조선왕조는 비극적으로 막을 내렸다.

◎ 역 사 메 모

일제 강점기 근대 역사학의 이론과 방법은 대부분 일본에서 수입되었고, 우리는 이를 무비판적으로 수용하였다. 이로 인해 일본의 식민사학이나 침략을 미화하는 내용이 담긴 역사책이 많이 간행되었다. 우리의 역사학자들은 이에 대응하여 민족사학을 연구 발전시키기 위해 노력했고, 마침내 1000년 신채호가 《독사신론》을 저술해 발표하였다. 이후 한국의 역사학은 박은식, 신채호 등의 민족사학과 백남운 등의 사회경제사학을 통해 식민사학을 극복하고자 하는 노력을 계속하였다.

하룻밤에 읽는 조선사

1판 1쇄 발행 2015년 6월 5일
1판 4쇄 발행 2016년 10월 20일

지은이 표학렬

발행인 양원석
편집장 김건희
책임편집 강설빔
제작 문태일
영업마케팅 이영인, 장현기, 박민범, 이주형, 양근모, 이선미, 김보영, 김수연, 신미진

펴낸 곳 ㈜알에이치코리아
주소 서울시 금천구 가산디지털2로 53, 20층 (가산동, 한라시그마밸리)
편집문의 02-6443-8903   **구입문의** 02-6443-8838
홈페이지 http://rhk.co.kr
등록 2004년 1월 15일 제2-3726호

ⓒ표학렬
2015, Printed in Seoul, Korea

ISBN 978-89-255-5630-7 (04900)
        978-89-255-5158-6 (set)